女人一定要嫁得好

嫁得好

找老公培训班揭秘

路野 著

中信出版社
CHINA CITIC PRESS

目录

女人一定要嫁得好

女人一定要嫁得好

女
人
一定要
嫁
得
好

女人一定要嫁得好

女人一定要嫁得好

女人一定要嫁得好

6

女人一定要嫁得好

女人一定要嫁得好

女人一定要嫁得好

女人一定要嫁得好

写在前面的话

　　那是二十多年前的一天，我在北京大学看到一幅标语：奔驰车，你是北大的耻辱！一了解，才知道这是同学们在组织一场讨论，主题是女大学生傍大款，毁坏了北大荣誉，也毁坏了新一代大学生的荣誉。在学生们讨论的文章中，被批判的观点就是：干得好不如嫁得好。因为校园常有开着奔驰车的大款来接女大学生，于是，不知哪位同学愤怒地写下了这幅标语。

　　我当时对这些讨论文章很感兴趣。我发现，在一片讨伐声中，有一位女孩居然敢于坚持自己的观点，她谈到的对于金钱、财富、家庭和人生价值的思索很有些自己的见解。她认为一个女性如果失去了爱与被爱，所有的成功都没有意义。我想，这是一个多么聪明的女孩呀！这就是北大！

　　二十多年过去了，不知道这个女孩今天嫁得怎么样了？

　　不久前的一天，我到一位科学家的家里拜访，当我们讨论一个问题时，这位科学家刚刚学会走路的小孙子搬了一个小凳子坐了过来。小孙子说，爷爷，我可以听你们说话吗？爷爷说可以。我们说着说着，小孙子举起手来说，爷爷，我可以发表自己的看法吗？爷爷说可以。小孙子一本正经地谈起了自己的看法。我们哈哈大笑。爷爷挺自豪地说，他有一个好妈妈，是他妈妈培养了好孩子。我问，他妈妈是干什么的？爷爷答非所问地说，是北大毕业的。我当时一惊：想起了20年前的那位北大女生。她到哪里去了呢？如果她能看到我这本书，那该多好！

　　由于工作关系，我曾接触过数十位具有上亿元个人资产的成功人士。使我感到奇怪的是，他们中的大多数人都遇到过情感困惑。7年前，被誉为中国最神秘的慈善家、曾写出《忏悔无门》的李春平先生就对我说，人最难的是一颗不被理解的心。而另一位离婚的亿万富翁则对我说，我真的羡慕那些善良淳朴真实会爱的普通女人。路野，你帮我找找，在我这个年纪的。我帮他很是张罗了

一阵，奇怪，还真没找到！

这，大概成了我今天举办找老公培训班的潜意识了吧？

十分欣慰的是，我们这期20个人的找老公培训班就有18人成功地找到了自己的老公，更重要的是找到了爱。爱是可以传染的，不仅可以传染女人，还可以感染男人；不仅可以传染长辈，还可以感染后代。女人嫁得好，绝不只是物质财富上的无虑，更重要的是心的解放。它所唤起的不仅是女性聪慧而又温柔的天性，而更多的是优秀男人们的惊喜。女人学会了爱与表达，该会有多么迷人的气质啊，婚姻也许并不能改变人，但爱却可以！爱可以使魔鬼变为天使，我确信它是真理！

推荐序一

中国社会工作协会副会长　徐留根

"干得好，也要嫁得好"，"干得好不如嫁得好"，"干得好就难以嫁得好"以及"男怕选错行，女怕嫁错郎"等等时兴的说法，乍听起来颇显世俗，争论也不小，各人见仁见智，然而这些说法真切地反映了部分女士对婚姻和择偶的心态，则是不争的事实。

对甜蜜爱情、美满婚姻和幸福家庭的追求，是古今中外每一个民族苦苦探索的近乎永恒的主题。中华民族的一个重要传统是社会生活以家庭为核心，所谓"家和万事兴"。然而在两千多年的封建包办婚姻中，真正美满的婚姻与和谐的家庭，能有多少？人们之所以对古代爱情悲剧不厌其烦地讴歌，正是从另一个侧面反映了他们对真挚爱情的向往，其中尤以女士们的感悟最深。

新中国成立后颁布的第一部法是婚姻法，婚姻自由第一次在中国历史上得到法律保障。然而这一择偶自由的法律保障就能保证你的爱情甜蜜和婚姻美满吗？显然，这两者之间不能简单地画等号。

尽人皆知，理性的择偶才可能产生美满的婚姻。美满的婚姻是和谐家庭的前提。第一步没踩正，其后的发展不难预料。时下有一种说法："爱情是盲目的，热恋中的人都是低智商的"。对生活和前途满怀憧憬的青年一旦被"一见钟情"的激情撞成"瞎子"加低智商，前景也就不太美妙了。

能不被爱情撞吗？不能。哪个女子不怀春，哪个男子不痴情？能不被爱情撞弯腰、撞成低智商吗？能，但不容易。青年男女坠入情网，是没有辅导员陪伴的，父母亲最多是问一问，甚至催一催。也不能先学会了再"上岗"。谈恋爱如此，婚姻和家庭生活也如此。绝大多数夫妻是在实践、挫折、教训中不断调整心态而走过来的。"金婚"是磨出来的，故尤为可贵。

路野先生办了一个"找老公培训班"，也称心理专家的魔鬼训练营。称谓有点滑稽，甚至有点恐怖，然细品其内容，不无道理。俊男靓女、大男大女、包括已为人夫和人妻的各色男女，也许都能从不同角度从本书中得到启示。其中有一篇讲到各人为自己择偶时定位的问题，尤其值得深思。人的向往可以无限，但追求要讲究现实。天下的男子并不都是白马王子，天下的女子也非个个貌若天仙。即便王子和天仙般的美女配成对，其皇家婚礼成为世界头条新闻，就一定有好结果吗？人们该从这个悲剧中悟出点真谛，平平淡淡才是真。

当今全国上下都在致力构建和谐社会，中共十六届六中全会第一次在党的决议中提出构建和谐家庭。和谐家庭是和谐社会的重要基础，提倡健康的婚恋观，推动和谐家庭建设也应是我国每一个社会工作者义不容辞的责任。

我将这几年从事婚姻家庭工作中的一些体会，用大白话道来，作为本书的序，如能引起一些读者的思考，将不胜欣慰。

感谢路野先生在婚恋观辅导方面敢为天下先，也希望有更多的朋友关心和参与这个领域的探索。

愿有情人早成眷属，愿有家人尽享天伦。

推荐序二

中国科学院心理研究所教授、博士生导师
中国管理科学研究院社会心理学研究所所长　王极盛

漂亮就能找到好老公吗？不是。我看到过太多的漂亮女人，她们的婚姻根本不幸福，有的还多次离婚。

有钱就能找到好老公吗？不是。很多有钱的女人，她们在婚恋上背着沉重的负担，比起那些没什么钱的女人来说，情况要糟得多。事业成功就能找到好老公吗？不是。如今社会上积压的一大批"白骨精"（白领、骨干、精英）和"剩女"，多是事业成功的女士。

怎样才能找到好老公呢？

你必须得学习。

我们一生中要经历很多次学习，不管是学习基础知识还是接受各种职业培训，但像这种学习我们还没听说过。用70天专门的时间，学会与男人打交道，学会正确而积极的待人处事方法，然后在专家和互助小组的群策群力协助下，把自己"销售"出去，解决人一生中最大的婚姻问题，这便是路野先生"专业恋爱心理速成培训班"——也就是找老公心理培训班的主要内容。

找老公还需要培训？这个问题听起来很新鲜，但仔细一想确实很有必要。心理学是研究人与人打交道的学问，女人找老公，就是女人与男人打交道能力的最重要的体现，在女人找老公的诸多环节中，每个人都会有各种各样的心理困惑，可是，我们过去对这些困惑缺乏研究，更没有像路野先生这样针对问题集中解决。因此，社会上大量的"好男娶不到好女、好女嫁不到好男"现象和恋爱婚姻悲剧的出现，可能与我们缺乏这方面的知识普及及训练有关。

目前，我国各类学校比较多，但进行实用心理素质训练的专门学校还没有。像这种为找老公而设立的心理培训班更是前所未闻。传统的教育体制，灌输的都是书本中的知识，并没有教我们怎样待人处事，更没有教我们怎样找老公，路野先生的这个培训班可以说是一个创举。

　　路野先生的这个找老公培训班，运用心理学原理，将女人找老公课题，分为两门基础课和九门专业课，这中间既有大量的心理分析，也有非常重要的基础训练；既有案例剖析，也有成功与不成功者对照表；既有认知疗法，也有行为疗法和各种综合疗法；既有心理学中的大量原理，也有市场营销学、广告学、公共关系学等知识的运用。值得注意的是，路野先生并没有教大家把主要精力放在涂脂抹粉、梳妆打扮这些外表的包装上，而是把主要精力放在提高女性的内在气质、提高待人处事的本领和战胜恐惧、躲避与防范男人陷阱这些方面，这对于女性找老公，都是至关重要和最为根本的，否则，即便你一时找到了老公，将来也没有能力维护婚姻关系。书中最后给我们展示的《准婚证》及测试题目，更是给我们每个人出了一道人生最重要的题目——不管你未婚还是已婚，也不管你婚姻幸福还是不幸，你都应该认认真真检测一番，做完这些题目，我们就知道自己的婚姻是什么状态、将会是什么状态，也会知道哪些方面易出问题、我们要怎样维护我们的婚姻。我觉得将来民政局发《结婚证》之前，应该要发这么一个《准婚证》。

　　我认为，这本书不仅未婚女子应该看，已婚女人也应该看；不仅女人应该看，男人也应该看；不仅不幸的家庭应该看，幸福的家庭也应该看。不仅可以用它作婚姻方面学习的教材，还应该作为我们工作和事业中应该努力学习的教材。

　　书中所讲的找老公学习法则，很重要的一点就是我们平时所讲的待人处事，那些在生活、工作中获得成功并享有幸福的人，大都是待人处事非常成功的人。认真对待自己，认真对待爱人，你才能认真对待自己的同事和上司。可是，我们在小学、中学及大学的所有课程中，都没有这方面知识的学习，更没有这方面的训练。人与人打交道没有学习，女孩与男孩打交道更没有学习。一句话应该怎样去说？怎样使自己成为一个自信坚强的人？积极的心态怎样培养？怎样坚持自己又不过多伤害别人？如何化解恐惧？怎样表达爱而散发出自己迷人的魅力？这些，不都是我们平时找工作、干事业最需要掌握的技巧与学问吗？找老公，实际上就是培养自己积极自信诚恳的心态，同时又具备一定的处理人际关系的技巧，只不过把这种心态和技巧发挥到极至而已。能按照这本书学习训练的人，一定能找到好老公；能找到好老公并积极生活的人，也一定能找到好同事、好伙伴、好工作、好前途，这一点我毫不怀疑。

　　这些年，市面上一直流行着这样的顺口溜：结婚是错误，生子是失误，离婚是醒悟，离婚后又复婚是执迷不悟，再次离婚是大彻大悟。我认为，这是一

种缺乏学习精神的消极无奈的表现。如果我们将其改为：结婚前要学习，不会犯错误；生子前学习，不会失误；离婚前学习，可以醒悟；离婚后又复婚前学习，不会执迷不悟；再次离婚前加强学习，才是大彻大悟。你不学习，怎么会有所"悟"呢？

　　路野先生当过军官，做过记者、作家、经理，又是著名的文化产品营销专家，目前在中国科学院心理研究所学习，他以其丰富、深厚的社会经历，开办这样的培训班，值得我们学习。在日本有"阳光学校"、"寒冷学校"、"智慧学校"、"森林学校"……这里特别要提起的是位于日本富士山下的"鼓气学校"，学员大都是陷入困境、升学就业无望或已破产、走投无路、灰心丧气到极点的人。学校的宗旨是激发学员有雄心、有能力、有办法去战胜困难，迎得成功。该学校的作业大都是非常简单的心理暗示和锻炼勇敢撕破脸皮的练习。经过这种磨难的人，确确实实是抗得住困难、坚忍不拔、具备重要成功素质的人。我们女孩子找老公、男孩子找老婆都需要这样的精神，我们不但找对象时要有这样的精神，干任何事业都要有这样的精神。倘若这样的培训班能够多办一些，也是对提高我们民族素质的一种贡献。

推荐序三

百合网CEO　　田范江博士

　　路野先生的找老公培训班圆满结束了，他的书要出版了，我比谁都高兴。

　　我们相识于中国科学院心理研究所，深谈了要举办这样一个找老公培训班，我们把它定位于开创先河的婚恋研究实验，也谈到过要出版这样一本书，但我没想到会遇到这么多的困难，也没想到他有这么大毅力，他把培训班办成了，他把书写出了。他看上去瘦了一圈，他工作室的助手们也跟着瘦了一圈。

　　说实话，我对路野先生的写作不怎么担心。此前，他曾出版过《老相册》、《蓝镜头》、《策划亿万富姐》等，也曾策划宣传过《大败局》、《细节决定成败》这样影响很大的畅销书。但我担心他能不能把这个找老公培训班办下来。因为，即使专业的心理学家也未必敢做这样的事，何况他是军人、记者出身？找老公培训班，这是前所未有的事情，找不到任何参考资料，面对着20名精力旺盛、聪明绝顶、社会经验丰富、事业有成、婚恋不顺、眼光挑剔的女人，要用70天时间帮她们每个人都找到称心如意的老公，而且还要把这些写成书，他能行吗？

　　也许是越担心越出问题，果然，他派人送来的初稿我一看，什么呀，简直不忍卒读。那里面的东西都是一些网上扒来的素材堆积，甚至是把别人一本书的内容全部搬了过来，我大失所望。路野先生的助手说，他们正在处理这事，话虽这样说，我心里已不抱希望，估计他玩不下去了。到了这个地步，我只能暗暗地祈祷他的培训班不要出什么事，那些学员找不到老公，白白浪费时间、精力和金钱，她们会把路野怎么办，我实在不能想象。

　　路野先生的找老公培训班是全封闭的。他与助手们24小时吃住在一个度假村，拒绝一切来访，对我也不例外。他的课是怎样上的，我们不知。但是，对于他的学员我还是有些了解的，我最担心的就是这一点。这些学员可不是省油的灯，尽管路野出于保护隐私等原因，在书中做了技术处理，但我还是能从所描写的人物中猜到一些学员的影子。书中讲到的那种很骄傲不肯将名片给路野的学员，在我们这里很多。有的换了好几个爱情顾问，无论对她提供什么服务，她似乎永远不满意。还有的干脆自己跑到我们百合网来，要求工作人员用她开出的条件列出了几十个名单，一个一个地约会，结果还是不满意。另外那个开连锁店的学员，我也能猜出一些，一定要找世界500强公司在中国的高管，但她相貌一般，又不让透露她的实际财产数额。结果，她看上的男士看不上她；看上她的男士她又不愿意。这种学员，居然能在短短70天的培训班里找到满意的伴侣，而且找的是一位开面馆的小老板，真不知路野是怎样给她洗脑的。

据介绍，像上述很难办的学员，路野搜罗进培训班的不少。其中还有一位离婚一年的富太太，离婚时分到了数千万元的财产。因为离婚后不愿工作，又找不到老公，成天无所事事，便又缠上了原来的老公。她请了专业的调查公司，24小时监视原老公行踪，而且给原老公打黑电话，干涉原老公的公司及个人生活。那位原老公听说我们要开办找老公培训班，第一时间交钱替她申报了一个名额。今天，这位富太太已经通过培训找到了老公，而且她自己说"比原来的老公要好一百倍"。听了这样的事，我真感到高兴。

自路野的找老公培训班开张后，我们一共只见过两次面。他很忙，先是培训班每个学员要拿到找老公《确认书》，培训班结束后，还要追踪了解情况、解答问题，然后，还要将这一切写成书。路野在开班期间向我提出过两次要求，一次是邀请我到钓鱼台山庄参加他们找老公培训班与新西兰中华联合会会长、英语作家协会会员、曾与克林顿同台演讲的著名的华人演讲家刘维隽女士的座谈（刘女士找到的老公是一位世界级的科学家），当时我因为在新加坡访问而未能前去参加。另一次是提出帮他找几个单身的亿万富翁，他要带领他的学员去访问在网上搞得沸沸扬扬的"征婚找亿万富翁"的那位女大学生，目的是研究婚姻的市场定位，研究那些怀有"灰姑娘找王子"或者叫做"麻雀变凤凰"想法的女人的婚恋心态。这事比较难办，因为网络注册的会员填写的情况本来就比较难核实，何况，我们并不要求他们提供个人财产的数据。即便这些人能够找到，他们也未必愿意去。当时我对路野说，是不是可以做些变通，只要有别墅和车就可以了。路野说起码要凑够6个真正的亿万富翁。后来他真的克服困难找了这些亿万富翁的单身男士，开了10辆奔驰车去"应征"那位女大学生。他们的访谈做得很成功。本书中对这个情况也有所反映。我对路野说，你这些素材可以写一个绝好的电视连续剧了。

现在，路野的书写出来了。我看了好几遍，很感动。当时我们只是有一个创意，路野很有自信，说女人如果想找老公，70天内一定可以找到。可来真的时，他第一课就遇到了很大的障碍，训练笑，学员就是不笑，也笑不起来。他去访问网上征婚找亿万富翁的女大学生，还真带着亿万富翁去。他办事一丝不苟，而且不带偏见，他根本不认为女大学生找亿万富翁有什么错，而是说这需要研究，他完全站在那位女大学生一边去给她做心理分析，他所做出的方案不仅那位女大学生心悦诚服，我们看了也很信服。路野先生是把找老公培训班当做一项事业去做的，这是让我最感动的一点。

从创办百合网的第一天开始，我就一直在思考，女人找伴侣，不单单是个人问题，而是一个重要的社会问题。找一个理想的伴侣，建立幸福婚姻，对于男女来讲都非常重要，但是对于女性来讲，社会显然是更加苛刻，一方面女性择偶失败的代价高于男性，一个离异的女性择偶的难度要远远高于男性，另一方面适合女性择偶的时间窗口比较窄。一般来说，女大学生毕业就已经到了适婚年龄，如果她全力奋斗几年，就很快到了二十八九岁，一不小心过了三十岁就成了众人眼中的"剩女"。这个年龄段的男性并没有太大压力，他们可以一心干事业，即使到了三四十岁还可以找到比自己小得多的女性，只要事业成功，几乎没有什么社会压力，像杨振宁这样的婚姻也能被社会接受。而这个年龄段的女性则面临生育问题，她们青春不再，年龄大的事业有成的男人不一定能看得上她，而找比自己小的又很难被接受。北京、上海、广州等地数百万的所谓"剩女"就是这样形成的。

女孩子的幸福是要干得好也要嫁得好，嫁得好要比干得好更难，但我们的家庭、学校从女孩懂事开始，所教的课程都是教女孩怎样干得好，从来不讲嫁得好，不讲怎样与男人打交道。目前，教育部已经发文，明确提出女大学生在学习期间可以结婚。可我们在这方面的教育训练一点也没有，以至于出现大学生网上征婚要嫁亿万富翁，但心理年龄只相当于10岁小孩这样的事情，这本书的内容对于女大学生也是非常有帮助的。

女人找老公是世界上最困难也是最复杂的工作之一，如果女人不顾家庭，不找老公或乱找老公，不学会与男人打交道、不能很好地扮演妻子的角色，就不可能有和谐的家庭，更不可能有优秀的下一代，社会就不可能和谐。《魔鬼经济学》中有一条极为重要的规律，社会犯罪率与女人生孩子有极大的关系。这些年来，婚恋观念剧烈变化，很多旧的观念瓦解了，而新的观念尚未建立，"剩女"、"一夜情"、"婚外情"成了广泛出现的大众词汇。一些失败的婚姻不仅让当事人陷入了痛苦，还让很多尚未踏入婚姻殿堂的女孩感到恐惧，很多人因此走向另外一个物质主义的极端，放弃对心灵匹配的婚姻的追求，仅把婚姻看做一场物质的联姻，"干得好不如嫁得好"成为整个社会关注讨论的热点，女大学生不找工作找婚介成为令人关注的现象。要解决这些问题，光讲大道理没有用，只有弥补我们教育的缺失，举办找老公培训班就是这样一个弥补。尤其这本书中提出的《准婚证》，更使我们在结婚之前有一付清醒的头脑，能使我们在迈向神圣的婚姻殿堂时擦亮双眼，避免悲剧。

找老公培训班的核心内容是提高每个女孩的爱与表达能力、与男孩打交道的能力，能与男孩建立和维持较好关系的人，也往往能与女孩建立和维持较好关系；能与同伴建立和维持较好关系的人，也往往有能力与领导、同级和下属建立和维持较好的关系。

让天下有情人终成眷属是我们的愿望，让天下好女孩都找到好老公，都学会爱、学会正确的表达以及保护自己，则是我们这一代人的责任。我相信，这是我们为构建和谐社会所做的最有意义的事情，我坚信！

告诉亲爱的读者

感谢您花时间来阅读这样一本看起来也许会与您的价值观相冲突的著作。

大部分人会认为作者在这里之所以用上这样一个书名，一定是基于市场销售的因素或者哗众取宠——今天的图书市场充斥着这样的图书。但我要在这里说，这本书里的每一句话都是发自我的内心，发自我的助手、我的采访对象、求助对象和培训班学员的内心——我们认为女人一定要嫁得好，嫁得好与干得好同样重要。

在举办这个培训班之前，我采访过许多事业成功的女人。并且到现在为止，我一直以敬佩的心情欣赏她们的伟绩。我觉得一个女人能够在事业与家庭中都能干得很好，可以算得上一个完人。但我接触的事实却无情地粉碎了这个美妙的梦想。家庭与事业，对于大多数女性来说，就像鱼与熊掌难以兼得。心理学追求的是正常值，我研究发现，很多成功女性她们的家庭与感情生活的幸福度并不比那些"没有出息"的女性高，相反，她们往往在这方面把自己搞得一团糟。在个人感情上，她们比一般女性封闭，她们大都偏离了一般女性的正常值——我把她们的状态比喻成心理亚健康，有的甚至处于一种病态。而我们的舆论却一直在鼓励她们这样做，我们常常以她们牺牲家庭、舍小家为大家放弃个人幸福来作为成就事业的感人前提。

据民政部统计，从上世纪80年代以来，我国的离婚率直线上升，1979年离婚率为4%，1999年达到13.7%，2003年达到15%以上。民政部于2008年1月发布的2007年民政事业发展统计公报显示，民政部门办理离婚登记140.4万对(不含法院部门办理的调解和判决离婚)，比上年同期增长18.2%。

导致婚姻悲剧的原因很多，其中一个重要的原因，就是这些年来，北京、上海、广州、深圳、成都等城市，找不到老公或不找老公的"剩女"达数百万之多。这些人无处着落，他们要么过着极为压抑的个人生活，要么过着"天亮以后说再见"的极不负责任的日子。她们有意无意地侵扰着别人正常的家庭。不仅她们的婚姻不顺给自己造成痛苦，而且还给新一代的女孩造成困惑，"干得好不如嫁得好"成为整个社会关注讨论的热点，女大学生不找工作找婚介成为令人关注的现象。我们提倡干得好，可我们的下一代却无心去干。这难道是新时代女性在对待婚姻与幸福时从一个极端跳到另一个极端的宿命？难道上一代女性的不幸与下一代女性的极端有什么因果关系？

目前，国家教育部已经发文，在校大学生可以结婚，可面对女孩找老公问题，我们从来没有这方面的教育训练。对在校学生恋爱，禁止与放任都是不负责任。对女孩自己来说，本书中的内容你可以不学习，但你必须用一生的时间去面对。今天我们解决大龄白领"剩女"的培训学习，就是为了明天更多的女人不再出现情感"残疾"。要做到可持续发展，女人、家庭、后代，永远是不可分割的和谐整体。

世界500强企业IBM的总裁小沃森有一次在召开一个重要会议时，发现一位参会者心神不定，小沃森问他是怎么一回事，参会者回答，是自己的妻子怀孕可能要临产了。小沃森站起来走到这位参会者面前，厉声说：那你还坐在这里干什么！你必须马上回到你的妻子身边，你一刻也不能停留！人们还从未见过小沃森发这么大的火。公司用专机将这位参会者送到了产妇身边。IBM的理念是，家庭永远是最重要的，一个连家庭和亲人都不在乎的人，不可能忠于企业、忠于客户。

世界500强企业通用汽车公司中国区总裁甘文雄先生说，我有两个婚姻，一个是通用汽车公司，一个是与在通用汽车公司工作的时间同样长的家庭。它们同样的重要。

而我们，前不久一家电视台播放了一个做果脯的女企业家创业的故事。说这个女企业家怀孕九个月，为了一笔30万元的订货单，居然带上棉被和应付可能的流产的应急工具，自己开车长途奔波了几百公里山路。事业虽然干成了，家庭却没有了，留在她心里的是永远的痛。

还有我所采访过的那些披着耀眼光环的女明星、女强人，她们在感叹"做女人难"的背后所深藏的那份无奈无助，是天底下所有男人根本无法体味的。她们有的多次离婚，有的生下的是痴呆的孩子，有的在知天命之年还纠葛于悲欢离合，并要用一生来偿还这说不清的感情债——这一切，原本只要找到一个好老公就能解决。

本书对于想找老公的女人来说，是一本自我训练和帮助抉择的实用手册。

对于已经有老公或者不想找老公的女人来说，是一本搞好家庭婚姻关系和待人处事的心理训练手册。它所研究的是，在不改变别人的情况下，怎样使自己最大限度地发挥能耐、待人处事成功并变得最有魅力。其实，人在这个世界上活着只需处理好两类关系，一是与人打交道，一是与自然打交道。女人与男人打交道是她们处理人际关系中最需要智慧的课题，这个题目做好了，其他人际关系的处理就变得相当简单了。而很多复杂的抉择只有两种简单的处置——要，还是不要。女人找老公，一般会有一百条想法，大多数女人找老公会在"要，还是不要"中徘徊，她们往往是在"要"时——做的却是"不要"的事情；而在"不要"时——做的却是"要"的事情。按照荷兰心理学家Jan Schhouten的培训体系，人们在处理相互关系时有三种行为习惯：退让型、果断型或攻击型。我研究发现，只要不是身心有病，那些找不到老公或者不找老公的女人，她们多半属于退让型或攻击型，而要学会果断型思维有时却是很不容易的。

有人可能会说，你的意思是，女人不找老公是有病啰。

我并不想争论。因为在我们的文化中，对一个女人来说，结婚有老公即使不是唯一，也是最被接受的状态。女人到了30岁的时候还没有找到适合的第一个丈夫，那么她在开始一段恋情时可能会有情感上的障碍，这样的女人或多或少有一些不正常，这一认识也应该说是有一定根据的。马克思曾经说过，人与人之间最自然的关系是男女关系。找不到老公或者与男人搞不到一起的女人，往往与女人也较难相处。不找老公或者对男人有偏见，甚至敌意的女人，应该不是和谐社会的主体。

在写这本书的时候，我突然产生了一种联想：把女人干事业比喻成国民生产总值增长，把她们找老公营造幸福家庭比喻成保护资源等可持续发展的内容。女人干事业没错，就像国民生产总值提高；但女人找好老公营造幸福家庭也没错，这是保护资源造福后代的可持续发展大计。现在我们对地方政府官员进行政绩考核，已经不再单纯看国民生产总值，而要看可持续发展，甚至要看当地百姓的幸福度，对于女人不顾家庭而去干事业，是否也像资源的过度开发一样，我们不是也应该有更多的引导吗？前不久，英国一家研究机构专门公布了一个研究报告，对同等数量的单亲爸爸所带的小孩和单亲妈妈所带的小孩进行测试，结果发现，无论是智商、情商还是身体各项指标，单亲妈妈所带的小孩比单亲爸爸都要好，这不是性别歧视，这是上天给我们人类最伟大的分工。

女人之所以伟大，就在于她们能够担负起抚育后代的母亲责任，或者说是能比男人更好地担负这个责任。我们常常把祖国比喻成母亲，却很少有人把祖国比喻成父亲——尽管我们也深爱自己的父亲。

美国科学家哈里·F·哈洛写过一本书叫《幼猴情感模式的发展》，他用猴子做实验，研究幼年时期同其他猴子有无身体接触对于后来的影响。他的研究结果证明，在发育期间没有体验过柔软的身体接触的猴子，到了成年时有很明显的不良后果，发生了包括性冷淡、冷漠、孤独和恐惧在内的一些特定症状，其攻击性明显高于正常发育的猴子。一些猴子单独关在一个笼子里的时候，一连几个小时都有规律地痉挛颤抖。

科学家们分析，像那些孤独的猴子一样，在独居的时候感到痛苦难受的人太多了。许多人也把自己关在与外界隔绝的房间里，坐在电视机前或上网消磨自己的生命。他们即使同自己的家人在一起，处在最适于表示亲昵和表露感情的场合，也表现得很孤独，毫无表情。

在我们的培训班上，我也讲过美国著名心理学家约翰·辛德勒所做的研究，现代人由于情绪不良诱发的病症达上百种之多，这位心理学家认为，如果让每个美国人不再与其他的人打交道，那么，一年后，整个美国活下来的人不会超过几百人。

爱能够增强免疫力，这已经是过去二三十年科学家们的临床研究得出的结论。

无论干得好还是嫁得好，其好的标准应该是和谐与幸福。干得好当然是谁也不反对的，它有助于女人获得更多的社会评价以及男人的赞誉，但问题是在两者之中我们要做出牺牲时，你是要牺牲家庭、后代而去争取个人的成功呢？还是牺牲个人的成功赢得家庭、丈夫、儿女乃至自己本人的幸福？一边是事业，一个人的，可能是长期也可能是短期的；一边是家庭，一班人的，一般是长期而不是短期的。在两者中不得不做出抉择时，你必须出牌。

我参加过美国西北大学医学院著名的华裔临床心理学家、婚姻专家黄维仁先生的"亲密之旅"婚姻治疗和培训研习班，他给我们讲述了美国研究人员所做的一个关于爱对我们身体免疫力影响的长期追踪性研究。研究人员找到了一群心脏病患者，要预测他们手术后6个月内的成活率。结果发现有两个因素对他们术后康复的影响最大，一是患者与旁边人是否有定期的、规律性的有意义的爱的联结；二是是否从宗教信仰中吸取力量。结果发现，对这两个问题持否定态度的人，在手术后6个月内的死亡率为21%，而持肯定回答的死亡率仅为3%，两者相差7倍。

黄博士还给我们介绍了另一个美国研究小组所做的一个非常著名的实验。实验人员找到了276名从18岁到55岁的男女受试者，给他们在鼻腔里滴上感冒病毒，结果发现发病率有很大的不同——那些社会支持率低的带菌者，其发病率是社会支持率高的带菌者的4倍。

在过去二三十年的临床实证资料中，科学家们发现，人与人之间有意义的爱的联结，是比健康的食物、健康的生活习惯以及锻练等等因素更重要的健康保证。

和谐社会需要从和谐家庭开始，和谐家庭需要从和谐男女开始。我们不能建立起亲密关系的人往往是我们深爱的人。这种障碍是我们自己亲自设置的，那么，为什么我们不去打破这重重障碍去同别人建立相互依存的亲密关系并去享受我们自己创造的这份温情呢？

在二次大战和随后的冷战期间流传着很多鲜为人知的资料，我看到过大量的反映美苏和世界其他国家情报特工人员训练的资料及这方面的纪实文章和惊险小说，这些资料毫无例外地运用了心理学研究的最新成果。我常常想，如果把这些训练特工的方法运用到我们的学习生活中，我们将发挥出一种怎样超人的力量啊！我们不需要去当那种冒着生命危险的色情间谍，但我们找一个老公找一个老婆却是绰绰有余的。

在欧美发达国家，人们为打破相互交流的障碍和增强个人魅力，曾办有许多价格高昂的培训班，有一种训练个人魅力的培训，时间只有一天，学员培训前与20位异性打交道，把他们的交往过程进行记录，培训后，再进行同样的测试，他们每一个人都展示出连他们自己都不相信的魅力，而他们的亲朋好友也明显地感受到他们"像变了一个人"。我印象最深的是，一个人见人烦的"乌鸦嘴"，变成了人见人爱的"快乐鸟"。我也曾研究过那些长期从事某一角色的性格演员，一旦他们进入某一角色，他们在生活中也呈现出与角色非常相似的性格，原本怯懦的人变得非常刚强，原本大大咧咧的人变得温柔仔细，即便

剧组解散了，在相当长的时期内，他们还能保持这种性格。而那些常常演各种差异很大的角色的演员，他们却很少有这种情况。由这些现象，我认为人是可以改变的，尽管改变很不容易。

改变自己与改变别人都很难。但两者相比较，改变别人更难。可我们大多数人在面临一段不满意的关系时，想到的却是改变别人。我一直想开办这样一个改善人际关系的训练班，感谢百合网给我提供了这样一个机会。人最重要的关系是男女关系——恋人和夫妻关系，他们是伴随你时间最久、参与到你生活中最深并且影响你幸福度最大的人。对于这样重要的事情，我们每一个人都要认真准备。我们很多事业成功的人士，他们在处理重大问题时，都有自己的专业顾问、经纪人、助手、秘书，但面临谈恋爱、结婚成家这样的大事，他们却是完全凭感觉。其实，在婚恋这个最重要的问题上，我们不但要有顾问、助手和经纪人，我们还要做一整套方案。我们的培训班不仅给每个学员配备了专职的心理顾问和私人秘书，还给她们做了一个很好的方案，我们没有把主要精力放在涂脂抹粉、梳妆打扮上，而是放在运用心理学原理塑造自己迷人的气质及寻找合适的对象上。实践证明，我们的做法是成功的。我想，这些成功是可以复制的。

我一直认为，优秀的男人如果不好"色"，只有两种情况：一种是虚伪；另一种是有病。而功能正常的女人不想男人，或者想男人又不想找老公，那么也只有两种情况：一种是虚假，另一种是自私。女人找老公不单是享受，更多的是付出、是奉献，是对人类做贡献。嫁得好并要维护好一个家庭，并不比女人自己去干好工作容易。因此，我认为找老公的女人比不找老公的女人要辛苦、要有责任感、要高尚、要伟大。

参加完本期找老公培训班的每一个学员，都有一个最大感受：找老公真的没什么呀！生活原本就应该这样——那个男人原本就应该是我老公。是的，从我们学会笑开始，我们只是学会了审视与调整过去的行为方式（进而是思维方式），我们学会了白日做梦，把梦中的细节记录下来，并且把它与现实一一对照，我们把恐惧放大一百倍，然后勇敢地面对它、战胜它，当我们把女性的魅力释放出来，男人没有办法拒绝我们。

女人可以不优秀，但不可以不平和、不善良。能够接纳男人、珍惜家庭、热爱孩子、善待自己的女人，才是国家和民族的希望。女人善于与男人相处、会待人处事，她也能在工作中干得好。女人的作为并不只关系到自己，还关系到男人、后代、家庭乃至社会。一个男人的出轨一定有两个女人在帮：一个是家里女人的推，一个是外面女人的拉。面对"干得好不如嫁得好，还是嫁得好不如干得好"的争论，如果一定要二选其一的话，我的结论是，女人一定要嫁得好！如果我们理解的"好"是趋于完美的话——女人放弃自己做女人的权利去追逐名利，是对人性的漠视。

路野

2008年4月于北京

阅读本书说明

因为找老公是一系列人际互动的活动，我们会有一些练习和指导鼓励的游戏，建议你找几个同伴，大家轮流担任主持人、顾问、恐惧管理员和形象气质评审员。因为涉及到隐私，不要找日常与你一起工作的人，不要找与你有既定利益的人，也不要找你最好的朋友和亲人（她们会以自己的价值观来影响你），最好找你非常尊敬的、在生活中做事与你完全不同的人，如果她也同样有找老公的需求，那是最好不过的人选，因为你们不仅有相同的兴趣，而且进行的是一场公平的交易。

如果找不到合适的同伴，可以与我们联系，我们也可以给你尽可能的帮助（百合网www.baihe.com将提供专版论坛，方便大家找同伴。路野表达工作室www.luyebd.com 电话010－68332529）。

小时候玩过家家的游戏，我曾经被当做"侦察英雄"派往"敌对"的一方进行侦察，当时，我们总是想方设法要弄清对方在想些什么，他们现在的情况怎么样、下一步还会有什么行动等等，我们只要发现了对方的真实意图，就会欢呼雀跃，马上采取行动，一举夺得这场"战争"的胜利。

今天，在男女两性关于婚恋的这场游戏中，我作为一个心智和身体功能正常的标准男人，闯入万紫千红的女性阵营中来写一本关于女人找老公的书，仿佛又找到了当年"侦察英雄"的感觉。不过，我知道这场游戏并不是为了谁征服谁、谁打败谁，当我把所有的真相告诉我的这些新伙伴时，她们中有的欢呼雀跃并且很快取得了胜利，有的相当艰难地迈出了第一步——不管怎样，迈出了人生最关键的这一步。

找老公特别培训班

这是2007年6月的一天，中国最大的婚恋交友网站之一百合网（www.baihe.com）的CEO田范江博士找到我，希望由我来主持一个旨在帮助大龄白领女性找老公的特别培训班——"专业恋爱心理速成培训班"。田博士眼光独到，他给出的理由清晰而让你无法驳回：

第一，如果由专业的心理学家来主持，他们可能只能拘泥于过去的理论而不敢有所作为，找老公培训班是前所未有的事物，接受倾诉、分析心理并不能解决问题。

第二，这个培训班的唯一目的就是帮助学员们以最快速度找到老公。是魔鬼式训练的实战班。学员们到这里来并不是为了寻求安抚、寻找心理咨询或者别的什么，她们需要的是告诉她们什么样的男人适合当老公、好老公在哪里、怎样找到他们以及被他们爱——然后结婚。培训班不可能用100年时间，它也许只有10天、20天，却要解决她们用一辈子去完成的大事。它所要运用的不仅是心理学，也许还有营销学、广告学、美学、公共关系学以及表演和演讲口才等等方面的实战训练。在这个班里，只有优秀和不及格——要么找到了老公，优秀；要么没有找到，不及格。没有第三种选择。因此，这个班的教官必须有点心狠手辣，否则，她们交了这么一大笔钱收获的却是她们早就不缺的借口和安

抚，百合网的荣誉不允许这样。

第三，即便你的培训班学员都找到了老公，非常成功，你还必须是一个优秀的作家，把这一切写成畅销书传播出去，让更多的人受到启发。百合网不是一个为少数人服务的培训机构，而是最广泛地为大众服务、"让天下有情人终成眷属"的大众网站。

田博士说：你当过少校军官，又做过记者，是市场营销方面的专家，现在又在进修心理学，是理想的人选。

我对田博士说：其他不用担心，我唯一担心的是，如果这个培训班的学员每个人找到了3个5个或者更多的老公怎么办？

田博士笑了：那就把多余的分给下一期。

……

我随手撕了一张台历，在上面写道：

学员：20名

性别：女

条件：未找到老公而迫切想找老公者（包括未婚、离异、单亲妈妈以及从未谈过恋爱或者谈了100个对象的女性）

要求：钻石级别会员

费用：5.7万元/人

时间：7天训练课，63天实践课

目标：找到一个准老公及两个预备队员

标准：填写《确认书》

最终要颁发：《准婚证》

"《准婚证》？"

"怎么，新鲜吧？"

"有标准吗？"田博士笑着问。

"当然，标准明确，从心智成熟到生理遗传，从两个人的相互了解程度，到未来的家庭评判等级，其中就包括咱们百合网的心灵匹配指数，也像生产产品一样，有一个合格证。还要有产品质量检查员。这个质量检查员，实行终身责任追究制，就像如今房地产工程的监理员一样，不同的是，房地产是造房子的工程，要管70年或者更长，而我们是造人工程，要管100年，甚至以上，要一代代传下去。房地产工程监理实行终身责任追究制，即便你退休转行了，那幢房子出现问题还要追究你的责任；我们造人工程也一样，你这个签发《准婚证》的监理员也要终身责任追究，要比房地产监理员更严格、责任更重大。将来的家族制度就是靠这些《准婚证》来作为牌位，中国历代的家谱不但不能失传，而且还要继续发扬光大。中国的家谱是人类历史上一项伟大的发明，它的价值一点也不低于四大发明。有人说，中国没有贵族，这是典型的胡说八道。孔子的家传，孟子的家传，还有我们有些民俗山村，一整个姓氏，大户人家，理论上来说都是贵族。鲁迅小说中的孔乙己，也是贵族，贵族是什么？是一种不改的人生价值观，是一种对生活的态度。孔乙己在生活最落魄的时候，也不改自己对生活的追求与情致，这就是贵族气质。这一点，阿Q一辈子也学不会。中国传统对于家庭的重视，对于家族荣誉的重视，甚至超过法律，门当户对、大户人家、千金小姐、祖传家宝、科举应试、道德文章、私塾个性化教育等等，这中间当然有糟粕，但更有值得我们骄傲的精华。这些东西，过去被破坏了一些，今天我们搞现代化，似乎又淡忘了一些，现在我们有些人对待家庭的态度，结婚离婚就像喝一杯水一样，居然还出现了'闪婚'这样的名词，什么叫闪？眨一下眼睛就结婚了，这哪是婚姻？

《准婚证》让我们反思家庭的责任感，让我们履行自己一生的承诺，让我们找回一个男人的尊严和一个女人的价值。结一次婚可不是小孩过家家，傻乎乎地就去生孩子了。现在一个开电梯的工人都要经过培训发证书，何况这么重要的工作？我不能说发了这个证就进了保险柜，但起码它可以让我们思索很多问题，有些问题你必须回答，如果你不回答或者回答是错误的，很有可能你将陷入终身的苦海，再也无法挽回生命的年华……

我接着说："我采访过上百位的大龄、中龄白领或者金领女性，她们找不到老公的原因不下10种，可是，到百合网来，交了一点钱，左挑右选，越挑越不满意，越挑越差，好像百合网里几百万男人中没有一个配得上她，似乎找不到老公的原因就只有一个——男人没有或者不好，手电筒光照别人。你就是把恋爱匹配系统搞得再科学，就是为她量身定制一个老公，也不见得能达到她的满意度。这中间很大一个问题就在于她们自己，找老公找老公，先得把自己找着。所以，我们改变那种牵线搭桥的旧套路，从她们自身上下工夫，的确是非常英明的举措。外因是变化的条件，内因是变化的根据，内因通过外因而起作用，这是最起码的哲学原理。女人如果不想找老公，或者没有弄明白为啥要找老公，你就是把天下所有的好老公都送到她面前，让她睁大眼睛随便挑，她也找不到老公。"

"你所说的条件，"田博士指着撕下的那张台历问，"'迫切想找老公'是什么意思？"

"是那种把思想贯穿到实际行动的人，我可不愿意把大量的时间花费在倾听她们的抱怨和天天求着她们去找老公的哀求上，因此，我规定，一旦交费不得退款……"

"那可以参加第二期吗？"

"可以，但必须再次交费。而且必须提前交一笔保证金，经过答辩方可参加。"

我接着说："说实话，交这点钱只是实验班，以后再涨。你想想，我们哪一对新婚夫妇操办婚礼不花5万10万的？难道用5万多元去找一个一辈子都不后悔的老公不比吃一顿饭重要？交钱只是个态度，有的女性交了钱也没这个态度，因为她们永远有这样一个想法：还会有更好的，她们永远认为最好的老公是下一个。我必须打消她们这些想法。"

"那你所说的找一个准老公及两个预备队员，是什么意思？"

"很简单，有比较才会有鉴别，找老公也一样。我是当兵出身，打仗不能没有预备队，我们的篮球比赛还有板凳队员呢？到我这个培训班来的学员是我们一个战壕里的战友，应该由她们挑来挑去找老公，而不是由男人挑她们，否则，我就该收老公们的钱了。因为只有70天，你不能让她们无限期地找下去，但又得给她们一定的挑选的余地。尤其对于大龄白领女性，她们的机会已经不多，我们的社会对女性找老公的要求似乎有点苛刻，如果哪位女性同时与两个男人关系好、谈恋爱，大家一定会认为这个女人思想品质有问题。似乎女人谈对象必须谈一个成一个，谈这个就不能挑那个，把结婚以后所要求的道德准则强加给结婚前的女性，剥夺了她们挑选的权利，这是错误的。其实，女孩子找对象挑三拣四是认真负责的表现，你见到哪个主妇到自由市场去买菜不是仔细挑选，即便一棵大白菜，她们也要仔细瞧瞧。一个活生生的男人难道不比大白菜复杂？"

"把男人比做大白菜，我怎么听起来有点新鲜？"

"新鲜不见得没有道理，对于女性来说，男人比大白菜复杂，因此更要好好挑选，从里到外的挑选。"

"我是否可以理解为，在你的课程里，70天后就可以找到老公？"田博

士问。

"对！也许她们中的很多人根本用不了70天"我说："但我的课程必须这样编写。"

坚持63天

找老公，从普遍撒网到重点捉鱼，从重点捉鱼到实质品尝，63天已经够了。

一个人形成一个习惯需要21天，当你连续21天重复一个行为就形成了习惯。我把找老公的课程分为理论课与实践课，理论课7天，实践课63天，理论课教会你基本动作之后，你必须下水。就像教你游泳，7天的基本动作教完后，必须把学员通通赶到大海里去。

63天分为三个21天，第一个21天吸引男人、充分展示真实的自我，观察男人并让男人展示自我；第二个21天相互适应，性格上做些微调；第三个21天，把男女间该经历的事情都经历，也就是说，这个21天你看到了你们结婚后的生活——以后的日子就是沿着这条道路往前走，有的甚至只不过将这63天的经历复制十倍几十倍而已。我把这三个21天比喻成三大战役。

63天，是不是太快了？

对于一位15岁的少女可能快了，但对于一位达到法定结婚年龄的女人，却是越快越好。我知道，按照有的婚恋专家的分析，婚姻不稳定的诸多原因中就有这样一条——双方认识时间太短。我认为这些专家没有说到根子上。认识时间短不是根本原因，相互不了解才是真正原因。有人说，日久见人心，似乎只有时间久了才可以察看到男人的心。但我却见到有超过60岁的夫妻仍然离婚。他们在用一辈子的时间做一件63天就可以结束的事情，这对于女性来说，很不划算。日久并不一定见人心，经历的事情多了才可以见人心。在63天里能把该经历的事情都经历过，为什么要用630天去完成呢？

有人说，时间短，女孩子容易上当。但我说，"上当"只是与没有经验有关，如果"上当"不可避免，对于女孩子来说，早一点"上当"比晚一点"上当"要好，早一点"上当"你还有悔悟和改正的时间，晚了你连改正的机会都没有了。我见到的最可怕的女人是，年近四十了却没有真正谈过一次恋爱。

把所有的事情在63天内解决，是我给培训班定下的铁律。

这一点，有的人理解为轻率，而它恰恰是在保护女孩子——如果经过63天的努力还没定下来的男人，你只有一个选择——删掉他。不管他对你是多么的甜言蜜语，也不管你们有过多么铭刻在心的缠绵爱情和至死不忘的山盟海誓、海枯石烂。你不是在演戏，你得回到现实中来。大多数女孩找老公越找越难，不是因为谈对象减少，而是因为不断地把新男友与旧男友相比较，用新男友的缺点去比旧男友的优点。

有的女孩可能会说，我吃亏了，太便宜他了。我只能说，如果你把婚后的分开改为婚前的分开，没结婚就先离婚了，我为你庆幸。你应该感谢你的男友没有耽误你太多的时间。如果你的分开拖到婚后，那才是吃亏。现在你及时发现，得到的只是经验，你会在他身后的预备队里或下一个63天（也许根本不用）很快找到，并且不再犯同样的错误。如果你心里实在不平衡，我可以给你做一次心理咨询——你只需把他想象成一个爱情试验品（具体物件）——当你发现那美丽的包装里面全是垃圾时，扔到垃圾桶，你一点都不会再去想他。

当今社会，"上当"的女孩、受伤的女孩不少，究其原因，是当快的时候不快，当慢的时候又不慢。谈恋爱、了解男孩和相互了解的过程要快，办结婚手续要慢。我见到有不少"成熟"女孩（甚至成年女性），她们在谈恋爱时慎之又慎，有的甚至拿出各种小考验（并不专业）来测试男友，但拖了漫长的时间，好牌全到了男方手里，一结婚后，发现男友的优点都变成了缺点。我见到过许多结婚不到半年就离婚的女性，有一对夫妇，结婚不到一周就闹到了法院。我们为什么不把这一周所经历的事情放到结婚前这63天呢？如今社会，未婚的女孩多，离婚找不到老公的女人更多，其主要原因，我想是她们没有接受我这63天的训练实践课程。

田范江博士知道我正在上中国科学院心理研究所在职研究生课程班，重点研究的就是女人找老公的课题；在此之前也曾写过畅销书，他也听到过我关于女人找老公所放出的厥词。

田范江博士创立的百合网作为中国成功率最高、最具科学性之一的婚恋交友网站，从美国引入了著名的"恋爱类型"理论，他找到做过多年婚姻幸福度调查的北京师范大学心理测评研究所，还有北京大学和中科院心理研究所的这三家中国最顶尖的心理学研究机构，推出了独具一格的"心灵匹配"系统：注册用户回答一系列问题，进行网站设定的爱情心理测评。测评完成后，由网站系统通过心理测评的指标进行综合匹配，由系统自动向用户推荐内在、外在条件综合匹配度最高的婚恋对象。

令田范江博士感到意外的是，"心灵匹配"的麻烦程度远远超乎了他的想象：当用户提交了心理测试答案，后台把一个人判定为"作家型"还是"哲学家型"并不难，但按照匹配程度进行筛选，把排名靠前的异性自动推荐给用户，需要大量的运算：超过60%匹配度的对象就已经是从5000人里挑选出来的了，匹配程度达到90%的对象则是从十万里挑一。

值得一提的是，由于这项业务并没有照搬美国的收费方式，大部分系统推荐的会员搭上茬儿之后互相交换电话号码，便改为为电信、联通和移动作贡献去了。

田范江博士并不在意这种"背叛"，他说："她们使用百合的心灵匹配模式来寻找爱人，成就幸福婚姻，可以用亲身经历去证明百合模式的有效。"

此次的找老公特别培训班，就是百合网提供给钻石级别会员的一项特别实验，她们每人交纳了57000元会费。

因此，这个班所要求的不仅是能够找到足够数量的老公候选人，更重要的是能够精确定位——填写《确认书》——当然，前提是找到好老公。

这是一个很难的事情，一百个女人就有一百个不同的好老公形象，要把她们的思想统一起来几乎不可能。我们大家都在经受一场挑战。

我对田博士说，我喜欢这样的游戏。

63天过去了

当最后一位学员填写了《确认书》后，培训班的成绩终于可以公布了：

18名学员全都找到了老公或准老公。全部填写了找老公的《确认书》。其中11名已经领取了《准婚证》。

她们全都快乐或者不痛苦地与她们的老公或准老公生活在一起。

　　而更让人欣慰的是，在如此短的时间内她们重温了一遍从儿童、少女到今天的有意义生活，结识了新的玩伴，她们重塑了迷人的笑、勇敢的自信，在待人处事方面的挥洒自如，浑身散发出让男人无法抗拒的魅力。她们所找回的对男人的大胆表达以及不失自我的坚强自信，足以打破女人在找老公问题上的所有宿命。

　　而且我敢断言，如果她们用找老公培训班学到的本领去找工作，她们一定是最好的员工。

　　2名学员中途退出。

　　这2名退出者，一名是在第一阶段中途拉不开面子退出，当她知道其他学员找老公的成绩之后，表示愿意再交一次费（培训班规定）参加第二期；另一名学员则因为中途生病休学。

　　还没有领《准婚证》的有7名学员，因为她们太优秀了。她们在与准老公快乐地生活在一起的同时，还为自已准备了"替补队员"。她们多半都有那种"好，还要更好"的贪婪心里，想成为那种吃着碗里看着锅里的人，但培训班不能给她们机会。我要求她们抛硬币，她们只能选取最靠近她们的那一个填上《确认书》，便可以"毕业"了。

　　我告诉她们，既然这个社会规定女人只能找一个老公，你必须选择（这是63天的课程），把戏不能久玩，否则，麻烦会多于乐趣。

　　63天找到老公，如此多的人在如此集中的时间内发生转变，有人把它称之为奇迹，但我却宁愿把它称之为女性人人可以学习和掌握的技巧。我们这次培训班的成功概括为两大要素：百合网强大的男人资源，培训班学员强大的找老公动力。有激情才会有动力，在与男人打交道上，每一个女人都蕴藏着巨大的潜能，俗话说，男追女，隔座山；女追男，隔堵墙。可不幸的是，我们很多女性不知道怎样开发自已在这方面的智慧、才能和创造力的巨大宝藏。她们不会笑，不会根据环境和心情打扮自己，不会对心爱的男人说一声"我爱你"，甚至不会进行人类最本能的情爱与性的表达，她们怕别人说自己不正经，怕别人说自己太骚，怕家人、朋友和领导看不起，怕男人轻视自己，她们在既想又怕的彷徨中白白浪费了光阴。

63天，她们通过顽强的实践，决定了一生中最重要的事情，对于女性来说，也许就决定了她的命运。

有人说，63天太短了——她们多半认为自己年龄很小并且永远不会变大，准备用630天来完成找老公之事；有人说，63天太长，尤其是那些很快找到老公的学员，我只能说，不是时间太长，而是你们的悟性太好。对于那些要拼命改变自己顽固习惯的人来说，她们已经很难很难了。我必须兼顾她们。

"进了这个班，你们必须用63天时间把自己销售出去，你们别无选择。"这是我开课的第一句话。

如今，她们都做到了。

听起来好像一次商业促销，可是，面对一位即将跨越30、40、50岁的独身女子，当她们在茫茫的人海中找不到自己的另一半，当她们希望用勤奋的工作去冲淡孤独甚至希望用更多的金钱去驱赶孤独而终究不能战胜孤独时，你不觉得我们需要来一点激进的促销吗？

其实，这些女子一个个都是自我营销的天才，当你打开她们的心扉后，她们很快就找到了一大群"客户"。在没有参加培训班之前，她们普遍找不到合适的男人，自卑、自傲、自闭，非常绝望地认为好男人全死光了。可参加培训班后，她们遇到的好男人数都数不过来。

"现在教员强迫我三选一，请你们帮我选择，我该与哪一位签单确认？"

她说话就像在做生意。这位李小姐，是培训班最傲的，开课第一天我向她要名片，她说："我为什么要给你名片？"

我知道她有几千万元家产，我说："因为你需要沟通，这里有一位有4个亿家产的小姐也给了我名片。"

还有一位开复印打字店起家的姑娘，她身患残疾，曾被一个男人骗走了金钱。在多次恋爱失败后，对男人产生了严重的偏见。我发现她口才极好，在专门针对她组织的一场演讲会上，她收到了两位男人献给她的玫瑰花，我帮她挑选了其中一位。如今，他们已经共结连理。

最邪乎的要算王晓莉，一个普通的公司职员，长相也不算很好，她拿出了自己近一年的工资来参加找老公培训班。她问的第一句话就是，"老师，我能找到老公吗？"

我看着她的眼睛，说："能！以你的聪明，而且你说话这么甜美。"

她后来说，这是她听到过的最亲切的赞美，因为我的眼睛告诉她，这是发自一个男人内心的真诚赞叹。

我们的设计是，让她搬家，先搬到有老公资源的地方去，然后给她设计课程。听起来都有点疯狂。

在一个高档社区我们为她策划了一个"单身男人晚餐会"，要开办一个为不会做饭、又不愿意在家里花太多时间的单身汉们的两小时的培训班。

她的新"家"是我们帮助张罗的，我们甚至为她带男朋友来的第一个细节都进行了预演，我们去了那么多人，当天就在小区里看到好几个潜在对象。在社区的广告栏里，我们让她起草了一份提纲，说明这个新搬来的邻居要教给大家什么。在此之前，她虽然喜欢做饭，但没有受过专业训练，而且做饭的动作也缺乏表演和娱乐性。我们从各种烹饪杂志、书籍上找到八个快捷简便的食谱，请专业厨师对她进行了一场"非常6＋1"（中央电视台一档娱乐节目，用六天时间打造专业的演员）式的指导，我们带上炊具，让她作为女教师。

开课那天，她打扮得好可爱。满满一屋子的单身男性，他们全都注视着她。

就像老鼠掉到米缸里，你可以想象，她是一种怎样的欢喜心情。

那一个培训班下来，她就结识了二十多位"单身"男人（有的不见得是单身），有6位男人邀请她到自己家里去给保姆或家人进行示范指导，她也曾遇到过一点小小麻烦——学员们分析这是危险信号，她却认为这是自己过度反应（我们都有提前防范和预备措施），她终于嫁给了她的一个"重点帮教"学员——一位有着数亿资产的建筑商。

现在，那个可怜巴巴的建筑商每天下班前打来的第一个电话就是"老婆，今晚我们吃啥？"

这18名学员，为了找老公，做出了如下改变：

4人搬家或者新租了房子；

3人辞掉了工作；

6人换了工作；

这些辞职和换工作的学员，至今还在好几个单位的应聘表上呆着（当然她们应聘的目的就是为找老公，这一点招聘单位的老板也许永远不会知道）；

10人请了长假（现在她们可以去上班了）；

1人跟着老公到了国外；

2人让老公辞职当了全职（煮夫）爸爸；

从外地赶到北京的2人（她们满载而归）。

培训班召开主题晚会、卡拉OK演唱会、兴趣交流会、业务探讨会、辩论会、演讲晚餐会、舞会和各种户外活动17场，约会男人达149名，除18名已经选定以外，尚有47人可以"转让开发"。

她们能够在这么短的时间内找到准老公并不奇怪，因为她们确实付出了。虽然我并不主张"要想成功先发疯，头脑简单向前冲"的非法传销公司那一套，但我确实在给她们灌输"全力以赴"、"破釜沉舟"的理念——我们绝大多数女性找不到好老公不是因为她们不优秀，而是因为她们没有决心。她们总是以非常好听的理由放任自己不去找老公。

当然，仅有决心不行。销售商品和销售自己有一个最大的不同，那就是女性的矜持被视为美德，这一点在西方也同样。如果女性主动追求男性，这在长远上对你们两个人之间的力量对比是不好的预示。在两人交往上，如果男性不主动追求，你首先发起的任何关系都将会被曲解为对他有利。男人不喜欢送上门的女人，男人喜欢追不到的女人。我国古代有一句俗语：妻不如妾，妾不如偷，偷得着不如偷不着。话虽然糙，但很有一些心理学道理。

在我们培训班，这一直是我们非常重视的技术难题。

女性找老公要销售自己，但又不能主动追求，这就成为一个两难问题。我曾见过不少原本非常优秀的女性，因为不讲究方法，把自己变成一个唧唧喳喳的"结婚狂"，她们的主动吓跑了一个又一个男人，用这样的方法来"破釜沉舟"，恐怕只能全军覆没。

在这里，我要首先感谢我的心理学老师——中国科学院心理研究所心理健康与咨询重点实验室负责人林春教授，您给我们的四句话更加坚定了我写这本书的信念：生命至高无上，无害做人，努力做力所能及的事，先改变自己再改变别人。我记得您儿子从自行车上跳下来时您说的一席话：爸爸什么都可以不在乎，钱没了爸爸可以赚，工作没了爸爸可以去找，但你摔坏了爸爸却回天无力。您说婚姻本来就是一个遗憾的行为，但一个人不结婚生子，到死时他才真的死了。您有一个可爱聪明的孩子，您教育孩子先把老师搞定的智慧给我写作此书以很大的启发；而我还记得，您说诺贝尔奖获得者H·赫本的实质就是抛硬币，人生就是决策。决策要及时，有的人追求完美结果连犯错误的机会也没有。您对生活的透彻理解，给我写作这本书很大的灵感。

在这里，我要感谢全美最年轻的管理博导、留美双博士、美国肯尼迪大学（JFKU）项目主任及教授、"全球领导力联盟"创始人唐荣明（Blake Tang）先生。在北京钓鱼台山庄会所，我有幸参加了由您主持的"两性融合公益沙龙"。一整天的培训交流，使我们看到了以往数十年均未看到的生活真相，我们学会了男女两性在表达沟通上的种种技巧，得到了教科书上从来没有得到过的收获。

在这里，我要感谢新西兰中华联合会会长、英语作家协会会员、曾与克林顿同台演讲的著名华人演讲家刘维隽女士。当初您以诗意和纯情的爱情，与一个比自己小19岁的青年恋爱并结合，在经历了人世沧桑之后，您悟到了爱情与婚姻的真谛，终于找到了自己幸福的归宿。您现在的丈夫岩恩，新西兰奥尔兰大学科技学院院长，是那么优秀。是因为上天给了你恩赐吗？不，是因为你中国女性的聪明和至死不悔的探索。在华停留的短短几天里，我们请您解答白领女性在婚恋上的困惑，并进行了小范围的演讲。您告诉了所有的女人：我们该怎样爱男人？

在这里，我要感谢美国西北大学医学院著名的华裔临床心理学家、国际公认的婚姻专家黄维仁先生，参加您的"亲密之旅"婚姻治疗和培训研习班，是我一生中最大的收获。您说人最可贵的是有一颗谦卑的愿意学习的心，希望大家在我们自己受伤的时候，不要马上去论断别人，而是能够开始自省，用一颗宽容理解的心，去帮助自己和别人一起成长。您所开创的"爱情银行"，给我们送来了多么宝贵的财富，我一定要成为这个银行里"存款"最多的客户。

在这里，我还要感谢我的好朋友、著名作家及成功学家菀云女士，8年前我们有过愉快的合作，当时，我们一块运用卡瑟拉成功心理训练方法编成书，帮助了很多人。您作为中国女性成功演讲的前辈，唤醒了整整一代女性自立、自强、自信、走向成功的意识，如今8年过去了，您仍然那样神采飞扬，您那积极的心态，让人一见就被你深深吸引，您是那种永远不会老的人，您给了别人火种，您自己也燃烧得更加灿烂！

特别需要感谢的是中信出版社总编潘岳女士、时尚生活图书主编符红霞女士（您的见解给了我最大的鼓舞）、发行公司总经理薛林先生、营销编辑袁锐女士，作为中国最具品牌价值的出版社之一，你们非凡的智慧和职业精神使我感动；我还要感谢磨铁（北京）文化发展公司的策划高手常飚先生，您对本书的指点让我受益非浅，特别是对书名的建议实在太好了，真正的高手是在平实上见工夫……

需要感谢的人太多，尤其要感谢的是我的培训班助手，由于涉及到隐私保密等原因，你们每个人都在隐姓埋名地工作；还有我的行政助理朱建萍、刘燕燕、张静、谢军良等，要感谢的还有各女性网站、各婚恋网站及为婚恋家庭服务的各机构……

最要感谢的是中国最大的婚恋网之一百合网（www.baihe.com），这是我看到的中国最好的婚恋服务网站。在整个培训班实验中，你们给予了巨大的支持，没有你们就没有这个培训班，你们是一支年轻的朝气蓬勃的队伍，你们强大的科研能力和令人感动的职业精神，使我相信，你们不但会做到中国最好，也一定会做到世界最好。

在本书付梓之际，我要衷心感谢我的这18位学员。7天的理论课，63天的实践课，你们投入得太多太多。在这段难忘的日子里，我们组成了团队，每个人都展示了真实的自己，我们也一道分析男人，让男人谈真实感受，回答我们女人一直不明白的问题。在培训中，你们曾把我当成靶子，所有的箭头都射向我，我听到了你们的声音。作为一个男人，我从来没有听到过如此多的真诚、如此多的期待、如此多的理解、如此多的爱，我真的很感动。从这时开始，我就决定在办完这期班后，要再开办一个男人班，向男人们传达你们的声音，让我们男人学会承担责任。

　　亲爱的学员，短短的70天，这是我们人生旅途上一个多么重要的学习班啊。我们在这里学习怎样生活，学习交流，学习相互理解，学习正确地表达自己。我们还在这里学会了宽容，学会了从另一个人的角度来思考问题、从另一个角度来思考人生。这些都是我们在小学、中学、大学从来没有学习过的，也是我们的老师和父母从来没有教会过我们的。在这70天里，我们相互当顾问，当评审团、亲友团，我们一下有了那么多的亲人，我们又重新演绎了一遍人生，从儿童、少年、青年直到今天，我们仿佛重新温习了一遍我们的生活经历。我们做了那么多游戏，我们相互鼓励、相互帮助、相互出主意、相互充当死党，我们曾一道流泪、一同哭、一同笑、一块开导，哪一位找到了老公，我们欢呼雀跃；哪一位对恋人把握不准，我们替她分析；哪一位失恋了，我们听她倾诉……有一次，你们全都紧紧地拥抱在一起，你们中的一位说，大家都别说话，让我们流泪吧，眼泪能够洗清我们女人的双眼！

开篇：心理学家的智慧

于莉在上大学时是公认的校花，身边围了一群追求者。毕业前，她因为冲动与其中一位同学有了身孕，于莉没法，毕业后就嫁给了这位同学。

参加工作后，于莉的收入、工作待遇比丈夫要高出一大截，而且她发现丈夫风流成性，她多次跟踪并且也真的堵住过他，于是她与丈夫不断发生争吵。终于有一天，丈夫提出离婚。

于莉去找一位心理学家，心理学家问，你为什么不答应他呢？

于莉回答，我就是于心不甘。当初他死皮赖脸缠着我，把我搞到手，现在想这样甩了我，不能便宜了他。于莉这次来找心理学家出主意，就是希望让专家拿出一个计划，她要让这小子脱一层皮，受受精神折磨。

心理学家告诉于莉，你的想法太好了，不能就这样便宜了这小子，我们一块儿来制订一个计划，要让这小子痛苦一生。

于是，心理学家给于莉制订了一个详细的报复计划：

第一，对丈夫关怀体贴，对他那些烂事不闻不问，反正你准备与他离婚。

第二，最大限度地让丈夫感到你的优秀，就像你们当初在校园里谈恋爱一样，施展你女人的一切魅力，把丈夫挑逗起来，然后在丈夫最离不开自己的时候，提出离婚。

心理学家把方案给于莉后，说，你按这个方案实行三个月，我已经帮你写好《离婚协议书》，三个月一到，你就把这交给他，记住，一定要装得像真的一样，多一天也不干。

于莉按照心理学家的方案，从修饰打扮到调整个人气质，从收拾房间到做饭做菜，不仅把小住房搞得温馨舒适，而且把自己搞得像天使般可爱温柔、小鸟依人。那段时间，她讲话都轻声细语，整个腔调都变了。实际上，她是带着满腔仇恨，开始实施她的"报复计划"。

如此坚持了两个月，心理学家打电话过去，于莉支支吾吾，对电话爱接不接。

到第三个月，心理学家找到于莉说，你的《离婚协议书》该取走了。

你们猜，于莉怎么说？

33

这是我给"找老公培训班"学员们的第一个课堂提问。

"她已经离婚了！"有人回答。

"不会！不会！"很多人反对。

"她可能已经把这小子宰了！"有人又说。

"更不会，不可能，不会！"更多的人反对。

"他们和好如初，不想离婚了。"当另一个人提出这个见解时，大家不约而同地说："对，他们和好了，不想离婚了！"然后，情不自禁地鼓起掌来。

我对她们说："你们太聪明了，于莉的回答正如你们所料，他们和好了，他们不想离婚了。她说：'我这几个月装下来，奇迹出现了，换来的是让丈夫也跟我一样装了起来，丈夫变了，变得与我一样可爱。现在我确信是丈夫最离不开我的时候，但我同时也确信我找到了世界上最好的丈夫，我不想离婚了'。"

我问："你们从这个故事中听出了什么？"

她们开始窃窃私语。

"改——变——自己！"当我把这四个字重重地吐了出来，她们的掌声响了起来。

"暂且先别鼓掌，"我做了一个双手下压的手势，说："于莉当初想去改变丈夫，她又是跟踪又是劝说和争吵，但她却没能改变得了。心理学家让她换了一个角度，改变自己，哪怕装上三个月，她却赢得了丈夫。那么，各位今天来接受这个找老公的培训，是不是也要从改变自己开始呢？"

下面没有声音。

我知道她们不是小孩子，从懂事开始到现在几十年，她们历经风雨，有的谈对象甚至结婚已经不止一次两次，走到今天，何止是一句"改变"就可以概括得了的？我拿出资料，开始给大家讲课。

古埃及一位主教的墓碑上有这样一段话：

当我年轻时，我觉得有能力并决定要改变世界。

当我成熟智慧时，发现这是不可能的。所以我决定，只改变自己的国家。但这也是不可能的。

当我暮年时，我试图改变我的家庭。这是离我最近的，但这也是不可能的。

现在，我就要死了。我明白了：我如果改变了自己，那么我的榜样将影响

我的家庭。这将激励我改变我的国家。也许我因此而改变了世界。

我说，如果我们现在就知道"我们最需要的是改变自己"，我们就比那位主教还要幸运。

"可是，老师，我们并不需要改变自己，也不需要改变世界，我们只需要找一个好老公！"一位学员直言不讳地说道。

大家笑了起来。

真好，终于有了笑声。我悄悄地给这个培训班加了2分，我坚信，有笑声的培训班就一定能成功。

笑过之后，大家注视着我，等待着我做出反应。

我微笑着向这位学员致意，并且轻轻地为她鼓掌。

"说得好，如果我们坐在这里奢谈改变，好老公就能自动跑到我们面前，那是上帝创造的神话。可是，如果我们不改变，我们还得回到家里去愁眉苦脸，我们自己倒无所谓，可我们得天天忍受父母亲戚朋友同事的唠叨啰唆，有时也许还有非常恶心的男人莫名其妙地纠缠，为了结束这一切，让我们耳朵清净一些，也为了给他们一点面子，帮帮他们（我们不找老公他们睡不着觉），我们才走进了这个培训班，不然，我们花上几万元和占用宝贵的时间坐在这里又为什么呢？

"我不想用一个'改变'的陈词滥调就从此把球踢给你们，但你们必须进场踢球！"

是训练狗还是训练人？

找老公是很有意思的改变。它让我们从一个人生活变为两个人生活，而且这两个人要结为一个不可分割的整体。那么，这种改变可以从两方面来实现，一种是改变对方，让对方按照自己的意志处世生活；一种是改变自己，让自己按照对方的意志处世生活。

生理学家巴甫洛夫运用条件反射原理，可以使受过训练的狗按照指定的信号完成特定的动作，而很多马戏团的表演正是利用了这一原理。我说，每当我看到马戏团那神奇的表演，那些凶猛的老虎、狮子在驯兽员的吆喝下，规规矩矩在做着各种搞笑动作，一点也不敢对人发威，我就想，如果我们把男人也进行这样一番训练，让他们爱我们就老老实实地爱我们，让他们干什么就老老实实地干什么，对我们百依百顺，从来不发威，那该多好呀！

可是，现实生活中能找到这样的男人吗？如果真找到了，那与你养一只宠物有什么区别呢？

美国行为科学家华生曾表达过，给我一打儿童，我能培养出推销员、乞丐、国会议员、将军、医生、总统……可是，我们现在面对的不是儿童，我们既没有华生那样的专业本领，也没有那样充足的时间去培养一个适合我们的老公。

我们唯一能做的是，改变我们自己。并且，用我们的爱去找到愿意与我们一道改变的男人。

按照世界顶尖的心理学家黄维仁先生等学者的研究结果，人是不会改变自己的，除非为了爱。那么，我们首先要学会的是自己充满着爱的待人处世方式，然后才是寻找老公的技巧。这应该成为我们学习课程的顺序。

怕狗的女孩是怎样成为驯狗员的

在武警警犬训练的一支部队里，有一位优秀的女教官，她训练出的警犬勇猛硕强、机警异常，她也因此多次立功受奖。她的事迹引起了记者的兴趣，记者找到这位看似非常柔弱的女军官，问起了她的成长经历。

女军官说，小时候，她最怕的就是狗。刚懂事的时候，她曾被一只小黄狗咬伤过，那狗汪汪的叫声惊吓过她，此后她对狗非常恐惧。一直到上中学，她见到黄色的毛茸茸的东西就害怕，连见到黄色毯子都受不了，更不用说狗了。

后来她搬了家，父亲给她找了一位学过心理学的医生。那位医生先是让她慢慢地去看黄色东西，然后逐渐让她摸软软的东西，摸有毛的玩具，玩具猫、玩具狗一直到真的猫、真的狗，渐渐地，她不但不怕狗，而且还自己养了一条狗，学会了与狗打交道。一次，她回乡下老家，一见钟情地"爱"上了一条勇猛无比的狼狗，那条狼狗与她交上朋友后，居然乖乖地听她使唤……

狗仍旧是过去的狗，它并没有什么改变，但这个女孩却发生了巨大的改变，从最怕狗的小女孩，变成了勇敢的女军官，

从她的经历中，我们应该学到些什么呢？

"找老公就是一场改变，改变需要先从自身做起。从今天开始，我会提供

给你们必须完成的试验和练习，这种试验和练习遵循由简到繁的原理，会带给你新经验以及新方式去理解可能会发生在你身上的事情。我希望你们能逐一去做，即便最开始的试验和练习看起来既简单又愚蠢，我们也别无选择。"

我告诉大家，你们只有7天，上两堂基础课和九节专业课，我们会把一个女人找老公所应该具有的优秀品质训练一遍，当你把基础打好甚至把所有的高难度动作都学会之后，再做简单的动作就容易了，随后的63天你就会施展自如。你们走进这个课堂之前，不过是普普通通的女人，可能扎在人堆里也不会被人发现；但当你们走出这个培训班，你们就是有着强大魅力的磁铁，走到哪里你都会成为优秀男人的视觉中心。你们的屁股后面会跟着一串男人——包括你们想要的与不想要的。

我说在于莉这个案例中，那位心理学专家给她开出的是高难度动作——重新塑造一个于莉。对于今天的你们，如果也有这样的决心和毅力，我保证你们都能找到称心如意的老公。可是63天，时间也许确实太短了，

我并不奢求改变你们，但我却要改变你们所做的事情！

如果于莉今天来到我们的找老公培训班，如果于莉没有结婚，她完全可以通过我们63天的培训班来决定她是否需要采取这种装的方法赢得婚姻。**我们不但可以改变，我们还可以选择。**

于莉已经没有机会了，但我们各位还有机会。

基础课：带着娱乐的心情找老公

　　动人魂魄的蒙娜丽莎的微笑，是胜过知识、财富、着装甚至性感的首要因素。但绝大部分女人并没有认真研究过自己的表情，更没有研究如何在不改变外部环境的情况下，改变我们的内心世界。本节开始我们设置了一个个由易到难的连续学习步骤，就像体操运动员一样，在做大幅度运动之前，你必须将关节和韧带都活动开来，了解是改变的开始，体验使改变发生，要记住，进到水中才能学会游泳。

　　你会笑吗？
　　你对笑是怎样理解的？生活中需不需要它？
　　你有多久没有笑了？
　　你每天笑几次？
　　笑跟找老公有关系吗？
　　你能回忆起最近一次最开心的笑吗？
　　请你笑一次给我们大家看。

　　这是我们找老公培训班上的第一节课。
　　谁也没想到，我们会以这种方式开始我们的培训。找老公培训班，其课程安排是集中授课7天，尔后是63天实践课。在集中授课的这7天里，我们会要求学员与老师扮演各种情景中的角色。仔细记录以前的行为和习惯，并通过试验和练习，从自己能够完全控制的事情开始，强化新的行为习惯，为随后去解决找老公的各种高难度问题，打下良好的基础。

　　学员第一天来，以为百合网会给她们安排一场特别的相亲晚会，她们一个个虽然精心打扮，但普遍表情紧张。有几位用眼光在四周搜索。
　　未想到整个大厅里，只有我与助手是男性。音乐响起，结束，她们每人拿到了一张纸条，上面就是这几道题目。

　　这些学员在来培训班之前，我都对她们进行过个别访问。她们都算得上是成功女性，她们中大部分因忙于事业工作而无暇顾及找老公之事。从体检表上得知，她们的身体或多或少存在这样那样的问题。她们身体或僵硬或紧绷或无力，神情或紧张或阴沉或忧伤或似面具般毫无表情。到这里来之前，虽然经过精心化妆，但眼神则显出掩饰不住的或多或少的疲惫、失望、无奈也许还有失落。尽管来到像游乐厅般的培训场地，她们的手机却还响个不停。她们来参加这个培训班，似乎是百忙之中挤出了这么一点时间。其中有一位甚至问我，今天的课什么时候结束？

　　"各位，你们忙完了吗？"待大家安静后，我问。

　　已经陆续落座的人，开始写答卷。大约半个小时，写好的纸条纷纷送到讲台上来。

　　有几位拿着纸条，抬头望着天花板思考，似乎在琢磨该怎样写。而另有一个学员把纸条放在桌子上，一直打着电话，似乎并不准备写这张答卷。终于，当她打完了电话看到大家都在等待她时，不好意思起来，急忙拿起桌上的纸条看起来。

　　课堂上这才安静下来。

　　"大家都很忙呀！我们的课是不是可以就此结束了？"我看着几位心不在焉的学员，提高了声音："我知道你们中有的学员对于几万元的学费并不在乎，你们很忙，如果不忙的话，你们怎么会耽误到现在！你们希望今天一来就有一批刘德华、施瓦辛格站在门口，等待着你们挑选，你们只需要点一下头，他们明天就会去与你办手续，然后结婚、生孩子、当母亲，一切OK，这可能吗？"

　　"你们是通过自己奋斗，在职场上、生意场上确立了自己的身份和地位的人！多年的打拼，你们有了今天的荣誉与财富，今天能够花几万元来听这么几节课的人，在社会上毕竟还是少数，与你们的同龄人，甚至与你们的上一辈人相比，你们都是成功者，套用社会上一句调侃的话，你们属于干得好的那一类，是女性中的佼佼者，是中国女性的光荣！"

　　"可是，老师，我们花钱请你来，并不是让你来给我们戴高帽子。"

　　"说得好。我很喜欢你这种一针见血的方式。今天我们这个班要做的事是'四定'，第一，定目标：每人都要找到老公，还要有挑选余地；第二，定完成任务期限：70天，全部课程结束；第三，定组织结构：要有班长、组长，人人都要当领导；第四，定规矩：奖罚分明，及时兑现。

"在这'四定'之前，首先要定的是，心态！"

"没有好的心态，这里的每一门课你都很难及格！"

心态怎么定？

这可是心理学课程中一道很不容易的题目。要在短短的几十天内把一个人的心态完全变过来，几乎是不可想象的。当我们用旧有的思维模式练习了几十年，现在突然不用，而要用一种我们不熟悉或者较难适应的新的思维模式来代替它，这对每一个人而言都是一个不小的困难。

短短的70天，我们很难制订一个长期的调整计划从根本上解决问题，我们唯一能做的是，在密切关注、督促和及时反馈的情况下，尽量增加训练量，不断地练练练，然后直接进行实践。临阵磨枪不快也光。以认知疗法和行为疗法为主，向旧有的认知和行为习惯宣战。当然，找老公并不需要完全改变自己，有的时候，你只需要改变自己的表达方式，一切就会大不一样，这种前后差异，是那些没有受过训练的人根本无法想象的。

找老公应该有一个什么样的心态？

很多女人从未想过这个问题。她们只知道男人难懂，似乎所有的问题都出在男人身上。那么，我们如何将问题诱导给学员呢？在学员来报到的楼梯口，我们秘密配备了摄像头，让一位口齿不清楚的接待人员负责解说和接待。每一个学员的登记过程弄得烦琐复杂，接待人员又解释不清，在与这种困难场面打交道时，我们录下了每个学员的面部表情，言谈举止。

"各位，你们参加这个培训班之前，想必已经看过本培训班的章程了。我们的隐私保护规则、我们的角色转换规则、我们的服从规则，为的只有一个目的——让我们每个人都找到称心如意的老公。你们都参加过我们的宣誓，那么，在随后的训练课程中，我们就要实践我们的誓言。请大家回答：

"我们今天没有找到老公，原因是什么？"

大家面面相觑，有的说是符合条件的男人太少，有的说是男人太浅薄，有的说是自己事业心太强，有的说是自己年龄大了，有的说是自己拉不开面子……

"你们说得都对，但有一条是最重要的：你们不会笑。"

见大家在发愣，我接着说："年龄大了可不可以改变？不可以改变。但在我们这个培训班，我们可以当成游戏，我们假设每个人都只有5岁，3岁看大，7岁看老，我们正处在看大和看老的学习做人的基本阶段，我们暂且放下一切成人的思维模式，学习一种全新的思维习惯。在这个课堂上，没有对与错之分，只有真实的表达与不真实的表达之别，放下你们不真实的表达，才能向你们想要的真实表达努力。"

我把挂在课堂上的一张大纸掀开，露出一个扎着小辫子的5岁女孩的画像，画上面标有5个大字：我今年5岁。

"这个女孩会有找老公的烦恼吗？她是我通过对100位成功男士进行调查，有99人都喜欢的女孩。她能有什么呢？比起各位，她什么也没有。但她有各位所没有的东西：笑容。"

一位母亲的预感

女儿从幼儿园升到学前班，第一天到新学校报名，回家后。我想了解她报到的情况，于是问她："宝贝，看到你的新老师了吗？"

"看到了。"

"爱你的新老师吗？"

"爱。"

"那你的新老师爱你吗？"

"爱。"

"老师怎么爱你的呢？"

"她笑着爱我的。"

听完女儿的回答以后，我有片刻的震惊，继而心中一阵暖暖的感觉。原来爱的含义可以如此的简单、直接，人与人之间陌生的距离可以如此快地拉近。

仅仅一个微笑，女儿已经接收到了爱的信息。

记得女儿还未出生时，无意间看到一本书上写着"经常对孩子微笑，孩子的脸就会长得很可爱。"于是，从女儿一出生开始，每次她从睡梦中醒来，我都会满心欢喜的用笑脸去迎接她。慢慢长大的女儿也是见人就笑，很是惹人喜爱，而真如书中所写，女儿也真的长得很可爱。

母亲用笑让女儿感受到了母爱，女儿学着用笑传播爱的同时，也得到了爱的回报。

今天，在纯洁如天使的女儿身上，我看到了她满心的快乐。有了这份简单的快乐，不管她今后的人生会有多大的风浪，我想，她一定能平安渡过。

女人的直觉有时是最准确的。在座的各位都是女人，大家想一想，为什么有的女人那样轻而易举就得到了很多好男人的追求，找到了自己幸福的归宿，为什么有的女人怎么努力也找不到好老公或者一次又一次的婚姻失败？难道仅仅是漂亮吗？不，男人有时是非常微妙的动物，回眸一笑百媚生，为了那一笑，男人可以舍弃江山。笑可以给你增加多少机会？这个可爱的小女孩，只要她保持这种笑、这样永远地笑下去，男人没有理由不爱她，她也没有理由找不到好老公。

微笑是上帝赐给人的专利，微笑是一种含意深远的身体语言。一副好的面孔就是一封介绍信。有一个笑话，测试"男人最害怕女人的是什么"，回答是：马脸。

"最喜欢女人的是什么？"回答是：微笑。

蒙娜丽莎的微笑竟成了女人魅力的代名词。在生活中，微笑最多的人走到哪里都最受欢迎。

"可是，面对这个小女孩，请各位看看自己的尊容吧，这是一个小时以前，我们拍摄制做出来的各位的现场录像……"

助手开始播放录像。

画面上，是20个人报到时的清楚表情，面对工作人员故意解说不清的刁难，她们每一个人的表情特写，都被特意放大，并且定格。

她，一脸的威严，一看就像领导，哪个男人愿意接近你呢？恐怕女人也不敢。她，面无表情，好像用纸画出来的人，一个前来找老公或者学习找老公的女人，居然看不出一点兴奋、期待，她好像在去完成一个她并不喜欢的任务，而且，这个任务一点也没有刺激感、新鲜感，她也没有激情，她是故意装成这样，还是已经到了这个地步呢？如果真的到了这一步，再过100年也可能找不到老公；

她，很生气的样子，好看吗？平时是不是也这样呢？你分析过没有？

她，比较随和，但似乎缺乏一点好奇和热情，你真的是见多识广、很成熟呢？还是认为找老公的事情无所谓？

她，很高傲，有一点吸引男人的神秘感，但一说话就让人不愿接近；

她，笑了，似乎很不错，但笑着笑着，怎么味道不对了？——这不是欣赏的笑，也不是自嘲和自我安慰的笑，这种笑好像带有讽刺，虽说不上尖刻，但可算不上友好哟；

她，拉长着脸，看看，好像谁欠了你几百万，有哪个男人愿意去追求一个讨债鬼呢？

她，倒是满面春风，可是维持的时间不到两分钟，瞧，已经不耐烦了，非常的不耐烦，她在来回走，好像要与谁吵架，男人会喜欢吗？

这一位，明显的不高兴，不就是多问几句话吗？那脸多难看。

再看看这一位，那么大声地喊什么呀？这个样子好像要吃人呢！

这一位，虽然不说话，但那表情，那种鄙视，比骂人还可怕……

这些形象可爱吗？

比起那位5岁的小女孩，哪一个更可爱、更讨人喜欢呢？

我怎么会是这样子？

这只是一种特殊情况。

我大多数情况下不会这样的。

……

"是的，我也承认这是一种特殊情况，生活中出现这种刁难的情况很少；我也承认这是编辑人员运用特技手段将某些场景进行了夸大渲染；我也愿意相信你们平时不会这样……但是，我没有理由不相信这里拍摄的不是你们，也没有理由不相信它至少反映了你们真实的一面。如果这些摄像资料还不能说明问题的话，请看我这里收到的你们送来的答卷。"

"各位，我收到的答卷有这样的回答。"我开始给大家念纸条。

"我不会笑，因为今天这里只有两个男人，一个是老师你，长得不算漂亮，太矮，普通话又讲得不标准，与刘德华差远了；而你旁边的助手又太高，像一根电线杆子。这次找老公恐怕没希望了，我感到这个培训班让我上当了……"

轰的一声，大家笑了。

我接着念：

"我会笑，但不知怎样笑，也不知为什么要笑？我不知道今天有什么可笑的？老师，您能告诉我为什么要笑吗？我能不能哭？"

哈哈哈，大家又笑了。

"我会笑，但我已经记不起多久没有笑了，自从那个王八蛋骗走我的感情与身体之后，我对男人就再也没有了好脸，更没有了笑，如果有，也只是冷笑……"

大家又笑了。

"笑是轻浮和浪荡的表现，对于一个年过30的女人来说，如果随便笑，会被认为不成熟……"

"事情太多，发愁的事还忙不过来，哪有心情去笑？"

"我如果对我的员工笑，他可能会认为我要给他加工资，其他人会怎么想？"

"对我的上司笑，他会认为我在讨好他；对男人笑，会让他们感到我跌份……"

"笑虽然给人以和蔼，但却同时给人以不严肃的感觉，我的工作很难用上它。"

"我搞的是技术开发工作，不知为什么要笑，在我的印象里，只有三陪小姐才需要练习笑，因为她们靠这个吃饭。"

"还有服务员要培养笑，那是职业需要。"

"如果一个人无缘无故地笑，我认为他就是神经病，需要去治疗。"

"听说女人如果笑多了容易出皱纹变老……"

"这可是你们亲手写下的文字吧，到法院打官司都可以当证据使的。"
她们笑了。
通过放录像和念答卷，大家的心情开始放松。

现在我们这20个人，是一个由5岁女孩组成的学前班。我们要学习的是如何找老公。请各位摘下你们董事长、总经理、总监和名演员、名人、女强人的面具，**当一回真正的女人，当一回真女孩吧，在这里，没有人会耻笑你。**

接下来我们进入游戏。

20个人分成了四个组，每组5人，选出了组长，每个组都有一个专有名称，它们分别是：狐狸、花猫、蝴蝶、孔雀。培训班给她们拿来了这些动物的

衣服和面具，穿上它，每个人都体会到了一种角色转换的深刻感受，人与人之间的距离一下缩短了，每个人那绷紧的脸开始放松。

人的天性喜欢比赛，人的天性喜欢奖赏，人的天性喜欢表演。

不怕你不笑

培训班把我们的年龄变"小"了，接下来我们要学习笑。

每一个学员都必须给大家表演笑。

在此次笑的比赛中，我们要评比产生三位笑星："皇后"、"公主"和"使者"。

规则规定，每一次笑，必须做到两条：

1．必须有声音，不能只做个样子，要笑出声儿来。

2．必须维持在3分钟以上。

工作人员用秒表掐表计算。凡笑不好的要重来。

对于大多数人来说，偶尔一笑并不是难事。但如果突然让你笑，尤其是"无缘无故"地让你笑，是一个需要受过专业训练的演员才可能有的本事。

第一位走上台来。

她挤了挤脸上的肌肉，咳咳、嘿嘿、哎哎……

她挤弄了半天，始终弄不出连贯的笑声出来。

台下的学员早就憋不住了，轰的一声，大笑起来……

台下笑成一片。

她也跟着笑起来：嘿嘿、哈哈、哈哈哈……

5秒、10秒、20秒、30秒，不到一分钟，笑声就慢慢停了下来……

不管工作人员怎样做手势、怎样煽动，笑到1分30秒，笑声还是停了下来。

大家光看着几位工作人员在那里挥舞着手，没有人响应。

这情景本身也让人觉得好笑。

没有通过，继续来。

当笑变成一种比赛，笑就不那么好玩了。

这些选手，有的笑得长长的像喊话，有的笑得像哭，有的笑得成了干嚎。每笑完一个，大家都笑成一片。

但非常奇怪，每个人都能笑，而且笑得非常好，但笑过3分钟的一个也没有。

这时，工作人员推出了4面哈哈镜——也就是少年宫里我们常见的那种一米多高的高低不平的镜子，每个学员都要前来对照。她们排着队，一个一个地走上台，学员对着它一照，不是变得头大身子小，就是变得爆眼睛、小耳朵、翻鼻子、瘦长腿，每一个人的身材比例被夸张、扭曲、放大、缩小，看上去十分搞笑。

在每个学员照镜子的时候，工作人员抓紧摄像、拍照。

课堂上开始播放各种笑声，嘿——哈哈哈哈哈哈，嘿——哈哈哈哈哈哈哈哈哈哈哈哈……

各种搞笑的玩具也被摆上来了，由学员们自由挑选，其中有一只玩具，只要一碰它，就发出咯咯咯的笑声。

突然，课堂四周的窗户大开，各种绒毛玩具飞了进来，砸向躲闪不及的学员们。

学员们笑得前仰后合。

接下来是"相扑"搞笑比赛等一系列活动。

学员们都穿着宽松的相扑比赛服，看上去就很好笑，她们排成两列，中间放上厚厚的毡子。

两个两个地上，一次上两位，比赛规则是选手把对方的肩膀按到地上算取胜。旁边的两列人，分别为自己的队友做拉拉队。

第一组上了。一胖一瘦，相差悬殊，本来就是非常搞笑的。

但较量中出现了戏剧性的场面，瘦个子从背后抱住了胖个子，一脚没站稳，竟把胖个子拌倒了，瘦个子迅速抽出身来，从侧面抓住了胖个子的肩膀，用全身力气将胖个子压到在地板上，瘦个子居然被判为胜利。

全场欢声雷动。

第二组又开始上，比赛更精彩……

全部10组比赛下来，所有的人都笑得前仰后合，有的已经大汗淋漓，喘不过气来，有的笑得蹲在地上起不来。

{小实验} 你知道吗？

笑可以通过不同形式感染人。让两个人在不同房间打电话，一个人微笑着讲一段话，尔后又板着面孔讲同样一段话，随后，让接电话的人在一张纸上写下对方是什么表情。

结果，猜中率达80%以上。

现在开始讲课

电子屏幕上出现了一张油画：《蒙娜丽莎》

（一位阿姨的声音）

各位小朋友，你们看看这位阿姨最漂亮的地方在哪里呢？

是颜色、是衣服……

还有呢？

是眼睛、是头发……

还有呢？

是笑……

对啦！

作为一幅不朽的世界名画，《蒙娜丽莎》留给我们的震撼，是她那永恒的微笑。这微笑带给我们永久的回味。它的价值，已经不是金钱可以衡量。凡见过这种笑容的男人，无不被她那难以抗拒的魅力所打动。

你有这种笑吗？

如果有人把蒙娜丽莎的表情作个改动，会是什么样子呢？

（画面上的蒙娜丽莎微笑变成了生气、不耐烦、蔑视甚至吵架）

她还能有魅力吗？

没有。

现在我们每一个人开始设计自己的形象——笑。

摄影师迅速走上来，大家排成队，一个一个地像模特走T台似的走出场，以蒙娜丽莎的微笑做背景，照相。

这是全国第一流的人像摄影师，如果请她们给名模们照像，每一张都价值不菲。摄影师拿来了早已准备好的服装图片，化妆师、灯光师开始紧张地忙碌，讲台上方的大屏幕，直接将每个人的照片显现了出来。

笑起来，再笑一点，嗯，咔嚓。

有这么漂亮吗？这是我吗？你瞧我的眼睛……

这一位，你的笑容有点过，放松一点，哎，收一点，正好，咔嚓。

……

每一位学员都设计出了自己那个充满神韵的笑容。

大屏幕上又显现出刚才大家游戏时一张张天真无邪的笑脸。

设计完毕。

我问：女人的魅力是什么？

大家回答：是笑！

我说，是，但不是这种笑——（大家笑了。）

今天大家是为找老公而来的，首先大家就要心态放松。男人有什么？男人没什么！

当我们希望获得男人的重视时，你只需对他微笑，这就足够了！

女人用笑找到老公的故事

那是我一个做期货生意的朋友，身家有几个亿。这一天，他去参加一个朋友的婚礼。在婚礼现场，见到一位坐在邻桌的姑娘，那位姑娘只是对他轻轻地一笑，随后，就被同伴拉着去办别的事去了。事后，这个朋友不断地打听那位姑娘，由于当时人很多，他又没有记住女孩的衣着特征。怎么说也说不清。让他回忆，他只是说——

是那位笑、笑得很好看的姑娘。

婚礼的主人是文化界的成功人士，来参加的漂亮女孩多的是。哪一个都是笑着来，没有一个是哭丧着脸的。他这一描述，让大家作了难。于是，从婚礼的录像和照片中，一个一个地挑，那么多漂亮女孩他都说不是，倒是有一个很

一般的姑娘，他说："有点像"。

这位姑娘终于被找来了，是一个参加婚礼的朋友的亲戚，湖南人，湘妹子。

好容易找了一个借口约上她，一见面，这位做期货的朋友又犹豫了，说不大像。于是大家略带尴尬地吃饭聊天，这时服务员上菜，不小心碰倒了一个杯子，茶水差点弄到了客人身上，那女孩立即拿起了餐巾纸按上去，看了这位朋友一眼，笑了。

就是她！这位做期货的朋友情不自禁地说，吓了大家一跳。

后来，他着了迷似地爱上了这个女孩，终于娶了她。7年过去了，他们一直相亲相爱。

事后，很多朋友都不理解，无论从长相、身材、家庭背景还是受教育程度，这个女孩都不是很突出的，他怎么会迷上她？

对于女人来说，笑有这么大的力量吗？

因笑亡国的故事

周代有一个暴君叫周幽王，为了得到爱妃褒姒的笑，想尽了办法。有一次，他看到褒姒每听到裂帛的声音，就舒展眉头，很是喜欢的样子，于是命人每天撕帛给爱妃听："真好听啊！"褒姒说。可她依旧没有一丝笑容，不论幽王为她做什么。

有一天，幽王站在城楼上，看见远处连绵的烽火台，突然笑了："来人啊，放狼烟。"

宁静的夜晚，突然就乱了。诸侯们顾不上许多，盔歪甲斜地率兵而来，到了王宫，也没人知道究竟发生了什么，大家顿时手足无措，面面相觑。

褒姒看着诸侯，脸上的桃花忽然间绽放。幽王看着褒姒，果然媚人肠胃。诸侯们得知幽王是为博得褒姒一笑而点燃烽火，便悻悻而去。

没多久，北方民族犬戎大军逼近周幽王的王宫。幽王大叫："快，放狼烟。"狼烟袅袅升起，越来越高，却不见一位诸侯前来救驾。

于是，周幽王被杀，最终，辉煌一时的西周彻底衰亡了。

笑的力量有多大！

找老公重要不重要？重要。大家为此交了数额不菲的学费，为的就是要找到老公。如果有人给你介绍男朋友，你第一件要做的事是什么，是笑，要这样——（我做了一个示范。）

大家哈哈哈地大笑起来。

婴儿为什么可爱？是因为那天真无邪的笑。可是，我们很多女人，当她们与男性打交道时，却很少笑。笑因方式、程度与所带感情色彩的不同，有许多分别——微笑、大笑、狂笑、哄笑、讥笑、嘲笑、耻笑、冷笑、苦笑、傻笑、讪笑、谄笑、奸笑、狞笑、皮笑肉不笑等，那些凡是嫁得好的女孩，她们多半笑得恰到好处，回眸一笑百媚生，连皇帝都被这一笑把三千妃子的宠爱都寄托于她一身了，老公更不在话下。女人的笑足以打动男人的心。

这些学员为找老公而来，由于陌生和过去的经历，她们的心里或多或少带有挫折或者无助感。如果讨论找老公这样"沉重"的话题，她们容易紧闭自己的心扉——原本所有的魅力都无法展示了。

最好的办法是让她们笑起来。

两性相交本应是相悦之事，我们为什么要板起一副面孔呢？

从解剖学我们得知，当人微笑时，脸部被牵动的肌肉比皱眉时要少。但是，人的天性每每倾向于否定与悲观，而不是肯定与乐观。**否定不能使我们有所建树，只有肯定才能使我们有所作为。找老公更是这样。**

有的女孩天生具有男人缘，而这种缘却并不是她有多么漂亮的脸蛋、多么出色的身材。她们拥有的，也许只有最最简单的一点——迷人的微笑。

别把男人想象得那么复杂，男人从本质上来说，是男孩。

只要你对他笑，他就会条件反射地回应。你笑了，后面的事都好说。真正有价值的男人，最怕的是你对他真诚地爱、真诚地微笑。只有你笑起来了，才可能让自己心态放松、发挥稳定。

笑有神奇的疗效。因为在我们的文化中，对一个女人来说，婚姻状态即使不是唯一，也是最被接受的状态。女人到了30岁的时候还没有找到适合的第一个丈夫，那么她在开始一段恋情时可能有情感上的障碍，而笑是驱赶这种障碍的特效药。

神经质的女人，在她年轻的时候，周围也有很多可以结婚的人选，但是她最后失败了，这种失败使她们在与男人打交道时，很容易敏感和紧张，而只要一笑，很快就可以放松，恢复她们应有的魅力，笑能让她们走向健康和坚强。

记住：女人的愤怒会吓跑所有的男人。

如果通过训练，能远离生气，那你离找到老公的目标就不远了。

有的人自尊心特别强烈和敏感，因而也特别脆弱，稍有刺激就有反应，轻则板起脸孔，重则马上反击，结果常常是争了面子没面子。善于微笑的人心里就踏实得多，自尊心不会轻易受到伤害。你说我傻瓜，我说谢谢你的赞誉，你还能说什么呢？自嘲不是一种自贬或怯弱，而是一种潇洒的自尊，大度的情怀。

在找老公的过程中，我们可能会遇到挫折，微笑是轻松地保持自尊的武器。

有研究显示，经常脸上出现喜悦神情的儿童容易与同伴相处，常常得到别人的喜爱，拥有比别人更多的朋友。同时他们也更多地表现出同情心，更喜欢探索、冒险和积极进取。

笑还有激励、强化我们找老公的能量、胆识、自信心的作用。

（小资料）

心理学家维斯曼曾制订了一个个人感受量表对43名大学生进行测试，并按照测试的结果，以愉快程度和稳定性两个维度将她们的特点分为以下四种类型：

1. 愉快型：热情、精力充沛、性情开朗、好奇、有兴趣、活跃等。
2. 不愉快型：最好的心境是放松、平静等。
3. 心境稳定型：满足、与他人相处和谐、安静、爱、温和等。
4. 心境多变者：满意、较热情、很自信、满不在乎等。

维斯曼发现，属于愉快型的学生表现得更加自信、乐观、有才能和容易成功；她们与别人的关系更加融洽、诚恳、相互帮助和相互激励。属于不愉快型的学生缺乏自信、热情，容易悲观，在与人的交往中常常感到恐惧、恼怒、内疚、尴尬、畏缩，重细节而少创见，工作中往往感到任务多、负担重、满意程度低，失败时过于自我谴责，自我肯定和自我整合能力较弱，经常感到挑战和威胁的存在。

研究发现，在找老公这件事上，越着急，越恨嫁，越找不着，结婚狂越容易产生；越紧张，越在意，越嫁不出去，恐婚族就越能形成。

为什么世界大赛上发挥好、取得好成绩的大多是心理放松、把比赛当成平时训练的选手？其中一个重要原因就是心态好。因此，带着娱乐的心情去找老公，才可能会有意想不到的收获。

下课前，我们再一次温习了一遍为自己设计的笑容。

从今天开始，每天早晚两次，对着镜子笑5分钟，暗示自己：我是最美丽、善良的女人，我爱自己、爱你、爱所有的人，我要让友好的笑变成习惯：

我要笑、我喜欢！我要笑、我喜欢！我要笑、我喜欢……

也许，明天早上一上班，你就会得到好几个男人的微笑回报，运气好的话，你甚至就此踏上爱的旅途。

〔家庭作业〕

早晚两次照镜子：嘴含一根筷子，露出12颗牙齿，笑5分钟

朗诵：我们每天都要笑（附录）

阅读：美丽的微笑与爱

——特蕾莎修女在诺贝尔和平奖颁奖仪式上的演讲词（附录）

唱歌：《笑比哭好》

基础课：发现交流的秘密

找老公就是掌握人际交往的秘密。找老公培训班的所有课程，其实质内容就是：正确地表达和展现自己，以及敏锐地发现和理解对方。可是，现实生活中，只有4.5%的人是两者高度一致的人，他们可能并不是那些专业知识特别好，甚至不是智商特别高的人，但他们却是一接近你就让你感到特别喜欢、特别能鼓励你、特别让你感到踏实放心和可以信赖、有人格魅力的人，他们有时只需一个眼神、一个肢体动作，就能赢得你的好感和信赖，他们甚至说同一句话，只是声调和语气有很小的差别，就能显现出他们做人的无穷魅力。

据说，在前苏联的克格勃和美国中央情报局有这样专门的训练课程。

而现实生活中，我们绝大多数人从娘胎里生出来，就从来没有系统学习过与人打交道的学问。我们只是跟着我们的父母模仿着察言观色，我们继承了父母许多失败的待人处事方法而自己浑然不知，一旦我们学会正确的表达和理解，我们不但能找到好老公，还能成为魅力无穷的人。

记住，这一课里所教的内容，在今后的每一天里我们都要复习。直到把这些简单的动作变为你的自觉行为和潜意识。

你能识别多少人？

你会识别人吗？我们常说有经验的人是阅人无数，你这一辈子究竟阅读过多少人呢？

你从出生到现在，总共见到过多少人？是1千，1万，10万还是100万？1000万？

你能在看到一个人的音容笑貌、谈吐举止、穿着打扮的最初3秒钟内，说出这个人的大概情况吗？能在与他交谈3分钟后，说出这个人的基本情况吗？

每个学员的桌上放着一张表，上面有填写观察的各个项目：性别、身高、年龄、职业、文化程度、性格、籍贯……

接着，她们开始看录像片。

检测结果，每个学员都感到了一丝恐惧：我们对人的了解难道有这么大的差距？

是的，我们每个人都生活在人群中，每天上班下班、自己开车或挤公交车、逛商店、过马路、看电视、上医院、干工作、接待客户、参观旅游……我们一生中该接触多少人啊，可是，我们读了多少年的书、拿到了各种各样的学位证书，我们是否花时间真正研究过观察人的问题呢？没有。

据说，在观察人的方面，最厉害的要算刑侦人员、治安警察，他们受过这方面的专业训练。其次，可能就要算小偷了，他们有着丰富的实践经验，只要一挤上公交车，就知道谁是干什么的，谁有钱、钱包放在什么位置。

你有这个本事吗？

在二次大战和随后的冷战期间流传有很多鲜为人知的资料，我看到过大量的反映美苏和世界其他国家情报特工人员训练的资料及这方面的纪实文章和惊险小说，这些资料毫无例外地运用了心理学研究的最新成果。我常常想，如果把这些训练特工的方法运用到我们的学习生活中，我们将发挥出一种怎样超人的力量啊！我们不需要去当那种冒着生命危险的色情间谍，不用去干那些危害别人生命和健康的暴力行为，但用来找一个老公找一个老婆却是绰绰有余的。

学习观察人是一项长期学习的工夫，它需要大量的实践，不可能在几天之内掌握。我们也没有必要把自己训练成一个专业特工。虽然我们不一定像福尔摩斯那样，第一眼就能看出华生从阿富汗来，但我们还是能够通过短期的学习提高自己的识人本领。例如，如何在一瞬间看出男人的心理年龄？方法并不复杂，男人的心理年龄约在20岁，他看女人首先是看脸和胸部；如果心理年龄在30岁，他会先看女人的腰和臀部；如果心理年龄约在40岁，他更喜欢看女人的脚和小腿；而心理年龄超过50岁，男人就不敢正视女人。当然，这只是一般而言。优秀的男人，心理年龄很模糊，他们有时像孩子，有时又像老爷爷。而且，男人普遍有用情不专的毛病。喜欢山的男人偏重于稳重内向，喜欢海的男人偏重于浪漫和外向……

你是退让型、攻击型还是果断型？

29年前，荷兰一位叫做Jan Schhouten的心理学家、作家在荷兰广播协会首次推出了一个关于人际关系的培训课程，该课程在电视上每周定时播出2次，一共播出12周，同时在广播电台播出24次。这个系列课程在荷兰广大观众和听众中引起了强烈的反响。Jan Schhouten为此专门成立了一个培训公司，其业务是针对普通大众在处理人际关系上的弱点和不良习惯进行培训，用体验式培训方法使他们获得人际交往的成功。Jan Schhouten为此出版了他的关于提高个人效能的著作，该书一出版就成为荷兰的畅销书，29年来先后再版16次。有十多万人表明了有书中提到的过分退让的类似感受。

Jan Schhouten在他的著作中，把人们的行为习惯划分为三个类型：退让型、攻击型、果断型。

退让型：不敢于表达自己，不坚持自己的立场，或者没有足够地表达自己并且坚持自己的立场。

攻击型：过度地坚持自己的立场，同时却多余地得罪了别人。

果断型：表达自己，坚持自己的立场，但同时没有多余地冒犯别人。

你是否在别人向你提要求时，下意识地说"是"而事后又有些后悔？你是否在明明自己想做某件事而碍于面子言不由衷地说出"不"？你是否在讨论时经常沉默寡言，而在事后总发现自己有很多该说的东西却没有说出来？生活中我们有大量这样的言不由衷现象，我们大多数情况下都表现出退让型的行为困惑。现实生活中至少有50%的人天天在采用这种失败的交流方式。

那么另外一些人呢？他们表达自己的愿望时，总要捎带着攻击和过多地冒犯别人。

现实中，要做到坚持自己的立场，但同时又要表现出没有多余地冒犯别人的果断，实际上是非常困难的。Jan Schhouten在他的书中用了整整17个章节来叙述这个问题。虽然我们没有必要把自己弄成一个教授，没有必要学那么多心理学名词概念，但学习基本知识却非常必要。

我们要让自己有魅力，就必须在生活中学习。

一次吃饭的演练

研究性学习、体验式学习、学以致用、强化实践、短期见效，是我们培训班的明确要求。为了让学员有较大的心理调整，我们每个学员都重新取了一个学名，在衣着和动作举止方面都有严格要求。训练时，要求学员毫无条件地进入角色。

此次训练是我们假设的一次外出吃饭活动。

我们设置的场景是：天很凉，我们学员来到一家小饭馆，又饿又累，想先喝一点热汤驱寒。

大家坐好后，服务员端来了我们要的汤，一喝，发现汤是凉的，而且索然无味。这时，你该怎样与服务员说话？

学员们做出了许多种的不同反应。最后，我们总结出主要的三种：退让型、果断型或攻击型。

退让型：学员向同伴嘟囔道："我再也不到这个饭店来了。"但她对服务员却只字未提。临走的时候，当饭店经理点头哈腰来问及是否喜欢这儿的时候，她言不由衷地说"还可以，谢谢"，她的自尊心使她保持了沉默，但她很不愉快，拉下脸，硬撑着喝了那难喝的汤。

果断型：学员把服务员叫过来，她看着服务员，温和地向服务员指出汤不够热。她友好地向服务员要求给大伙重新上了一个热汤，并且稍微放一点盐。于是服务员向这位学员道歉并重新上一个热乎乎的汤。大家愉快地用完了餐，当后来饭店经理问学员是否喜欢这顿饭时，"好极了！"学员愉快地回答。

攻击型：学员感到非常愤怒，她生气地叫来服务员，指着桌子上的汤，大声对服务员喊道："你在家里就喝这样的汤吗？这是什么破饭馆，没盐啦？给我们喝猪苔水啦？"她火暴的大嗓门让餐馆里所有的人都听到了。学员的行为让服务员感到很尴尬。服务员感到自己不应该受到这种待遇。学员的行为使服务员在其同事面前感到羞愧。学员最终得到了她想要的汤，但是她同时制造了一个很不愉快的气氛。大家气鼓鼓地吃完饭，事后，学员感到不高兴并有些后悔。

生活中有大量这样的事发生，你会怎样处理呢？

需要学习。

我们在自己原有的习惯下生活了几十年，**在找朋友、谈恋爱时，常常莫名其妙地发现因为我们一个动作，一句话对方就不喜欢我们，原因是什么？**是我们缺乏学习。我们自以为自己的举止很正常，但却从来没有站在别人的角度去认真观察体验，更没有像这个培训班这样来分析研究，所以，我们要补课。

人际交往的四种失败模式

在研究人际关系方面，我们不得不提到也许是20世纪最伟大的女性之一的维吉尼亚·萨提亚(Virginia Satir)，作为家庭治疗的创始人之一，她发展出的可为专业和非专业人士共同使用的沟通技巧，可以作为全世界各种民族都适用的教材。她对于人类的语言行为和非语言行为的高度洞察力和精准把握，就像一座灯塔，为我们指引了找好老公需要正确处理人际关系的方向。

萨提亚旗帜鲜明地提出，人的生命与情感重于一切。她提出，尊重和接受属于自己的一切是形成较高自尊的基础，不这样就会违背人的本质。她认为，人与人之间应处理的正确关系是，彼此间因为有共同点而走到一起，但又以不同为基础而共同成长。我们要尊重每个人的独特性。

做为发展家庭成员亲密关系的人，我们要成为发现者、探索者和侦察者，而不是成为评判家和塑造家。

怎么样？我把她的家庭治疗理论用于我们找老公，正好合适。找老公不就是为了建立一个安全、完整、满意、幸福的家庭吗？为何一定要等到结婚成了家以后再去治疗呢？我们中国人讲未病先治，以预防为主，如果我们很好地学会了人际交往的本领，培养出下意识的待人处事的良好习惯，我们成家以后，更多的是享受爱情和家庭的欢乐，而不是更多的用于治疗调整。

萨提亚说，她希望看到每一个人都能肯定自己的价值，懂得欣赏自己，并且能够感知到完整、创造性、能力、温顺、美丽和可爱。我认为，她的理论对我们找老公的实践非常有价值。

萨提亚分析了无数人的看、听、做动作、触摸、嗅觉及交流内心看法，总结出人类的五种交流模式：讨好、指责、超理智、打岔和真实一致的反应方式。她发现绝大多数人在遇到需要处理的人际关系难题时，都会采用前面这四种表达模式以掩饰自己的软弱。只有很少的人能够真实一致地表达自己。

萨提亚设计出一些肢体姿态来帮助人们感知自己没有意识到的部分，而这些部分在他人面前是非常明显的。她将面部表情和声音所传递的每一个信号用整个身体夸张地表现，这样给我们的印象就非常深刻。

在我们的培训班，学员们被要求依次对这四种表达模式进行再现，我要求每一个人将四种表达模式的标准动作做一遍，并且要在做动作时将自己对这种表达模式的理解说出来，时间不得低于3分钟。

观察体验1. 讨好者

语言：表示同意。"无论你想要什么都没问题。我在这儿就是为了让你开心。"

肢体：安抚的样子，"我是无助的"——表现出受害者的姿态。

内心："我觉得自己什么都不是，没有你我已经死了。我没有任何价值。"

讨好者：使用讨好、逢迎的语气说话，努力取悦对方，表示抱歉或者从不反对，对什么都说"是"，用言语表示他不能为自己做任何事，他总是需要得到别人的认可。总是认为自己确实分文不值。你会因被准许吃东西而感觉幸运。你欠每个人一份人情，同时你要为所有做错的事情负责。你会赞成别人对你的批判。你为其他人跟你谈话而心怀感激，并不在意他们说了什么或是怎样说的。你乐于奉承、牺牲尊严、低三下四。

想象你自己单膝跪地，身体有些摇晃，伸出一只手做出乞讨的姿势。昂起你的头会伤害你的脖子，会使你的眼睛疲劳，会让你的头立刻疼痛。

当你用这个姿势说话的时候，你得不到足够的空气以发出饱满的声音，所以你的声音听起来焦躁不安，类似尖叫。你会不顾自己内心的感受和想法，对任何事情都说"是"。这种讨好的姿态是符合所做出的和解回应的身体姿势。

如果你保持这个角色5分钟以上，你就会感觉恶心，想要呕吐。

单膝跪地，身体有些摇晃，伸出一只手做出乞讨的姿势。

观察体验2. 指责者

语言：表示不同意。"你从来都没做过正确的事情。你到底是怎么回事？"

肢体：控告（指责）。"我是这里的老大！"

内心："我觉得孤独而失败。"

指责者：是高高在上的检查官、独裁者和老板，他好像在说"如果不是你，所有的事情都会很顺利。"指责者的身体内在感觉是肌肉和器官变得紧绷，血压升高，同时声音冷酷而严厉，经常又尖又大声。你表现得尽可能地高声和残暴，仿佛要砍倒任何人和任何东西。想象你用手指指着对方，开始控诉："你从来不这么做"、"你总是那样做"、"你为什么总是……"、"你为什么从不……"等等。对问题的回答并不重要，不必为此烦心。因为指责者更感兴趣的是将自己的压力和负担施加给他人，而不是为了寻求回答。

当你在指责之时，你的呼吸急促，或者通过保持喉咙的肌肉紧绷而控制呼吸。你是否见过一流的指责者呢？他在指责时眼睛突起，肩膀上的肌肉隆起，鼻孔外翻，皮肤泛红，声音听起来像是挖掘机在掘矿。

想象你站在那里，一只手放在臀上，另一只手连带着手臂直指着。在你大声叫嚷、呼喊名字、批语天上所有的事物时，你的脸抖动着，嘴唇卷曲着。你指责的姿势看起来是这样的。

与此同时，你不会觉得自己有任何价值。因此，如果你能让某些人顺从你，你会感觉自己有价值。当他们表示顺从时，你感觉自己充满力量。

站在那里，一只手放在臀上，另一只手连带着手臂直指着（像一只茶壶）。

观察体验3. 超理智者

语言：超理智。"如果个体能进行是细致的，他就会注意到某些人表现出的每一个细节。"
肢体：精算地。"我很冷静，很镇定。"
内心："我感觉很脆弱。"

超理智者：这样的人看起来非常冷静和镇定，以至于可以与真正的电脑或字典相提并论。他的身体僵硬，通常有些冰冷而不易接近。他的声音单调，语言抽象。尽可能使用最长的词语，即使你不确定它们的准确含义，但这至少使你听起来聪明。当你说完一段话之后没有人会再听你讲话。

为了使你真正体验到这种情绪，设想你的脊柱是一条又长又重的钢棍，从你的屁股一直延伸到脖子；还有一条铁领子束着你的脖子。你身体静止，你的嘴巴也不要动。可能你需要极大的努力才能克制你的手不要乱动，但要坚持这样做。

脊柱是一条又长又重的钢棍，从你的屁股一直延伸到脖子（像毫无表情的计算机）。

当你正在运算时，你的声音要低沉下去，因为从你的头盖骨往下是完全没有情感的。你的思维集中于不要轻易移动身体，同时要选择准确的词语。毕竟你永远不能犯错。令人悲哀的是，对很多人来说这看起来是一种理想的表达方式，"讲正确的话，不表露任何情感，对事情没有反应"。

观察体验4. 打岔者

语言：不相关的。话语说的是没有任何意义或者不相关的事情。
肢体：有倾角的。"我已经离开这里了。"
内心："没有人关心。这里没有我的空间。"

打岔者：所做的和所说的都与他人所说所做的毫不相关。这类人不会对那些观点做出回应。他们内在的感觉是混乱的。他们的声音听起来像唱歌，但是却和所用的词汇不协调，声音没有原因地忽高忽低，就因为没有中心内容。

当你扮演一个打岔者时，想象自己是一个倾斜的陀螺，不停地旋转却始终不知道旧习惯将去向哪里，即使到了目的地也不会发觉。你忙于开闭你的嘴巴，移动你的身体、手臂和腿。你要确保你的话语从不对题，要忽略每个人的提问，做出的回答可能是毫不相关的。

想象你的身体每次向不同的方向移动着，将你的两膝以夸张的内八字的方式靠在一起。

翘起你的屁股，使你更容易地耸动肩膀，再向相反的方向挥舞胳膊和双手。这个角色开始时好像能减轻痛苦，但几分钟后，可怕的孤独感和无目的感就会在心头涌现。当然，如果你能使自己移动得足够快，你可能不会有这么多的感受。

身体每次向不同的方向移动时，将你的两膝以夸张的内八字的方式靠在一起。

95.5%的人交流失败

萨提亚有一个重大发现，普通人中，有50%是讨好型；30%的人是指责型；15%的人是超理智型；0.5%的人是打岔型。这四种交流模式共占了95.5%，只有4.5%的人是真实一致型。而且，几乎每个遇到困境的人使用的都是这前面四种极端的交流方式，她从未见到过使用这四种交流方式而可以获得成功的人。

萨提亚强调，这前四种被95.5%的人使用的交流方式起因于我们从小培养起来的低自尊和低自我价值感。

根据另外一位美国心理学家的研究，爱情的本质是亲子关系。为什么我们有那么多人在恋爱婚姻问题上不如意甚至非常失败？根据深度心理学的研究，其原因可以追溯到我们的父母对我们的影响。如果在孩子需要得到爱时我们不能给予，就会在孩子的潜意识里留下隐患。心理学家曾做过一个让年轻的母亲与1岁孩子分别和再见时的观察实验。

当年轻的母亲要离开孩子时，每一个孩子都会产生一种慌乱，据此，心理学家总结出了四种依附关系：

第一种，母亲要离开，孩子也很舍不得，流露出依恋的神情，当母亲离开后，也会有失落的神态，但过了一会儿，孩子就自己找到玩具去玩去了；当母亲回来时，孩子张开双臂扑向妈妈，在与妈妈亲够后，又自己玩去了。这种孩子既需要爱，又需要自己的空间。心理学家将其称为安全型。

第二种，母亲要离开，孩子死死地抓住母亲哭闹，怎么也不放开自己的手，当母亲强行离开后，仍旧哭个不停，不管室内有多少玩具，也不玩，只是哭，怎么劝也没用；当母亲回来时，孩子扑了上去，也是死死地抓住母亲，哭得更凶了，有时甚至还有打母亲和抓母亲的动作。当母亲抱上孩子后，再也别想将他（她）放下。心理学家将其称为焦虑型。

第三种，母亲要离开，孩子看上去没有什么反应；母亲回来时，也没有什么反应。心理学家将其称为逃避型。

第四种，母亲要离开，孩子不知所措，既怕母亲走又怕母亲打骂；当母亲离开后，也是一副不知所措的神态；母亲回来时，孩子张开双臂，却本能地往后退。心理学家将其称为紊乱型。

在实际生活中，后三种的人要大大多于第一种。心理学家认为，从18个月的孩子身上可以看到18岁以后与人交往的形态。我们长大后，始终会带着童年的这种烙印，在进入恋爱时，会以同样形态表现出来。你是否观察过，当两个人进入到深深的恋爱状态时，他们那种依恋的关系就是亲子关系。分别时恋恋不舍，如亲子般的产生分离焦虑；相见时紧紧拥抱，总不愿离开。要做到既爱又给予空间，有时很难。

了解到这些，我们就会明白，我们一时没有找到老公并不值得大惊小怪。

做真实一致的交流者

为了避免前面所说的四种极端的失败的交流模式，我们必须训练自己在面对压力时，坚持自己的立场和真实意愿的表达，但又尽量不多余地冒犯别人。

要做到这些有时是很不容易的。萨提亚画了一个三等分的圆，将其归纳为正确处理好自我、他人与情境之间的关系（见右图）。

如果我们在陷入四种失败的交流模式时，能够对照这个圆来进行调整，我们就能逐渐打破自己失败的交流模式，做真实一致的交流者。例如，你在大部分时间里表现的是讨好型交流模式，在这次交流中，你又表现出典型的讨好型特点，在这个圆中缺失的是自我，当你在脑中显现出这个圆时，你完全可以迅速地做出更正："不好意思，我刚才说得有点不恰当，我的意思是……"

记住，谁也不能要求与其谈话的人每一句话都百分之百地正确，更没有剥夺他人纠正自己错误的权利，与你谈话的人也一样。

犯了错马上纠正，这不是出尔反尔，这只是纠正错误而已。虽然你说是"不好意思"，但你一点也不要不好意思。

同样的道理，如果陷入指责型、超理智型和打岔型交流模式时，你都可以对照这个圆来进行调整。只要你坚持在交流中兼顾自我、他人与情境的关系，你就能够进步，做一个真实一致的人。

我在这里总结了这样几条：

道歉的时候不必寻求讨好，反对的时候也不需指责，讲道理的时候无须冷淡或者令人厌倦，转移话题时无须心猿意马。

如果我们能够按照上述这些原则处理人际关系，将会给我们自己带来很大的满足感，减少了内心的痛苦，赢得了更多成长的机会，当然也会很好地帮助我们找到好老公。

为了进行成功的交流，也为了把失败的交流模式转化为成功交流的资源，萨提亚为我们贡献了个人内在冰山的隐喻。她认为只要找到行为后面隐藏着的心理因素（她比喻为冰山下面的原因），只要解决这个深层因素，我们每个人都能塑造一个美好的自己。她把我们每个人的行为比喻成为水面上的冰山，而水面下我们看不见的则是：应对方式、感受、观点、期待、渴望、自己。做一个真实一致的人有时很不容易，但找到了真实原因，就不难。

要做到这些，我们必须不断地训练、再训练，当你做到习惯成自然的时候，你身上会产生一种无形的吸引力。

观察体验5. 我踩了你的脚

为了帮助学员区分以上不同的表达方式，培训班以生活中的常见事例展示出五种道歉的方式。让学员们参与到游戏之中做示范。

让我们想象一下我刚刚踩了你的脚，你非常的痛。

讨好（低头看着地面，绞着手）：请原谅我吧，我太笨了，我老是笨手笨脚的。

指责：怎么回事？你这脚，没地方放了？下次你把脚收好，这样我就不会踩到了！

超理智：我希望能向你道歉。我经过的时候无意中踩了你的脚。如果你的脚受了伤，请下班的时候到我的办公室来商讨解决办法。

打岔（看着其他人）：嘿，你背的东西太重了，一定是没地方放了。

一致（直接看着对方）：我踩了你的脚，非常抱歉，你这里痛吗？要不要去看医生？

如果有人朝你吐口水

人的情感不能被压抑，只能被疏导，这大概是心理学家都认可的定理。萨提亚认为，我们不但能对自己的情感进行疏导，我们还能给自己定规则，最极端的例子是，如果有人向你吐口水，你会怎样反应？你能够怎样反应？

你当然可以选择。

在培训班上，我给每个学员都发了一张纸，要求写下自己的选择：

你可以选择朝她吐口水；

你可以选择打她；

你可以哭泣并乞求她不要再做这样的事了；

你可以谢谢她；

你可以跑掉；

你可以诚实地表达你的感受，告诉她你有多生气，接着，你还可以问：我该怎么样才能把口水吐到你身上呢？

你会选择什么呢？

受过训练的人会允许自己思考这个行为后面的东西。会问自己，吐口水这个行为能够代表什么？她向我吐口水是因为不喜欢我吗？因为她对我很愤怒？因为她觉得自己很挫败？因为她的肌肉控制能力不好？还是因为她向我吐口水只是为了引起我的注意？她的目的是为了激怒我？或者她这样做的目的是为了做给在场的另外什么人看？

愤怒并不是一种恶行，只有愤怒引发的行为才会导致可怕的恶行。如果你能够直面你的愤怒，并明确而坦诚地参与其中并与那个人交流，你的破坏性行为的"蒸汽"和需求就会枯竭。如果你能把这样难以对付的人生突发事件处理好，你在找老公时，不管遇到多么复杂的局面，都可以从容不迫。

假如男人向你示好

有人说，能够经受"有人向你吐口水"这样心理训练的女人，完全能够具备应对"男人向你示好"这样压力的心理素质。这好比一个重量级的运动员去参加轻量级别的比赛。但在心理学领域，却似乎没有这么简单。能够从容处理"有人向你吐口水"这样问题的人，不见得能很好地处理"男人向你示好"这样的问题，因为这是两个不同的问题。

要专门研究这个问题，我们编排了这样一个心理短剧：一个家庭教育很严格的12岁女孩，遇到来自男性世界的挑战，她的反应会是什么？

首先我们假设发出挑战的是一位熟悉的、年龄差距也不大的男性，作为压力源，我们设计了弱、中、强三种程度的刺激。

弱：眼睛的挑逗。他老看着你，目光有些迷离，对你表示好感，好像总想与你搭讪。

中：语言的挑逗。眼睛放亮，甚至有些色迷迷的感觉，从你所穿的衣服、所做的姿态、手里拿的书本，到谈一些超出一般朋友的话，寻找一切话题与你搭讪，甚至直接说要与你交朋友，伴随一些不太明显的身体语言。

强：动作的挑逗。不仅言语亲密，而且身体靠得很近，开始动手动脚，而动作的级别中，又分为三种，一种是拉拉手，接触到身体非敏感部位；第二种

65

是搂腰，勾肩搭背；第三种是拥抱接吻。

那么，大多数女孩会怎样面对这种压力呢？

我们发现，当她们在觉察到男性的表示好感演变为表达爱意时，我们找到了一种典型的表达方式，那就是下意识地说出"讨厌"、"你坏"——在男性第一句亲密的话说出时，她们往往本能地说出这样的词句。

那么，"讨厌"、"你坏"这样的词句真的表达了她们内心的感受吗？肯定不是。伴随着这两个词句，我们看到的可能是她怒目而视但身体语言并不一致的样子，也可能是脸红心跳不知所措。那么，伴随着压力的升级、刺激的增强，她们可能心慌意乱，可能恐惧得哭起来，也可能就此服从听天由命，但即使是最后一种，她们也很难体会自己内心有一种真正的爱的意义。她们所感受到的可能是冒犯，甚至是心灵深处的伤害——我们传统的教育是，女孩子早早接受男性的爱意是不好的，根本不应该接触，更不应该去追求。我们灌输给她们的潜意识就是这种表达方式——"讨厌"、"坏"。至于这种无意识的灌输究竟是什么效果、有多少效果，我们并没有研究。如果有哪一天，这个女孩偷尝了禁果，她可能有两种结果，一种认为自己已彻底堕落，把自己定义为坏女孩，从此丧失自信；一种是找到了一种莫名的快感，从此一发不可收拾。她甚至会以这种方式作为发泄自己的不满、抚慰自己心灵和报复家长的手段。

我们可以去勇敢地面对吗？我们应该去学习这方面的知识吗？

答案是肯定的。

我们有很多女孩开始从言情小说中去寻找和学习。这种学习往往使她们误入歧途，越发脱离现实世界。可这不是我们学习的错，而是我们没有这方面的教材、也没有这样的培训班之错。

男女之间的情感交流是一定要学习的。

而且，我认为这种学习对于女孩子来说，更迫切、更重要。这种迫切是由于女性生育年龄的限制，女性一过三十，在找配偶方面所遇到的困难比男性要大得多；而女性一离异，其择偶的难度又比男性大得多。可我们女性在这方面所受到的学习却非常少。我们常常听到家长、老师对我们说：孩子，要好好学习，将来考上什么什么学校、找个什么什么工作等等；很少听到我们的家长、老师说：孩子，你要好好学习去爱，要珍惜别人对你的爱，将来找个什么什么老公，将来怎么怎么去成家立业，去抚养后代。相反，我们在这方面所得到的教导常常是"不要与陌生人说话"、"讨厌"、"坏"。

了解了这些，我们就知道自己缺了哪一课，应该怎么去补课。

从应对搭讪开始训练：欣赏与谢绝

现在再去追究我们的父母和学校的责任已毫无用处了。我们要做的是着手训练，从逃避男人、不敢应对男性的挑逗，到学会欣赏、学会谢绝、学会正告、学会追求，从被动到主动，从怯弱到勇敢，每一个环节我们都可以设定学习课程。

学习要从生活中的基本应对功夫开始。

所有的学员按小组分开，进入情景剧训练。

情景一：公交车上，假如一位男性与你搭讪。（我们能想到的所有可能情景，下同。）

情景二：在本单位，遇到男性对你进行纠缠。

情景三：电梯间，遇到性骚扰。

情景四：地铁口，遇到对你特别热心的男性。

情景五：图书馆，遇到你很钦佩的男性。

情景六：在飞机上，遇到让你倾慕的男人。

……

不同的方式可能出现不同的结果。

可能的结论：

1. 勇敢面对、接受、欣赏甚至追求男人，并没有想象的那么可怕。

2. 只要应对方式正确，你可以避免99.9%的危险，一个男人要真正制服一个不甘屈服的女人，可能性很小。

3. 谁也不能保证我们不遇到劫机和抢劫银行的强盗，但我们不能因此就拒绝坐飞机和进银行。

4. 男性的感情有时比女性更脆弱，他们也很喜欢被追求的感觉。只要感觉"差不多"，你多半能达到自己的目的。

5. 只要掌握基本的思考方法，没有男人能够骗得了女人，除非你自己骗自己。

6. 学会与男性打交道，宜早不宜晚，最好从我们懂事时就开始。勇敢地表达自己而又不过多地冒犯别人，在感觉受到侵害时学会坚决而又理智地谢绝、拒绝、正告，这是你一生都需要学习的本领。

7. 逃避男人，是我们处理情感问题的所有方法中最糟糕的方法。

8. 情感交流需要训练，最好设定弱、中、强三种程度的刺激，有针对性地演练，这是最见效的成长过程。

9. 从欣赏开始，学会爱、充满爱意地表达，好运一定会降临。

……

〔家庭作业〕回忆曾与男朋友（或其他人）相处时遇到的尴尬处境及自己所用的交流模式，写出你现在学到的真实一致的交流方式。

作业检查：如何评估自己的进步？

你所要做的，是采用你自己的节律逐步建立起开朗、乐观和迷人的行为模式。刚开始你肯定不习惯，多多少少还有点装的味道，但慢慢就会变得自然起来。用你自己的节律，采用适合你自己的方式，这些对你而言是最重要的。因为适合你个人的方式可能和其他人的方式截然不同——这也是为什么只有你自己才是唯一一个能够评价你的进步和检查你的家庭作业的人。

一般来说，评价主要有三种：

1. 极端悲观。只能看到自己做得不好的方面，这种评价的方式最容易使人情绪低落。刚开始练习时这种情况比较多。

2. 极端乐观。看不到那些你尚待改善的行为，以及那些你还没有顾及的地方，完全滞留在你已经做得很好的方面。这样做本身未必是一件坏事，但结果却是你在躲避现实。到了一定程度，你就会发现情况并不像你想象的那样，会发现你经常遇到一些意料之外的不愉快的事情。

3. 现实的评价。能够首先发现自己所满意的方面，同时也会发现那些需要提高的方面。

本次作业需要你把自己的行为方式由最熟悉的人进行评价。

1．你觉得我这两天情绪有什么变化吗？

2．你认为我现在讲话的表情怎样？是乐观、悲观还是亲切？

3．你认为我现在讲话时的语气怎样？是友好、充满耐心还是急躁不安？

4．你对我这两天的变化是感到愉快高兴，还是不舒服不适应？你喜欢我现在这样的态度吗？

第一章

忆苦思甜：不做受害的鸵鸟

　　小鸵鸟一出生，妈妈就自豪地告诉它，我们是沙漠里跑得最快的鸟。因此，你应跟着妈妈好好地学习奔跑。于是，小鸵鸟跟着大伙从早到晚不停地跑呀跑呀，有一天，厌恶了奔跑的小鸵鸟望着天上的天鹅对妈妈说：妈妈，我们也有一双翅膀，为什么我们不飞翔？妈妈说：傻孩子，天空充满着凶险，还是脚踏实地跑吧。如果跑时再遇到危险，你可以把头埋在沙里呀，那样什么危险都看不见了。在培训班里，我见到了这样一群鸵鸟，不过当她们试图将头埋在沙里时，我把真相告诉了她们。

一、情感晚餐：男人是什么？

——一场从未有过的讨论

（提要：把负面情绪倒出来，直视男人，面对男人，释放所有的恐惧，你会发现一个勇于面对男人的全新自我。）

20支蜡烛点燃了，每人一支，温和的光芒照亮了每个人的脸。沉重的音乐响起，停顿。

男人是什么？
你谈过恋爱吗？
在你所接触的恋爱对象中，是好人多，还是坏人多？
请你谈谈你对所接触的男人的印象。

答卷一份份交了上来：
男人是骗子，或者说恋爱中的男人都是骗子。
男人中可能有好人，但我却没有遇到过。
我谈过恋爱，但那只不过是一场被欺骗的经历而已。
我看到同伴们纷纷离婚，就产生了对男人的厌恶。
我看到的男人缺点多于优点，他们只是在做爱时对我有吸引力。
男人没一个好东西，就会甜言蜜语，我谈了两次恋爱，可他们只是想玩玩，没一个认真的！不是我不想结婚，而是碰不到愿意结婚的男人！
男人最没劲，没钱的自命不凡愤世嫉俗，有钱的老子天下第一，所有女人都要听他的话，老实的唯唯诺诺跟个娘们儿一样，自命不凡的人模狗样拿自己当回事儿……

更有一份答卷工工整整抄写了一首诗：

何为男人？猪狗不如！
他们把欲望跟面子放在首位，却把爱情无情地踩在脚下；
在一次又一次地玩弄完女人之后，却在新婚之夜要求他的新娘是纯洁的！

多么无耻的理由!

也许，世界上还残存一些稀有动物，

但是在你们亢奋以前，在你为同胞申诉之前，

请先用脚趾反思一下自己!

当我第一眼看到这首"诗"后，我已经能联想到这个女人当时歇斯底里的神情。曾有人说，女人是感情的动物，情绪的波动在女人的生活中所占的比例要比男人大得多，这也就是为什么男人能很快从失恋的阴霾中走出来，而女人却往往会执迷其中难以自拔的原因。

很难想象，在这样的情绪下，"诗"的作者还能正常地去工作生活。对于大龄白领女性来说，她们都是职场中坚力量，工作压力大，很可能会因为情感生活不顺而带来身体、生理上的一系列问题。这时候的她们，情绪低落、萎靡不振，工作中经常犯错、说错话，对身边的男性朋友和男同事产生抵触情绪，态度极度不友好，严重的还会成为偏激的女权主义者和独身主义者。

男人多么无耻呢?

二、我们拼搏，却不知道幸福在哪里

我在与他们两个人竞争

这是学员张小姐讲述的她的故事:

我和杨都在一家颇有规模的贸易公司工作，我刚满28岁，杨比我大五个月。我们是同一批进公司的员工，都从最底层开始做起，能够与杨成为好朋友，不光是因为我们年龄接近、有着很多共同的兴趣爱好，更因为我们都有上进心，都属于那种愿意靠自己的努力在职场打拼出一片天地的女人。

做外贸很累，我和杨相互关心、相互帮助，只用了一年多就凭借不断提高的业务能力和不怕吃苦的劲头成为各自小组的负责人，收入和待遇也有了很大的改善。升职的那天晚上，我们约了几个好朋友去K歌，杨带来了自己的男朋友周，一个跟我们有过业务往来的小客户。周比我们大一岁，对杨很是体贴，他也是在多家公司就职后出来自己创业的，是个细心有耐心的男人。让我觉得奇怪的是，杨长得不如我漂亮，接触周的次数也没有我多，可为什么周看上的偏

偏是杨呢？我不是个小气的女人，祝福他们的时候，只不过对自己多年来一直单身有些无奈罢了。

升职后，我与杨各自负责一个贸易方向，合作的机会少了，我也比以前更加努力地工作——既然改变不了没有男人的尴尬，何不索性把全部精力都投入到工作中。于是，在此后的一年里，公司同事对我们的评价悄然改变：我越来越勤奋，杨却越来越漂亮。对于这些，我都没有放在心上，其间也有朋友介绍过几个男士给我认识，但在我看来，他们不是太年轻缺乏事业基础，就是太现实只是为了找个老婆，到最后没有一个能继续交往下去。我坚信，成功的女人更有魅力，我又何愁找不到合适的老公。

又过了大半年，我和杨同时被提升为各自业务方向的经理，成了名副其实的白领精英。那一晚，我们又去K歌，周没有去，杨显得很兴奋，我却在沙发上疲惫得昏昏欲睡。杨悄悄告诉我，她和周正准备结婚。我觉得很奇怪，公司的事情那么多，我整天喝咖啡熬通宵都应付不过来，杨居然有时间准备结婚？杨说，你把自己搞得太累了，需要放松和休息，女人变成工作机器是一件很恐怖的事。我问她如何才能做到既轻松又不耽误工作，杨神秘地一笑，说我应该去找个男人了。

几个月后，公司的一位副总跳槽，因为业务的关系，下一任副总很可能从经理一级中选拔，而最热门的候选人恰恰是我和杨。凭心而论，能够做到现在的位置对我来说已经很满足，我不想重复《金枝欲孽》里女人勾心斗角的故事，更不想因为一次升职而失去一个好朋友，但是我不会放弃机会，所以我选择更加努力。长时间的压力和疲惫让我变得暴躁、钻牛角尖，我经常为了一些小事和同事起争执，经常拖着我的人马整日整夜地加班，然而所有人却似乎都更看好杨，我不明白问题出在哪里，只有继续拼。

晋升副总的内部面试很快来到，候选人只有我和杨。那天早上，我破天荒地第一次迟到了，原因是昨夜为了准备面试睡得太晚，在地铁上打瞌睡坐过了站……离开老总办公室的那一刻，我几乎绝望了，一个人在没人的走廊角落里啜泣——我那么辛苦，没有男人，现在连机会都没有了，这是为什么！

然而面试的结果却出乎我的意料：我因为出色的工作表现被提升为副总，公司里唯一一个年仅28岁的女性副总；更让我感到意外的是，杨主动放弃了这次机会，理由很简单，她要全心准备自己的婚礼。

作为一个职场女性，我赢了，赢得的是升职和地位；可杨呢，她赢得的却是所有同事的赞誉。

作为一个生活中的女人，我输了；真正懂得知足常乐和享受爱情生活的人是杨。

在婚礼上，杨悄悄走到我身边，说，你该去找个男人了，女人不可能一辈子活在职场里。

我愣在那儿，终于明白，我输给的不是杨，而是她和她的丈夫；我终于明白杨为什么能活得如此轻松惬意，在别人眼中会变得越来越漂亮——我赢得了物质，却输掉了气质，我是在与他们两个人竞争。对女人来说，爱情和婚姻的力量，要远远强于一个人十倍百倍的打拼。

这位学员讲到这里，已经泪流满面。

工作上的长期打拼使她感到心力憔悴。如今她房也有了，车也有了，可始终缺的是丈夫是爱人。看到杨已经怀孕，她作为女人抑制不住一种莫名的嫉妒。她现在吃不好、睡不好，整天操心工作，身体每况愈下。父母天天催着要她嫁人，她说：

造成这一切的原因究竟是什么？

小时候，我是爸爸妈妈的好孩子；上学后，我是老师的好学生；参加工作后，我是单位的好员工。可是，当同龄人都纷纷走进婚姻的殿堂"相夫教子"的时候，我却仍在一个人打拼，一种从未有过的莫名失落涌上心头。

没有出息的大姐

这是学员王讲述的她的故事：

谁也想不到我也会到这个班来找老公。在广大观众眼里，我们这些有了一些名气的所谓明星，身边一定是围了一大群追求者，他们一个个事业成功、英俊潇洒，但他们能成为老公吗？如果我对媒体说我想结婚找一个老公，立马会成为重大新闻。如果因此招来一大群围观者，你有时间去挑选吗？我不是没有谈过恋爱，曾经有好朋友给我介绍过，那个男人，我们仅见过两次面，我的照片就被他挂到了公司里面，这些追求者有几分是出于真爱呢？对李湘的婚姻我不想发表什么看法，但她这样一番折腾谁知道她内心的苦楚？

我现在最羡慕的是我上中戏时的大姐，我们在一个寝室，我们寝室有四个人，除了她之外，我们三个女孩都是那种特别有理想、特别刻苦的优秀学生，现在都是大名鼎鼎的明星了。但我们这三人不是离异就是未婚，个人生活搞得一团糟。我现在也是一身病。大姐当时是我们最看不起的人，功课成绩一般，热衷于谈恋爱，还没有毕业就结婚了。她甚至说，我上中戏来就是为了找一个好老公。现在她的孩子已经十几岁了，她红光满面，还经常让孩子给我送点新小米什么的，让我注意保养，要我找一个好老公。不知怎么，我再忙，她的电话我都会接，也愿意听，我觉得她过的才是一个女人真正要过的生活。她只演过几个很一般的电视剧小人物，说起名气，她连我的百分之一都没有，谁也记不起她，但她却记得起别人。而我呢？谁都记得起我，可我却记不起别人，有时连我自己也记不起自己了，每天面对的是档期、档期，无休无止地追逐在名利场，虽然住着大别墅，但一个亲近的人都没有，我在怀疑，我这么多年的奋斗为的是什么？

我与大姐，究竟谁幸福呢？

妈妈的婚姻令我对结婚没信心

学员琴虽然已过而立之年，但依然单身。她相貌端丽、收入丰厚，说到她不结婚生子的原因时，她说：

我6岁那年，我父母关系一直不好，妈妈那时真的好辛苦，我爸爸没有正面本事，但吃喝嫖赌样样能。他输了钱就回到家向妈妈要，妈妈辛苦一个月才赚几百元，还要养一个家，就算有点储蓄也不能给一个赌鬼去输呀，所以经常听到爸爸与妈妈吵架，因为拿不到钱，性格暴躁的爸爸就抓住妈妈的头发打，妈妈经常被爸爸打得鼻青脸肿。有一次妈妈被爸爸踢到下体出血，我抱住妈妈一边哭一边问："可怜的妈妈呀，你为什么要结婚，要嫁人，要生我们呀？"从那时起，我就发誓永远不结婚，不嫁人。因为妈妈的婚姻令我对结婚已经没有了信心。

爸爸，你是所有男人的写照吗？

我被男人骗怕了

学员芳自己开了一家公司，她在工作中认识了一名男客户。不仅相貌堂堂，事业成功，而且对她呵护备至，一次约会，她经受不住夕阳那温柔的爱抚与这位男子的甜言蜜语，将贞操给了他。他们同居了。

可是没多久，有一个女人找到她，警告她不要破坏他们的家庭，说那个男人是她的丈夫，他们已经有了一个女儿。看着那女人递来的照片，阿芳的心很痛，她知道自己是个受骗的弱女子，为了不再被骗下去，她"挥一挥手，不留下半点云彩"，离开了那个伤心的城市。

阿芳回到家乡，一心一意经营自己的事业，很快赚到了一些钱。就在她事业如日中天之际，又一个上海籍男人闯进了她的生活。经过一段接触后，她被这位商人的气质与殷勤所折服，再一次坠入爱河。这一次他们不仅同居，很快还有了孩子。但想不到噩梦却同时走近了她，这个男人一心要出国留学，她对着山盟海誓的他，毅然出资帮助他实现了留学梦。可是，他一去不复返，到美国又找到了新爱。

她说：通过两次经历，我被男人骗怕了。

男人，你的名字真是骗子吗？

我给了他最好的，却不是他需要的

我在我们那个城市也算得上一个企业家了。在一次军民联欢会上，我遇到了他——一个英俊潇洒的青年军官。我从小就羡慕军人，何况眼前又是这么一位有男人味又不乏阳刚之气的连长。于是，我开始了对他的攻势。

转业后，我帮他找了一份国家机关的好工作，他学历低，我又花钱为他报了一个MBA班，后来他想下海，我又为他申请注册了公司。可是，当他事业有成后，还是抛弃了我。

男人，难道你们都是负心汉？

本应80分的幸福婚姻，只得了20分的苦果

我家的经济条件不太好，大学期间，我按照父母的意见，坚决不谈恋爱。毕业后，也有同学和同事追求我，但我感到他们档次不高。我一心一意考托福，终于考取了英国一所大学并获取了奖学金。出国后，读硕士、博士，一晃就到30岁了，由于性格内向，不能融入当地的主流社会，我只好回国。

回国后，我的收入还不错，也曾有许多人为我介绍对象，但不是太老就是太小。这时，单位一位性格活泼外向的同事开始向我发起了攻势，从长相来看，他也并不英俊高大，说实话，我不大看得起这个文凭只有大专的土老冒。但家里催得急，只得匆匆结了婚。我也希望借着他的社交能力，解决自己在人际关系方面的自卑，帮助自己在事业上发展。结婚一段日子后，我发现，自己不但没有变得更快乐，自卑感反而变得更深。在社交场合中，由于他幽默开朗，更使我被人冷落一旁。婚前，我深为他的活泼开朗所吸引；婚后，这些好处在我眼中竟变成轻浮好动。尤其是他面对那些比我漂亮的女孩时，我的自卑

感更强了。我怕自己控制不住丈夫而处处限制他的活动，经常跟踪他……两人的冲突愈演愈烈，终于酿成了离婚，我不明白，他一个大专生，怎么还要与我这个博士离婚？我越来越觉得，自己在婚姻问题上做了一个亏本大甩卖——本应80分的幸福婚姻，现在只得到了20分的苦果。

甲女嫁丁男，是悲剧还是喜剧？

爱是一种无言的伤害

我今年32岁，出生在一个知识分子家庭，父母都是大学教授，我是家中的独生女。大学毕业后出国留学，回国后在东北一所高校当大学教师，业余时间还兼职做钢琴教师，相貌和收入都相当不错，可就是这么一位"都市丽人"，却在感情方面找不到很好的归宿。

我曾经失恋过，伤心过，一谈起爱情、婚姻我就心痛，不是自己不想去谈感情，也不是不想去爱，而是害怕爱也是一种伤害，所以很少谈感情方面的事。再说现在就算结婚，也不能马上要孩子，要考虑的事情太多，还不如一个人轻轻松松过日子的好。

时间这样一天天拖过去也不是办法，父母着急的心情与话语就像催命。没法，花钱来参加这个班吧，但我对婚姻真的患了恐惧症。

男人，你真的那么可怕吗？

婚姻只能随缘分

我今年33岁，至今还没把自己嫁出去，甚至连一次真正的恋爱也没谈过。大学时时常有人追求，我认为恋爱成家是很遥远的事，便没有在意；几年后当我意识到可以找个人谈恋爱了，身边的人却早已成双成对。回首一看，一直相伴的朋友，不论男女都已为人夫为人妻有的已为人父为人母，留下我一个人暗自琢磨：怎么就剩下我了？

回想在25岁时我回到了父母身边，他们却又要把我"扫地出门"。之后每逢过年老妈都"警告"我，赶紧找个婆家嫁出去，不要再在家里蹭吃蹭喝了。但从25岁一直找到今天，仍然没有找到，而我却并未觉得现在的状态有什么不好。

大学毕业后，我留在了省城，在一个较有名气的公司找了一份技术工作，不久便暗恋上了一个同部门的同事，但是父母以参加公务员考试为由强行把我拉了回去，我甚至都没有来得及把自己的心意向那个同事表白。

考上公务员后，老爸用他的关系让我有了一份轻闲得让人发慌的工作。在老家这个地方，我长得还算漂亮：个子高挑，穿着讲究，还有一股清高劲儿。不久，老妈就开始不停地给我张罗着相亲找对象，不管是谁介绍的，我一概不愿意见——在这样一个地方，能找到志同道合兴趣相投的男人吗？

我就这样平平淡淡地过着，父母也越发着急，最郁闷的一次，我妈的一个同事要把自己的儿子介绍给我。据说这小子是重点大学出来的，毕业后毅然回来报效家乡，托关系进了一个机关单位，用他父母的话说，那将来肯定是仕途一片光明。对他的客观条件，我父母自然是满意得很，于是便向我转达了他们的意思。我不愿意见面，可我妈却没经过我的同意，直接让对方杀到我家。

那小子个不高，平头，两只小眼滴溜溜的，见了我父母就喊叔叔阿姨，还跟我爸握手、递烟，还很客气地跟我套话，问我工作如何，遇到什么困难没有，还鼓励我一定要好好干，将来好升职。完全是一种公事公办、体恤下属的口吻，惹得一屋人哈哈大笑，而我却觉得这玩笑开得俗气势利到极点。他们走后，我直接给了我妈一个答案：坚决不同意。

还有一次，也是我妈的一个同事，要把她的儿子介绍给我。那个男人身体瘦长，两只大眼睛像得了甲亢一样要从眼眶里掉出来，一说话，还露出两颗大龅牙。好不容易等他们离开，我冲到我妈面前就喊了起来：难道你们就那么想我走吗？我再差也不至于找一个如此猥琐的男人吧！

渐渐地，也就没有人再给我介绍对象了，只是大家看我的眼神越发地怪异，笑容也有些心照不宣的诡秘感。我也明白，在这样一个信息不算通畅的地方，一个三十多岁还未成家的女人，绝对算得上异类。但是生活在这样一个生活环境里，我实在没有一点谈恋爱的念头，更不用说结婚了。

我不是一个独身主义者，但也不会因为年龄而随便找个人把自己嫁了。我知道自己已经是一个名副其实的"剩女"，但我又有什么办法呢？比我大的男人多已成家生子，比我小的我又不会考虑，选择面太小，除非我走出去，可我又习惯了现在的安逸生活。

所以，我的单身生活仍将继续，一切随缘吧。

男人，我们的缘分在哪里呢？

好男人死绝了

我来自上海，目前开了三个公司。从小生性好强，不想看男人的眼色过日子。现在一晃年龄近40了，公司、事业、别墅、车子都有了，但谈对象的事也这样耽误了。我觉得年纪小的男人，是图我的金钱，年纪大的男人又提不起我的精神。早几天几位朋友给我送来一段话，我觉得非常符合现在的境况：

1. 好男人不帅。

2. 帅男人不好。

3. 又帅又好的男人是同性恋。

4. 又帅又好又不是同性恋的男人都结婚了。

5. 不是很帅但是很好的男人却没有钱。

6. 不是很帅但是又好又有钱的男人会认为阿拉看上的是他们的钱，而没有钱但是很帅的男人看上的是阿拉的钱。

7. 不是很好但是很帅又是异性恋的男人却嫌阿拉不够漂亮。

8. 又好又有钱又是异性恋又觉得阿拉漂亮的男人却又没胆量。

9. 又好又帅又有点钱而且是个异性恋的男人偏偏害羞而且从不采取行动。

10. 那些从不主动的男人一旦阿拉采取主动就对阿拉失去了兴趣。

男人真的是不可理解的另类吗？

我也知道找老公对于女人的幸福很重要，可是，面对这样的伤害，我真的有所畏惧；

我不靠男人自己也拼打出了一片世界，现在让我死皮赖脸地去找老公，面子上过不去；

像我们这个年龄，到哪里可以找到好男人？我总不能到大街上去拉一个男人当老公吧？

……

三、是谁折断了我们的翅膀？

你看到了什么

我拿着一本杂志，伸到这位念顺口溜的上海女学员眼前。

"你看到了什么？"

这位学员说："由于太近，我看到的只是一片模糊的颜色。"

尔后，我退后几步，指着杂志问："你又看到了什么？"

"我看到了一本杂志的封面，上面有一幅人的肖像。"

我再后退，到了课堂的最后排，问："你现在看到了什么？"

"我看到一本杂志，但看不清具体是什么画面。"

实验结束。

第二个实验开始。

另一位发言的学员被请了上来。

"请你闭上眼，深呼吸，然后，睁开眼睛，回答问题。"

"今天课堂上的学员，有几个是穿红色衣服的？回答完毕后，请闭眼。"

学员回答："有四个穿红衣服的。"然后她闭上了眼。

"那么，现在请你回答，课堂上有几个穿黑色裤子的？"

她无法回答。

我说："看杂志的同学，你随着距离的远近，看到了封面的颜色、封面肖像和整个杂志，但是，当我问你看到了什么时，你却没有看到在场的还有19名同学，这么多的目标你视而不见，为什么？"

"看衣服的同学，你只见到课堂上有四个穿红衣服的，却对在场的8位穿黑色裤子的同学视而不见，为什么？"

你们被自己的思维局限了。

古希腊德尔斐神庙前竖立着一块巨大的石碑，上面镌刻着象征人类最高智慧的阿拉伯神谕：认识你自己。人类以超卓的准确性登上了月球，以惊人的洞察力揭开了原子的奥秘，但人类有时却不能很好地了解自己。

谁都明白，如果不知道自己现在的位置，再精确的地图也不能引导你到达任何地方；如果你不能打开你的眼界，再美好的找老公愿望终会成为南柯一梦。很多人一辈子都没有迈出那积极的一步，她们脚步匆匆无暇深思生命的意义，但作为女人你无法回避这样一个问题：

你幸福吗？你有最亲爱的人吗？你找老公了吗？

这些年来，随着我的演讲和咨询活动的推出，在我们接触的各类女同胞中，充斥着"做女人难"、"做名女人难"、"找老公难"这样的陈词滥调，我们也听惯了"找老公要靠缘分"和"好男娶不到好女、好女嫁不到好男"这类"运气说"的论调。可是，当我们真正探讨到"我要……""我能……"这类人生根本问题时，她们竟像突然接到外星人的提问一样不知所措起来，于是，她们从自己受伤的经历中寻找对眼前失败的解释。当她们谈到男人和找老公时，往往是从与她们相接触的男人给她们的最深刻的伤害开始数落开来——即使她嘴上不说，但潜意识里却总是抹不去这些阴影。

她们的眼里，只有男人给她们的伤害。

于是，男人在她们心中成了永远的痛。

于是，她们在痛苦和伤心的阴影中，一年年变大，一年年变老，成为当代社会的"剩女"。

跳蚤与井绳的故事

有人曾经做过这样一个实验：往一个玻璃杯里放进一只跳蚤，发现跳蚤立即轻易地跳了出来。再重复几遍，结果还是一样。根据测试，跳蚤跳的高度一般可达它身体的400倍左右，所以说跳蚤可以称得上是动物界的跳高冠军。

接下来实验者再次把这只跳蚤放进杯子里，不过这次是立即同时在杯上加一个玻璃杯盖，"嘣"的一声，跳蚤重重地撞在玻璃盖上。跳蚤十分困惑，但是它不会停下来，因为跳蚤的生活方式就是"跳"。一次次被撞后跳蚤开始变得聪明起来了，它开始根据盖子的高度来调整自己所跳的高度。再一阵子以后呢，发现这只跳蚤再也没有撞击到这个盖子，而是在盖子下面自由地跳动。

一天后，实验者开始把这个盖子轻轻拿掉，跳蚤不知道盖子已经去掉了，它还是在原来的这个高度继续地跳。

三天以后，他发现这只跳蚤还在那跳。

一周以后发现，这只可怜的跳蚤还在这个玻璃杯里不停地跳着——其实它已经无法跳出这个玻璃杯了。

现实生活中，是否有许多人也过着这样的"跳蚤生活"？我国古代有一朝被蛇咬十年怕井绳之说，讲的也是这个道理。

看到井绳就害怕，碰了一次头就再也不敢跳高，这就是我们许多被男人"伤害"过的女人不找老公或者找不到好老公的心理原因。她们即便在工作上、事业上成为了成功者，但在个人感情上，她们却非常脆弱，从来不敢表达自己的爱。她们甚至很多年都没有像我们在培训班中教给她们的那样大声痛快地笑过一回了。

世上最可怕的不是失败，而是失败带给你的心理阴影。这种阴影往往可能伴随你一生，它使你不再追求，不再有生活的激情。在找老公问题上，我们往往多多少少地有这样那样的不顺和挫折、尴尬，这种挫折尴尬埋藏在我们不在意的潜意识里。

于是，我们开始以选择逃避的方式去开辟"另一种"生活，眼不见心不烦，远离了男人使我们显得"轻松"。事业成功，生意兴旺，或者有朋友、有面子、有引以自豪的工作，有游览名山大川的乐趣，

但这一切，能够抵得上有一位最亲密的爱人吗？

人生最可怕的是孤独

请听我念一个单身女子所写的文字吧：

刚睁眼睛，就听到窗外的喧闹。站在阳台上，看到的是体育中心西门来来往往的人群。今天在体育中心热卖福利彩票。

我不敢融入人群中，作为一个独居的单身女人，我害怕孤独，尤其害怕那种处于人群中的孤独。

我只能远远地观望，正如遥望我可望而不可即的爱情。

在我青春活泼的时候，我曾经爱过那么一个人，但那时的他已经有了未婚妻，我是不战而输，那种无奈曾经令我痛哭不已。

我也曾经和一个人谈婚论嫁，但在无意之间发现他和另一个女人约会，因为那个女人在生意上帮了他一把，那种心如刀割的心情令我整个夏天如置身于冰雪之中。

在我的感情经历中，我疲惫不堪，输掉的不仅仅是尊严和情感，还有对爱的信念。

好长一段时间，我不敢恋爱，我的心已静如潭水。面对同事的猜测、朋友的惋惜、亲人的关心，我无动于衷，守着孤独，过着宁静的单身日子。

我绝对不是单身主义者，从心底里，我渴望爱情，渴望婚姻，只是曾被爱情伤过，也可以说是生活没有给我那种机会。

也曾经想象着一个人独居下去的情形，也曾经在某个春节前夕对自己说：只要我一个人过完春节而不感到孤独的话，那我就可以一个人过下去了。

虽然我真的做到了，但我明白我的生活不应该是那种情形，那也不是我期待中的人生。

曾经在某个情人节的夜晚生病了，独自去看医生，抱着一大堆的药爬上七楼，发觉自己没带钥匙，好不容易从朋友那里拿到备用钥匙后打开门，才知道因为欠费而被断电了。

那可是我一生中最黑暗的日子。那一刻，我脆弱的心灵是多么地渴望爱情，渴望婚姻。

有时候，看着身边相亲相爱的情侣或者夫妻，我会羡慕，也幻想着我的甜蜜生活，也遗憾那种缘于爱情的幸福离我太远。

外面喧闹依旧，满怀期待的人来来往往，我远望着，正如我遥望着我的爱情，虽然爱情的感觉正日渐陌生。我——

我多么需要一个爱我的男人啊！

参观养老院及孤儿院

我们找老公培训班上有一节课，体验养老院及孤儿院。非常有意思的是，我们去的这家开张不久的养老院与儿童福利院同在一个大院，只是用一道院墙隔开了。也许是远离城市的缘故，两个院里一片孤寂。我们走进养老院的走廊，冷冰冰的，走廊顶上是一盏白炽灯，下面放着一架不知是送餐还是送药的不锈钢推车，眼前的情景，使我联想到医院甚至太平间。由于太安静，我以为这里没有住多少人，而工作人员介绍，这里已经住满。

我们推开一扇门，一位老太太坐在椅子上，转过脸来，两眼呆滞。工作人员说，这个房间本应是两人间，但她一人包了两张床，每月要付的费用为4000多元。我们问，为什么她不要一个单间呢？这样可以省些费用。工作人员说，哪里还有单间呀？我们这里所有单间全部爆满，有老伴的来这里的非常少。我们问老太太，您在这里生活还好吗？老太太耳背，迟疑地问我们说些什么？在做了很大努力之后，她缓慢含糊地说了一个"好"字，但她的眼神里流露出的只有孤独。

在另一个房间，我看到一位卧床的老头。工作人员介绍说，这位老头每天吃完饭后，基本上就是睡觉。最近身体不太好，夏天来了，这个夏天对于他来说太漫长了。老头眼里流露出一种需要交流的渴望，看他付出这么高昂的费用，我想他一定有着漫长的工作经历甚至是一部值得我们好好阅读的书，可是，这部书没有人把它写出来，或者，即使写了出来，在这个地方也找不到读者。这使我产生了一种莫名的哀愁。我说，他现在最需要的是有人与他交流，哪怕有一个人能倾听他唠叨。工作人员说，我们人太少，哪有时间。看着这个不明世事还带着一点不耐烦的农村丫头，我无言以对。

在养老院旁边的儿童福利院，大门用一把大锁紧锁着。这里听不到学校的念书声，看不到学校里孩子们跑跑跳跳的场面。工作人员也比较冷漠。在我们费尽口舌之后，才同意我们参观。隔着玻璃窗，我们看到的同样是呆滞的眼神。工作人员说，这些孩子都是有些残障的儿童，如果要领养，需要到民政局办理手续。他们在这里只能是等待。他们或是被父母抛弃，或者是父母死亡或发生意外（如被判刑等等）后的产物。

根据培训班的安排，我们原本是要在这个养老院住一个晚上的，因为实在腾不出房间，我们只好在这里待半天，直到晚上。学员们每一个人都找到了一个孤寡老人，进房间与老人交流并同吃晚餐。她们要做的作业是：40年后，我愿意住到这里来吗？

回到培训营地，我们每个人心里沉甸甸的。大家在院子里点上篝火，望着天上的星星，一个一个地发表自己的感想——没有一个人愿意回到那样的地方去，即使他们把条件改善得再好，也不愿意，因为孤独。

我的发言是，我发誓，尽快把我要写的这本书写出来，让所有的女人找到好老公，让进这样的养老院以及儿童福利院的人减少，有亲人才不会让我们自己变老时孤独，有爱才不会让我们的后代成为孤儿。不论从我们自己还是我们的后代来着想，我们都要有一个我们爱的人与爱我们的人。

南非总统曼德拉在被关押三十多年后，领导人民推翻了种族隔离的制度。他说，我的敌人犯了一个最大的错误，他们忘了把我与我的人民永久隔离。著名的心理学家黄维仁先生说，人有太多的压力、风暴，在所有的压力、风暴面前，只要有一个人跟你在一起去面对困难，你就会绝然不同。

孤独——比死还可怕

美国著名的心理学家约翰·辛德勒写过一本书叫《情绪是健康的良药》，

他研究发现，现代人由于情绪不良诱发的病症，已经成为全人类健康的杀手。耶鲁大学医院的一份报告中指出，到他们医院就诊的病人中，有76%的人得过情绪诱发症。

研究人员曾利用两只羊做试验，一只羊在腿上绑了一根很轻的电线，另一只则没有。绑电线的那只定时通电，用轻微的电流使羊产生恐惧，做了一段时间，羊并没有患病，但是，随后给羊加上对恐惧的想象——即在电击前加上一个响铃，尽管这种电流仍和以前一样没有改变，但不久这只羊就不能进食、不能行走、不能站立甚至不能呼吸了。

这个试验说明，电击本身并不能致病，致病的是对电击的恐惧引起的情绪。

约翰·辛德勒研究发现，人类因情绪引起的病症可达数百种之多。其中包括颈椎疼痛、咽喉肿大、胃溃疡、胆囊疼痛、胀气、头疼、便秘，甚至癌症、骨骼方面的病等等，情绪不良主要通过神经系统和内分泌系统来给人以致命的打击。

约翰·辛德勒还发现，越是聪明的人越容易患这种情绪诱发症，因为聪明的人能够发现十件不快乐的事情，而不怎么聪明的人也许只能发现一件不快乐的事情。他告诫世人，现代人谁都可能患这种情绪诱发症，而且，没有人能够对情绪诱发症产生免疫力。

患情绪诱发症有不同的级别，但最高级别的是孤独。

约翰·辛德勒在书中说道：如果真的让美国人一个人生活，每个美国人不再与其他的人打交道，那么，一年后，整个美国活下来的人不会超过几百人。

你还有多大机会？

战胜孤独最有效的良药是建立一个温暖的家庭。

而女人，尤其需要一个可以爱你的丈夫。

一般来说，女性24岁时可以选择进入"婚姻殿堂"。26岁前你有很大的选择余地，然而当你超过26岁的时候，比你大的男性，基本都有自己的女朋友了，没有的已经比较少了。对大多数人来说，男大10岁没什么，女大10岁就不容易接受了，30岁左右的男性单身的不多，35岁的更少，这时不得不让自己步入"剩女"之列。

实际情况是，女人越剩越难嫁。也许她20岁时，很优秀，会有一个甚至好几个年轻有为的小伙子追求她，但是她看不上他们，或者说有其他想法，不想结婚，于是拖到二十几。这时候，那些年轻有为的小伙子已经成为了成功人士，身边不缺少二十多岁的年轻姑娘，而且这些姑娘也和她当年一样优秀，自然就忘记她了。这时候，一些身边的普通人，比如同事，或者同样社会阶层的人开始追求她，可她还是自我感觉良好，觉得应该找个很优秀的男人，当年那些那么优秀的男人她都没要，自然要找更好的，于是又是一个没看上。等到三十几岁，那些普通追求者都已经结婚了，成功人士更不用说，正在烦恼身边这三个同样貌美如花、温柔体贴的女人，娶哪个好，自然没有人会想起已经三十几岁曾经很优秀却还没归宿的她。同龄人是没指望了，那些老的，离婚丧偶的，她觉得吃亏，就算偶尔一个很有钱很优秀也没老婆的，也被别人抢走了，毕竟，三十多岁的女人，竞争力就比那些年轻女孩差了好几个档次。

于是有人研究发现，越是成功的女人，获得幸福婚姻的可能性越小。如果把男人和女人都分成甲乙丙丁四个层次，一般来说，男人都愿意找比自己低一个层次或者相同层次的女人作为伴侣；同样，女人一般也会选择比自己高一个层次的男人，相差的距离则可以由女性的相貌身材年龄优势来决定。

不论是从中国传统还是现实考虑，这种选择都能最大程度地避免因为女尊男卑的心理落差和地位差别而带来的家庭社会问题。现实的可选择情况是：

甲男——甲乙丙丁女；
乙男——乙丙丁女；
丙男——丙丁女；
丁男——丁女。

通过这种简单对应就可以发现，最好的男人和最差的女人最容易找到伴侣，而最差的男人和最好的女人却成了无人问津者。最差的男人没人要能理解，最好的女人没人敢要，就有些无奈了。

写到这里，我突然想起一段话：
20岁的女孩像足球，二十几个男人用尽浑身解数，追着去抢；
30岁的女人像排球，还有几个男人会捧在手心生怕摔下来；
40岁的女人像乒乓球，两个男人推来推去，不想接近；
50岁的女人像高尔夫球，一个男人用杆子打，而且是打得越远越好。

这种打球的比喻，对于大龄女性来说，是个不小的心理刺激。它使我们想到，在争抢男人的角逐中，醒得越晚，死得越惨，如果你还不抓紧时间，坐视婚姻的机会在犹豫和矜持中一点点减少，那么到最后，你还是找不到一个愿意娶自己的男人！

四、不做受害的鸵鸟

打破婚姻的宿命

把婚姻比喻成四种球赛，对于女人来说，是多么不公平的事啊！

男人也许只要事业成功，找爱人似乎就不成问题。而对于女人来说，学历、身材、相貌，即便这一切都具备了，但年龄一过照样成"剩女"。难道我们只能像不知辛劳的鸵鸟，没日没夜地奔跑，我们不能飞翔，我们的婚姻只能等待着上天突降恩惠？

不！

我命在我不在天。

这几年，为找老公之事，我接待过许许多多的女性朋友。她们如泣如诉、或喜或悲地讲述着自己的遭遇和故事，她们一旦敞开心房，就把你视为最好的参谋，即便是对自己最亲的人也没有如此坦诚。我想，我们也许已经听到过所有可能的愿望、渴求与梦想。使我高兴的是，在对这些朋友进行咨询的过程中，我们能够使她们的许许多多愿望成为现实。

通过找老公的咨询，我们跟踪了很多朋友，看到她们发生了奇迹般的变化，我们感到无限欣慰。每当我到外面演讲说起找老公的精彩故事时，不少人都不无羡慕地问我：路野，你讲的那些故事里的人物真幸运，生活处处向她们绽开鲜花。什么时候你也把这些好运分给我们一点？我说，我会的。我最大的愿望就是把这好运气中最根本的东西分享给大家——突破你自己，奇迹般地待人处事！真诚、善良，对男对女都是同样的法则，技巧有时反而不是最重要的。

生活中，你也许只要改变一点点，奇迹就会发生。

现在，我们已经有很多实验成功的例子，这些参加实验者因为在找老公问题上的观念突破，绝大部分不仅找到了好老公，而且在生活态度乃至物质条件的改善上，发生了根本的转变。她们自己称之为奇迹，而我却宁愿称之为"改善命运的本领和能够学习掌握的诀窍。"

这些诀窍便是我们通过小型的互助组形式向大家推荐的待人处事的态度与方法，是指引你走向成功的简便易懂的诀窍，是我们所传授的改善命运的本领、生活与进取的良方。

人人都能找到好老公，你也能学会这些本领和诀窍

通过互助小组的大量实践，我们得出一个确信不移的结论：我们每个女人都有好运气，都有能力发展自己，找到好老公，取得更多的成就。也都能通过找老公扩大自己的眼界，改变自己的命运。遗憾的是，我们很少有人知道怎样开发自己智慧、才能和创造力的巨大宝藏。我们通常被眼前的悲伤和一点点小挫折（甚至别人一个不经意的暗示）遮住了双眼，而自己的能力通常只有一小部分被发挥出来，这些能力有很大一部分处在潜伏状态，由于意识不到而埋存着，就像深藏在大地深处的宝矿，覆盖着厚厚的积雪和泥土，有待于开发。

怎样突破你自己、去开发这种创造力？从什么地方下手？是我们塑造自己、吸引别人、找到老公、改善命运时所需要解决的问题。

自己去扮演角色

小时候我们玩过家家的游戏，每个人都可以扮演不同的角色，今天你当新娘，明天他做爸爸，不管是当上司令、士兵，还是侦探、叛徒、特务，不管是当好人还是"坏人"，只要一个创意，就可以马上完成角色的转变。长大后，随着父母给我们的安排，随着老师、同学、朋友和社会给我们的期望，我们自己就不知不觉地给自己进行了角色"定位"，一旦"定位"完成，我们就很少再去想它了，以致对不符合自己"定位"的行为甚至想法都产生一种天然的排斥。我们对生活安排给我们的角色虽然有时也会不满意、不舒服，甚至有反抗，但大部分时间，我们都是与之妥协甚至听天由命的。

在这个培训班里，我要让大家明确，生活中要扮演怎样的角色，我们可以自己选择。如果条件不允许选择，我起码可以自己给自己准备63天。

值得提出的是，在找老公问题上，我们有的人除了被伤害遮住了双眼之

外，大部分时间我们对于自己一生中希望找到什么样的老公，也有各种各样的幻想。但是，我们又不敢去实现我们的幻想，而是用一番道理来说服自己去放弃掉那些幻想，使自己相信不作那些幻想也过得去。我们还没有行动起来，心中的希望便遭到打击，于是便默默地任其消逝。

而我们培训班的63天实践课，使你没有时间去犹豫徘徊，你将完全放弃自己原有的角色，去经受生命中最精彩的日子——向自己以前几十年的生活挑战。

你能够学会怎样发展你的潜在能力，你能改善你的性格。你能在这个找老公的积极塑造过程中，使你自己发生很大的、积极的改变。

我的最大喜悦便是帮助你们突破自己、找到老公，从失败走向成功！

成功的人都是相似的，不成功者各有各的"理由"。

但是，这些不同的"理由"一经分析，我们发现它们也有惊人的"一致特性"，我们就从矫正这"一致特性"，赋予成功者"惊人的一致"做起。关键要看你自己。

你自己的追求

欲望与追求是人的本能。你认为在生活当中什么才是成功？找老公是不是女人一生中非常重要的事情？找老公能不能使你感到愉快和满足？找什么样的老公会使你感到愉快和满足？

我们很多人随着挫折的增多，越来越少地想这个问题。她们只是感到自己越来越不愉快，不开心，不开心的理由无非是自己年龄大啦、受到了男人的欺骗啦、工作压力大啦，她们却真的很少去想我要愉快、要开心，这一点是非常重要的。不管你所追求的"成功"是事业上、生意上的还是生活上的，还是我们所探讨的寻求得到你的恋人、配偶对你的敬慕，不管你现在是怎么支配你的时间，毫无疑问，你都可以学会在你同他的关系和工作当中得到更多的快乐和成功。

澄清模糊的追求

看清自己的欲望，想要什么，才比较可能实现。如果你极为渴望某件东西，你去实际争取的可能性就会增加。

请你问自己，我们找个好老公是为了什么？是为自己还是为别人？如果为自己，是为增强自信心、提高威望和自我评价吗？是想得到别人更多赞许吗？是因为名声、智慧、生意、关系、提拔、面子、情人（做爱）吗？如果为别人，是出于同情、施舍、慈善、牺牲、救助，还是以某种形式为社会做贡献？

或者，你仅仅是为了他的钱，只是希望通过找老公获得基本的物质生活保障？或者，你只是需要找一个解脱寂寞的知心人或者其他的什么？

每一个不同的目的，都有一种非常直接的办法可以满足。大多数情况下，你不必用找老公的方式来做这些事情。

在我们的学员中，曾有一位自己的资产达到上亿的女性，她一定要找一个资产与自己"不相上下"的老公。我问："你要他的钱，是为保障自己的物质生活吗？"

她说："不是，主要是让对方不要有更大的压力。"

我说："你是在为对方找老婆呢还是给自己找老公？你连找老公的程序都没有进入，就给自己设限，你要为了让对方不要有更大的压力有很多办法，如果你仅为自己在面子上要过得去，你也完全有很多其他的办法，用不着拿个人资产作为找老公的标准。"

澄清模糊的追求，然后学会实现追求的本领，是找老公成功的两大要素。

学会怎样实现你的追求

行动之前先要"心动"。只有你自己知道什么样的老公会在你心中激起兴趣，什么样的老公能够使你露出笑容，使你的生活有意义。只有你自己能够做出最准确的判断。

怎样才算是好老公？一百个女人就有一百个不同的标准。你自己的想法不管是什么样的都没有关系，但是，你必须有一个想法，必须有一个由你自己的经历所形成的、由你自己决定的、符合你自己的标准和愿望的想法。假如一个人的人生之舟不知驶向何方，那么来自任何方面的风，对它来说都不是顺风。一帆风顺将永远与他无缘。

谁都知道，在我们当中，能够像武则天那样当了皇帝的人来找老公，或者能够像杨振宁那样获得了诺贝尔奖的人来找老婆，或者像大量的电影和小说里那样找老公浪漫而又幸福的人，一定是少数。如果以他们为标准，也许你就会怀疑，是不是必须有特殊的天才或天分（例如长相和身材），才能找到好老公？像我们在日常生活中，整天为学习操劳，为考大学考研究生受累，为找工作奔忙，在找了工作后想与领导和同事改善关系，盼着长一点工资、多发点奖金的平民百姓；或者我们辛辛苦苦创业，有了一点成绩，但比起那些大腕来还相差很远的平常人，难道也能够找到优秀的老公，跨进成功者行列吗？

绝对可以！我们培训班的用意就是给你找到彰显本事的路子，找到老公。

你能够得到的比你想要的还要多。你能够得到条件所许可的最大收获！只要你按我们书中的方法去做，突破自己，实现理想，表现杰出，找到老公并实现人生的成功，就是眼前伸手够得着的事情。

关键要看你是不是有心人！

"心动"能够带来行动，不管你是负责数百人、上千人的公司，还是只管你自己，你都能够找到优秀的老公，这一点与你的社会地位并无直接关系。我曾见过很多在事业上成功的女性，被坏老公逼得人不像人鬼不像鬼，生活一点也不幸福；我也见过很多事业平平、与世无争、"没有出息"但嫁得好的女人，他们有一碗粥两个人喝，活得有滋有味。不但自己幸福，而且后代也生活得蛮好。

睁开你的眼睛吧，你能够对于你现在的生活、你邻居的生活以及你的同事和朋友的生活起积极的作用。而最重要的是，你能够积极主动地扮演自己喜欢的角色，决定自己的生活道路，改善自己的命运。

振奋起来，从现在开始，你设想自己通过蜕变，出现了一个崭新的自我，你得无条件地使自己坚信：不管你的社会地位高低、收入多少，也不管你的天赋如何、受过什么教育，你都能够——

找到一位你爱他他也爱你的优秀老公；

家庭和睦，小日子过得快快乐乐；

精神奋发，斗志昂扬；

充分发挥自己的个人价值和力量；

既热情温柔又勇敢果断；

提高你的韧性与活力；

成为一位令人非常钦佩的女人；

得到亲戚朋友和上级领导的赏识。

寻找模特

学绘画的人都知道，要提高技能，必须寻找模特，反复观察实践。我们找老公也如此。谁都钦佩那些家庭和睦、幸福恩爱的夫妻，谁都希望找到一位既是自己亲人、又是自己知己和坚强靠山的好老公，谁都愿意成为一位温柔可爱、热情大方、天天被丈夫欣赏夸奖而又能在丈夫面前撒娇的好妻子。

中国有句古话，近朱者赤。我们在与很多恩爱家庭接触时深刻地体会到，同成功者相处，要比同失败者相处愉快得多，有趣得多。成功是可以模仿的。

那么，生活中，你能睁开眼睛找到嫁得好的成功者吗？

去找。

就像优秀的画家要找到模特一样，不仅要画出表面的形态，还要掌握骨子里的结构。你得去找寻你生活中找老公的最成功者，跟她们交谈，交朋友，学她们的思维方法。如果找不到，就去看那些成功人物和幸福家庭的传记。

通常的情况是，如果你不是生活在封闭的空间，你的生活当中总是可以找到可供你学习和借鉴的杰出人物的。

在我们培训班上，我们会为你不断找到这样的恩爱夫妻，让他们给你谈爱的法则。

这一次，我们将学员张小姐所描述的竞争对手和学员王小姐所描述的那位没有"出息"的大姐都请来了。

学员张所描述的那位竞争对手杨小姐，下个月就是预产期，她挺着大肚子自豪地说：下个月我就有孩子了，不管是男孩还是女孩，我都会像爱老公一样地爱他。如果说当初我退出职场多少还有些不甘心的话，现在我的心完全被这种创造新生命的期待所占据。老公已经在台历上把我生产的那一天标好了，老公非常爱我，他说，每天夸奖我10遍，我们生出来的孩子就会有这10遍所夸奖

的优点。我觉得结婚可以使女人体现价值，那是比职场竞争更能让我们幸福的价值，它甚至可以使女人重生。

杨小姐语重心长地说："小张，我真的非常希望有这样一个机会与你交流，但之前我找不到这样的机会。培训班请我来讲，而且还给我一笔钱，说我讲的这些东西值钱，我好感动。原来我担心你会反感我，认为我在你面前显摆。我说，我真的没有这种想法，我爱你，幸福是需要我们自己去争取的，就像我们在工作中去争取业绩一样，我也非常怀念我们一起工作的时光，但我们女人不能永远那样生活。你比姐姐我漂亮，你更应该享受我们女人的自豪。找个好老公吧，别把自己搞得那么苦了。你上这样的培训班太有必要了，别人这样跟你说，你一定会不信，我过去跟你说，你可能也许还会以为我是出于要与你竞争的私心，现在我已经彻底退出了与你的竞争，你应该相信我吧！"她们紧紧地拥抱在一起。

没有"出息"的大姐穿着一件宽松的衣服，她拉着学员王小姐的手说：你现在是大名鼎鼎的明星了，走在路上都会被人拦住签名，你住着那么大的别墅，可是吃饭却是有一顿没一顿的，追你的男人很多，赶紧找一个吧。男人也许没有你想象的那么浪漫，但也没有你想象的那么复杂，他们很实在。找一个吧，有男人真好。你看看我，虽然没有你那么成功，住得没有你那么宽敞，既没有名气、也没有多少钱，但我们大人小孩们打打闹闹、欢欢乐乐的，充满了家的温暖，我蛮开心的。有时我们生活得也不顺，有时我们夫妇俩也会吵架，但那比冷冰冰地过日子要好，没有老公，甚至没有一个可以吵架的人，我真不知道这日子将怎么过？难道事业就真的那么重要？

给自己一份感动

听完眼前的故事，大家陷入了沉思。这时，辅导员开始给大家读爱情故事：

"喂"了10年的爱情

一本著名的杂志上曾登过一则故事：一个日本人为装修住宅拆开了墙壁。日式住宅的墙里面是空的，中间夹了木板，两边是泥土。他拆墙时发现一只壁虎困在那里，一根从外面钉到里面的钉子，钉住了它的尾巴。主人很惊讶，因为那钉子是10年前盖房子时钉的。这说明这只壁虎在墙壁里面已经整整10年了，这10年，被钉住尾巴的它，是靠什么生存下来的呢？

过了不久，从另一端又爬来一只壁虎，嘴里含着食物。主人一下被感动了，是爱情，是无比高尚的爱情，是生死不变的爱情！为了被钉住不能动的壁虎，另一只壁虎在这10年里一直在喂它。

多么伟大的情感！我常常想，人因为有爱才活得有意义，壁虎不会说话，但谁能否认，被钉了10年的壁虎，它们不间断地进行着交流，会不比我们住着别墅却无人理睬的人类幸福？

这时，我们每个学员手上得到了一只布制的可爱壁虎，同时还有一张非常精美的卡片，卡片上印刷着这段凄美的故事。

蝶的勇气

杰克走在佐治亚州某个森林中的小路上，看见前面的路当中有个小水坑。他只好略微改变一下方向想从侧翼绕过去，就在接近水坑时，他遭到突然袭击！

这次袭击是那么出人意料，袭击者是一只蝴蝶。

他笑了，又向前跨了一步。袭击者又开始向他俯冲过来。它用头和身体撞击他的胸脯，用尽全部力量一遍又一遍地击打他。

他退后一步，袭击者因此也就延缓了攻击。他每次向前迈出一步，它都不顾一切地向他冲来，他不得不退后一步。最后一次，他退后了好几步，以便仔细观察一下敌情。袭击者撤退了，栖息在地上。就在这时，他才弄明白它刚才为什么要袭击自己。

它有一个伴侣——一只红蝴蝶，就在水坑边上，红蝴蝶好像已经不行了。它待在伴侣的身边，尽管红蝴蝶快要死去而杰克又是那么庞大，但是为了伴侣它依然责无旁贷地向杰克进攻。它这样做，是怕杰克经过时不经意踩到它的伴侣，它的进攻和保护给它的伴侣带来尽可能多一点的生命的珍贵时光。

是呀，爱情可以煅造出多么不可思议的崇高力量，这种力量不是脚步和肩部的力量，而是心灵和灵魂的力量。尽管有时这种力量显得是那么微弱，也能给人以心灵的震撼。

这时，我们每个学员手上得到了一只精美的玩具大蝴蝶，同时还有一张非常精美的卡片，卡片上印刷着这段凄美的故事。

70年的风尘岁月

一天，男孩对女孩说："如果我只有一碗粥，我会把一半给我的母亲，另一半给你。"

女孩子喜欢上了男孩。那一年他12岁，她10岁。

过了10年，他们的村子被洪水淹没了，他不停地救人，唯独没有亲自去救她。当她被别人救出来后，他轻轻地说："因为我爱她，她死了，我也不会独活。"于是他们在那一年结了婚。那一年他22岁，她20岁。

后来，全国闹饥荒，他们同样穷得只剩下一点点面，做了一碗汤面。他让她吃，她舍不得吃，让他吃。三天后，那碗面发霉了。当时，他42岁，她40岁。

因为祖父曾是地主他受到了批斗。在那段岁月里，她陪着他挨批、挂牌游行，夫妻二人在苦难的岁月里接受了相同的命运！那一年，他52岁，她50岁。

许多年过去了，这时他们调到城里，每天早上乘公共汽车去市中心的公园，当别人给他们让座时，他们都不愿意自己坐下而让对方站着。车上的人竟不由自主地全都站起来。那一年他72岁，她70岁。

她说："10年后如果我们都已死了，我一定变成他，他一定变成我，然后他再来喝我送给他的那碗粥！"

70年的风尘岁月，这就是爱情！

这时，我们每个学员面前摆了一碗粥，碗都是非常旧的瓷碗，碗里的粥是热的，它要由每个学员端起来捧到另一个学员跟前。喝粥时由摄影师给学员合影。

携手人生

一场突如其来的地震将一对夫妇压在坍塌的废墟中，无法动弹，也没有一丝光亮。在黑暗与恐惧、干渴与饥饿的交迫下，妻子几乎放弃了生存下去的信心和勇气。丈夫用尽全力挣扎着握住妻子的手，给她讲美丽的初恋，讲他所经历的趣事和看到过的动人的风景，甚至饶有兴致地讲述精美菜肴的烹调方法。五天后，他们被营救人员发现，妻子得救了，丈夫却在光明闪现的那一霎去了。人们发现，那只至死仍紧紧握着妻子手的手满是伤痕和凝血。可以想见丈夫是以怎样的意志怎样的深爱顽强地携着妻子，为她鼓起了生命的勇气。

在秋叶飘落的黄昏，在细雨微微的伞下，在人生喧闹的十字路口，当我们看见一对白发老人，相互搀扶着，那样地从容，那样地默契，那样地温情，那样地幸福，我们又怎能不驻足并怀着钦羡与感动的心情，为他们深深地祝福呢？

这时，我们每个学员得到了一个精美的相框，里面的照片内容各不相同，有的是地震后的废墟，有的是荒原上的墓地，有的是秋叶飘落的黄昏，有的是一对白发老人相互搀扶、夕阳很美……同时还有一张非常精美的卡片，卡片上印刷着这段感人的故事。

请你等着我

在一个世纪前，有一个12岁的小女孩克莱拉，爱上了她父亲的学生舒曼。舒曼19岁，才华横溢，有着艺术家时而狂放时而阴郁的个性，这深深地迷住了克莱拉。小小的她惟恐舒曼先爱上别人，央求他说："请你等我长大！"

后来，舒曼练琴伤了手指，无法圆钢琴家的梦了，只好改学作曲，深情脉脉的克莱拉安慰他说："我把我的手指借给你！"

不过，这段恋情为女孩的老父所阻。老父一怒之下将舒曼告上法院，最后却被法官以"爱情无罪"驳回。

克莱拉和舒曼一共生了8个孩子，生活的压力，加上创作太过耗神，舒曼不到30岁就出现精神异常的现象，几度住进精神病院。

舒曼的病情日益严重，过早结束了自己短暂的一生。克莱拉痛不欲生，把自己完全封闭起来，不与任何人接触，最后还是舒曼的学生布拉姆点醒了她，克莱拉忆起当年的承诺，她要把手指借给挚爱的人。从那一刻起，她把一生的精力都放在四处巡回演奏舒曼的作品上。舒曼的作品能够流传至今，广为人知，克莱拉功不可没。

这时，我们每个学员手上得到了一张光盘，这是舒曼的音乐作品，同时还有一张非常精美的卡片，卡片上印刷着这段凄美的故事。

女人不能没有爱情，人类不能没有爱情。爱情虽然会给我们带来困苦，但它给我们带来的生活和事业的意义，是那些没有品尝爱情的人永远不能体味到的。

看了这些爱情故事，你有什么感想呢?

不管你的事业是否成功，不管你是否有钱，也不管你容貌、身材、气质如何，只要你是一个女人，若没有经历过人世间爱情、婚姻这一最宝贵的情感，没有找老公，没有一个你爱的人和爱你的人——

你是否会感到人生的遗憾呢？

上天为世界创造了男人和女人，人类因为有了男女高尚的爱情而让世界精彩。女人与男人是一个不可分割的整体。

男人是女人的翅膀，男人甚至可以成为女人的精神支柱。女人没有男人当然也可以活，但活得很累。没有老公的女人，就像在沙漠里奔跑的鸵鸟，我们不停地跑呀跑呀，直至成为沙漠里的长跑冠军，但是，跑得再快的鸵鸟，也比不上飞翔的天鹅。

让我们再一次温习那个给我们启示的鸵鸟的典故吧：妈妈，我也有一双翅膀，让我飞吧，我不愿再跑了，我不怕凶险，我不愿把头埋在沙里。

做人的作业

成功者的相似，指的是她们思考问题的方式和待人处事的模式；失败者之所以失败，是因为她们的习惯和思想方式失败，这种失败也是惊人地相似。这里，我们采用国际权威的心理学家卡瑟拉的心理训练方法，让我国读者从"心理体操"和"照镜子"中，对成功者与失败者这两种人从心理方面进行仔细的观察，把她们的最突出的特点剖析一番，让你清清楚楚地看出成功者与失败者在思考问题方面和行动方面的引人注目的尖锐分歧，从而，由你用笔做出回答。

你准备做出怎样的选择呢？

任何学习都不能由老师去替你思考。现在就请你鼓起求知的欲望，并且准备好纸和笔，因为培训班还有一些有趣的作业和简单的练习要你去做呢。

第二章

坚定信仰：女人一定要嫁得好

怀才与怀孕，哪个更重要？

现代女性出现的婚姻"信仰危机"，有深刻的社会根源。

中国女性被压抑了上千年，她们迫切希望在职场上与男人们一决高下，迫切希望通过工作来证明自己的价值。于是，在整个社会的鼓励下，她们或者挑起了工作与家庭的双重重担；或者干脆放弃家庭，一心一意"干得好"。因为工作干得好而不嫁或嫁不好的人，会得到社会的同情，但人们对她的处境却爱莫能助；如果有谁说干得好不如嫁得好，并真正嫁好了的话，多半会让人们"看不起"，但一定会有人从心底里羡慕。

嫁个好男人应该成为我们女人的信仰。这决不是因为找不到好工作才去找老公，而是因为找好老公更为重要。我们不会为了别人的评价而放弃自己的幸福。

我们要签署100年的合同，不管刮风下雨，不管贫穷或富有，不管生病或健康，我们都要坚守承诺，像坚守信仰一样追求幸福的婚姻。

一、做自己的主人

我到哪里去了？

讲一个意味深长的笑话：

一个懵懂的差役押送一个和尚，和尚在店里将差役灌醉，把锁在自己脖子上的枷锁取下来套在差役的身上，又将差役剃了个光头，然后扬长而去。差役醒来，先是发觉和尚不在，待摸摸自己的光头，又见自己披枷戴锁，才恍然大悟："和尚倒在，我到哪里去了呢？"

我到哪里去了？现实中不乏迷失了自己的大量人物。

在一次相亲会上，一位长得很漂亮的小姐来到百合网的工作人员面前，小姐正读博士，按说，像这样才貌双全的小姐找老公绝对不成问题。

可是，当工作人员问她，需要找什么条件的对象时，她却望着旁边她的母亲，征询了半天意见。而且，她还掏出手机，给她哥哥去电话，对着登记表上的条件，一条一条地征求意见。事后，她告诉我们，她很在意自己父母和哥哥的意见。不管是学习什么专业还是找什么工作，都尽量不让他们伤心，总是按他们的意见办。在找对象这个问题上，更是如此。由于亲友之间的意见也不一致，她感到很苦恼。

我们接待的许多条件非常好的女孩，常常对我讲这样的事情："我的母亲想让我找一个钢琴家"，"我的父亲希望我找一个大学老师"，"我的弟弟又希望我找一个企业老板"。然后，她们又非常为难地向我请教："我觉得他们讲的都有道理，您说我应该怎么办？"

她们到这里来的想法，还是**希望别人为她们拿主意**。

每到这时，我便终止与她进行需要找哪类老公的讨论。异常严厉、单刀直入地问：

你是怎么想的？

你想找什么样的老公呢？

我把"你"字用得非常有力。你的重要决策由谁来作？你的老公由谁来找？你的事业由谁来主持？印度哲人奥修说，生命像一块空白的画布。上面可以画最新最美的图画，也可以画得乱七八糟，甚至放弃。你愿不愿意把这块画布交由别人处理呢？

我经常给她们讲这个故事：

一位老人脾气非常的好，儿孙满堂，都很有出息。儿女争相献宠，住的是别墅，吃的是山珍海味，可是有一天他突然想要自杀。抢救过来后他泪流满面，说：我这一辈子从没有自己做过主，这一次去死，你们就让我做一次主吧！他说，小时候在父母怀里，听话，是好孩子，是父母做主；后来上学师道尊严，听老师的话是好学生，是老师做主；结婚恋爱是父母媒妁之约，父母做主；成家后老婆厉害，听老婆的，是老婆做主；参加工作后听上司、听领导的，是上级做主；生孩子后吧，孩子要这要那还要听孩子的，又是孩子做主。以致后来死了老伴后，好不容易有个老情人，偷偷摸摸又不敢自己做主。最后倒想试试看，自己做主死一回，不想被抢救回来还是做不了主。他为此伤心极了。

你是否愿意做一个像这个老人般一辈子交给别人做主的人呢？

是的，把自己交给别人去安排，一切按别人的意见去办，你也许觉得很省心；但省心不等于称心。如果你听了他们的意见，有人会高兴，但高兴的不是你。如果你想得到幸福，想要心满意足，想要"真正活一回"，就得由你去计划你的生活，你自己决定找怎样的老公。

你能找几个老公？

现代科技可以使人类许多美好的愿望得以实现，可是，人类迄今为止一个最古老的愿望却没有办法实现——长生不老。

我常常替我的求助者着想，中国人最讲吉利，我们对婚姻的祝福常常是"百年好合"，如果这个美好的愿望完全实现，百年以后呢？是不是就完成了婚姻的义务，是不是可以再找一个老公？

讲到这里，她们总要坚决打断我的话：百年以后，也许我们就不存在了，怎么还有再找老公的事？

我这时就会说，你们就是那种百年以后还能再找老公的人。

现今世界上发现的年龄最大的寿星、肯尼亚老妇约基·瓦伊纳尹纳也只有142岁。人活到这个份上，已经眼瞎耳聋，身体的各个"部件"已严重老化，可

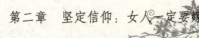

谓风烛残年。中国古代有彭祖活800年之说，但那是神话。就算你能比一般人多活500年，你能活600岁，你可以做这样的分配：

第一个100年按母亲的需要，找一个钢琴家当老公；

第二个100年按父亲的愿望，找一个大学老师当老公；

第三个100年按兄弟的想法，找一个企业老板当老公；

第四个100年按邻居的建议，找一个军官当老公；

第五个100年按你所重视的某些团体和单位的领导人的意见，再找一个什么条件的男人当老公。这样，你已经是很大方的了。第六个100年的时候，是**你生命的最后100年了。**

你，应该完全自主地生活了。

但是，你不是神仙，你不能活600岁，你的生命有限。我们每一个人所拥有的只是现在与今后的几十年。我们每一个人都在一天天走向死亡，谁离开了这个美丽的世界也不再有生命。你不可能放弃自己的愿望和理想去听从别人的安排，否则，你就会后悔，也会埋怨别人。就像那位要自杀的老者。

只争朝夕

有的女孩说，找老公确实重要，但不能急。因此，她们等了一天又一天，直到好老公都跑到了人家那里，她才发现自己的优势没了。

我国著名画家齐白石有一句名言："不教一日闲过"。现在请你设想，如果你只能活半年。每周工作五天，休息两天，你还会像现在这样过日子吗？你是否会把找老公的事拖了一天又一天呢？

如果你回答"不是"的话，就猛醒吧。曾有一位青年女教师患了绝症，医生给她下的结论是还能活半年。她猛然间醒悟了：真是好笑，我还没找老公呢，怎么也不能推到半年以后吧！从此，她给自己的每一天都制定了严格的时间表，一分一秒地计算着时间。她要实现自己一生的10个愿望，要看望分配到西藏工作的自己初恋的情人；还要写一本书。她果断地提出了辞职，终止了天天毫无头绪的忙碌，在与疾病作斗争中令人惊讶地全部实现了自己的愿望。她现在活得好好的，并且找到了自己钟爱的老公，她说，如果不是这场病，她也许永远也不会对自己的爱人表达，更不会勇敢地投入到他的怀抱。

你没有病，为什么非要等到临死的时候再去爱呢！

我曾在演讲中说过，女性因为生育年龄等原因，结婚的迫切性高于男性。打个不恰当的比喻，就像商品的保鲜期、保质期，女性要比男性短得多。一般来说，女人到了二十八九岁就面临生育压力，如果这时还没找到对象，就容易被划入"剩女"行列。而男人即使到了三四十岁还可以找到比自己小得多的女性，只要事业成功，像杨振宁这样的婚姻也能被社会接受。正因为如此，女性应该比男性较早地思考婚恋问题（实际情况是她们比男性情感发育也要早），可是，我们过去往往用"早恋"及好女孩不要与男孩亲密接触的做法来"保护"她们，以致酿成今日的难题。我曾与许多的家长和老师探讨，"早恋"究竟是一种什么概念？女孩何时恋爱才为不早？大多数人都未能给我清晰的答案。很显然，接触不等于喜欢、喜欢不等于欣赏、欣赏不等于恋爱、恋爱不等于结婚、结婚不等于生育。我们不可能从接触就一步迈入生育，因此，对于女性来说，与男人接触、了解他们并尽快发展与他们的感情，应只争朝夕。

在有关演讲中，我时常听到有人说，"我也想找一个好老公，但没有办法。现在每天上班，接触的男人又很少，总不能到大街上去拉一人当老公吧？现在只能等等了。"我就对她们说："你是在哄自己吧？你准是那个能够活600年的神仙！"

我们每个人只能活100年。根据粗略的估计，你生命中最有效的日子，只有11000天；这是你从21岁到65岁花费在工作上的时间。活一天就少一天。让我把生命花费在无谓的等待之中，我可花不起。时钟滴答滴答走个不停，你的生命是非常有数的，满打满算36500天，我要去找能给我的生活带来欢乐的老公，找我喜欢的工作、朋友和活动。去自己"活一回"。只要"想"，你就不会没有办法。

认真想一想，"在家等待"并不是充足的理由。很简单，如果你有本事忍受孤独在家等待，你也就有本事积极主动地接触众多男人，用不着惨兮兮地在这里待着埋怨没有机会。

{心理体操} 练习1：找到心中的老公

为了澄清迷蒙的思绪，了解你真正的愿望，明确你的目标：你真正想要找什么样的老公，你真正喜欢什么样的老公。请准备一支笔、四张纸，坐下来。

填写第一张纸：

我的父母亲想要我找什么样的老公

写下你的父母亲到底想要你找什么样的老公。臂如说，如果他们希望你找一个钢琴家当老公，你就在第一张的开头写下：

我的父母亲想要我找一个钢琴家当老公

然后，详细写下你的父母亲所看重的个性，叙述他们认为一个钢琴家应该具有哪些"好"品质。然后也把他们认为主要的品质尽你所能想到的一一列出来。

填写第二张：

我的兄弟姐妹想要我找什么样的老公

写下你的兄弟姐妹到底想要你找什么样的老公。臂如说，如果他们希望你找一个大学老师当老公，你就在这一张的开头写下：

我的兄弟姐妹想要我找一个大学老师当老公

然后，详细写下你的兄弟姐妹所看重的个性，叙述他们认为一个大学老师应该具有哪些"好"品质。然后也把他们认为主要的品质尽你所能想到的一一列出来。

填写第三张：

我的朋友想要我找什么样的老公

写下你的朋友到底想要你找什么样的老公。臂如说，如果他们希望你找一个开公司的老板当老公，你就在这一张的开头写下：

我的朋友想要我找一个公司老板当老公

然后，详细写下你的朋友所看重的个性，叙述他们认为一个公司老板应该具有哪些"好"品质。然后也把他们认为主要的品质尽你所能想到的一一列出来。

填写第四张：

我不想找什么样的老公

把你肯定不愿意找的老公的类型一个个写出来，能想出多少写多少。

填写第五张：

我大概不反对找什么样的老公

不必担心写错，因为这还不是作决定，权且只是你拓展想象力，只是你以新的思想方法和行动方式来练习一下。

这一张请你多动一些脑筋。写下所有对你多少有些吸引力的男人，即使你相信某些男人是你不可能找到的，也要把它写下来，因为这里希望你比较仔细地考虑一下你的理想男人是什么，仅仅为了做这个练习。

五张单子都写好了之后，把前四张——**"我的父母想要我找什么样的老公"**，**"我的兄弟姐妹想要我找什么样的老公"**，**"我的朋友想要我找什么样的老公"和"我不想找什么样的老公"**——

全部扔掉。

你只留下最后一张单子：**"我大概不反对找什么样的老公"**。这张单子反映了你自己的想法，尽管这些想法可能还没有经过仔细斟酌，但是你可以从这里开始采取比较积极的行动。

我们是怎样陷入"没办法"境地的

几乎所有不找老公或者找不到老公的人都有一个借口："接触的圈子太小"、"没办法，我只有这样的运气"、"我要找这样的老公，家里人（或朋友们）会不同意、不满意。"言下之意，自己的处境并没有自己的责任。

其实，别人认为你应该找什么样的老公无关紧要，只有你自己的标准才对你起作用。你要找到令自己心动、能够接纳的老公，你就必须自己作决定，必须自己去争取。如果别人为你找老公去作决定，为你的成功负起责任，那么，别人将是成功者，而你却被排斥在成功者之外。你不去耕耘，你就不是丰收果实的主人。

"我爱他，我已经积极地了解了他，我们对生活有共同的理解，所以我要嫁给他。"面对任何阻碍你找老公的人的质询，有这一点难道还不够吗？

如果你看到属于自己的财产被别人侵占，你是不可能高兴的。同样，你的自主权被人剥夺掉，你也是不可能高兴的。如果你不能自己品尝生活的甘苦，不自己找老公"活过一回"，你将要失去太多的欢乐。接受别人思考问题的模式和价值，会使你成为一个自毁前程的失败者和不幸福的人。

遗憾的是，我们大多数人都在自毁前程。她们尽管想去找比自己优秀的老公，但又怕亲朋好友和单位同事说自己攀高枝，怕被人误解为"癞蛤蟆想吃天鹅肉"；她们想找自己心满意足但外在条件或经济地位不如自己的好老公，又怕亲朋好友和单位同事说自己没出息，是鲜花插在牛粪上。她们从来没有感到自己错过了什么机会，她们天天在昏睡，没有体验到生活中本来有可能得到的幸福。当你问起她们时，她们只能以"没办法"来回答。

那么，为什么她们年复一年地"没办法"呢？

现代心理学家发现，行为举止失败的人，不管是由于贪吃、脾气暴躁、酗酒、吸烟，还是不思上进、挥霍无度、依赖和逃避等等，大多数都是不断地重复一些有害的行为举止。这些举止的产生可以追溯到他们幼儿时期的经历。

我们曾经有过多少次后悔的情况。事后明明白白知道本来应该谈些什么、做些什么，可是为时已迟，只好自己对自己发火。你是否考虑过你为什么总是按自己的方式处事，改都改不过来以致事与愿违？

因为你已经养成了习惯，习惯成自然！

所谓江山易改，本性难移。这种"本性"就是不知不觉融化在我们待人处事中的习惯。这种"本性"不是由于我们的血液和遗传基因的缘故。我们的行为方式都是父母亲潜移默化给我们的，而父母又是从他们的上一辈那里学来的。上一辈又是从他们的上一辈那里学来的。

历史不能假设，过去不能重来，谁也不应该去追究父母。

追溯每个人的行为模式的形成，与我们父母这个人生的第一个老师是绝对分不开的。我们在三四岁的时候，便开始从父母那里全盘接受和模仿他们处理矛盾、解决问题的方法。我们知道了在什么情况下喜、怒、哀、乐，我们变得非常像我们的父母。我们的父母从来没有告诉过我们怎样与男孩打交道，从来没有告诉过我们怎样找老公，学校老师没有教我们，教科书里也没有。如果我们的父母婚姻爱情非常不幸，我们将来也很有可能一样。我们绝大多数父母年轻时并不会表达爱，更没有上过我们这样的找老公培训班，他们自己没有当然也不会教给我们这些本领。他们教的只是他们认为正确的那一套。但是，他们所能传授的也只是他们从上一辈那里继承下来的东西，其余的他们自己也不知。

因此我们很难认识到，阻挡着我们成长与幸福的人，往往正是我们自己，我们之所以不知不觉，就是因为我们早期接受的熏陶，或是在感情上我们受到了蒙蔽。这种蒙蔽使我们"习惯成自然"。

沉重的假设

仔细分析生活中的一些现象，可以看出我们是怎样被上一辈那个"沉重的假设"而引向消极的。

例如，小时候，哪个男孩送给我们小礼物，我们非常高兴地向父母报喜，感到非常自豪。可是，得到的不是赞美鼓励，而是父母一个沉重的假设："小心一点，男孩子给你送礼物可能动机不良。"女儿每获一次赞美，父母就每来一次"沉重的假设"，弄得女儿成天没有好心情。而父母一点也不知是自己的态度给女儿泼了凉水，最后导致女儿找不到老公或者也走上父母的失败老路。

现实生活中，这样的"假设"、"但是"处处充斥在我们成功的"好事"中。我们的长辈总是用这种潜移默化的方式引导着我们不要有吸引男人的自豪感，甚至"不要与陌生人讲话"。结果弄得我们都找不到老公。当我告诉他们这种泼凉水的危害时，他们会满怀委屈地说，我们一点也不想泼凉水，想的是让儿女少走弯路，是居安思危。他们一点也不知道他们在用这种失败的习惯行为模式扼杀儿女的成功。

要想重新安排你出生的环境，另外挑选一对父母都是不可能的。但是，不管你早期在感情方面受的是什么样的熏陶，我们都能改掉我们不喜欢的习惯和行为模式。

只要你想，你就能！

你**能够**让自己变得非常性感、吸引男人，你**能够**变得非常勇敢而又不失大方得体，你**能够**把不断遭到失败的行为模式变成导致成功的行为方式，你**能够**找到好老公。

从我做起，从现在做起，永远不会为时已晚。

你见过训练老虎的驯兽师吗？只要遵循循序渐进的原则，吃人的老虎都能改变性情，何况人呢？前面我们曾讲过从最怕狗的小女孩成为驯狗员的成长经历。我也曾经亲眼目睹过驯鳄师将自己的脑袋伸进鳄鱼的血盆大口中而安然无恙。我还听到过有种种智力缺陷、身体缺陷的人在高明医生的治疗下，战胜缺陷，自立自强的事迹。生活中还有着大量的不借助任何药物而戒烟、戒酒成功的人物。

找老公也一样，让自己变得有吸引力，找到好老公，是每一个女人都能学会的本领。

[照镜子]成功者与不成功者的鉴别表（1）

在本书里，我们宁肯把不找老公或者没有找到老公的人称为不成功者，也不愿用"失败"这个肯定词。因为失败者乃是暂未学会成功的思维方法的未成功者，失败是可以转化的。

请你自己测试一下：你是否有找老公的成功者那样的致胜之道?

不成功者	成功者
1. 盲目地追随父母亲为他们树立的目标，或以邻居、朋友和其他人认为值得追求的老公为目标。	1. 知道她们在世上的生命是有限的。她们按照自己的标准去追求有价值的、使自己能够动心的、愉快的老公。
2. 找老公总要看自己亲朋好友的"眼色"行事，他们认为别人的意见和价值观比自己重要。尤其是看到自己找的对象不符合父母的意，她就感到亏欠了父母什么。如果父母反对，她多半会顺从父母的意愿；如果父母要用死来威胁她，她会很快抛弃自己的真爱。	2. 知道自己的价值观最重要，找老公首先必须得自己喜欢并能够同甘共苦，她们知道别人的眼色是好意，但不是必须执行的命令，当自己的想法与别人发生冲突时，她会亲切而友好地坚持自己的意见。
3. 找老公总是由于缺乏明确目标而无所作为。她们以为必须首先确切地知道好老公的一切情况，知道好老公在哪里，一去就能找到，一找就能成功，所以总是等待着有一个开始。	3. 知道她们得去探索，以便找到适合自己的老公，她们积极地从许多不同的方面去努力，失败了就再来，直至最后发现适合自己的老公究竟在什么地方。

不成功者	成功者
4．总是自毁前程。她们在找老公问题上年复一年地总是采用同样的行为模式，总是担心自己不漂亮，年纪太大了，时间太迟了，害怕改变。	4．她们相信，不管所处的环境如何不利，也不管她们的童年时期如何不幸，总能积极地改善她们的内在和外在条件，为找到好老公愿意改变自己。
5．把她们找不到老公和遭遇失败的原因归咎于外部。她们不理解：失败的局面正是她们自己造成的。	5．她们懂得，妨碍自己找到老公的人乃是自己。她们不怨天尤人，而是设法掌握表达自己爱意的新本领。

二、不要灰心丧气

做生意、干事业等都有可能成功或失败，但奇怪的是，人们对生意、事业上的失败往往能够理解甚至原谅，唯独对谈恋爱，尤其是女孩追男孩、女人找男人而遭到的拒绝、失败，似乎觉得特别难为情。好像这样的失败使我们的人生价值一下子贬值了。

其实，这种想法本身就是我们要战胜的。

女人找老公是一项比其他事业更重要的事业，这中间有成功，有失败，当然也应该是正常的。既然我们对干事业遭遇的失败能够理解，对找老公遇到失败为什么不能理解呢？

找老公成功曲线

黄河之水天上来，奔流到海不复回。领略过黄河和长江之美的人都知道，那奔流入海的水从来不是平平顺顺的，而是经历了九九八十一道弯，经历了旋涡、碰撞甚至回流，在克服了种种障碍之后，才奔向大海的。

对股市熟悉的朋友都知道，不管股市是大涨还是大跌，其运行的轨迹很少有直线上下的，涨中有跌，跌中有涨，这才符合经济发展的规律。泰山、黄山之所以雄奇迷人，是因为陡峭起伏，而绝非平坦光溜。

太容易得来的东西往往是不可靠的东西。现实生活中，有些骗子的骗术施展得几乎完美无缺，但你要识别它，只有一条原则：为什么来得这么容易？既然有这等好事，为什么他要让给你？没有付出劳动而轻易获得的成果，往往是需要掂量的。

如果你突然认识了一个男人，这个男人非常优秀，优秀到没有一点瑕疵，你们一见钟情爱得死去活来，于是马上结婚——那么这样的婚姻多半会有较大缺陷。

道理很简单，我们从了解自己、认识对方，到相知、相亲相爱，到谈婚论嫁，这中间每一个环节都有可能面临障碍、挫折和失败，找老公既是展示自己、剖析自己、施展魅力（甚至改变自己），也是结识对方、了解对方以致适应对方的一个双向过程。在这个过程中，我们不但要学一点穿衣打扮、美容化妆、厨艺插花等等的知识，还要掌握基本的与人打交道的知识。谈情说爱也是很有学问的，有的女孩在与人沟通方面一切以自我为中心，她们由着自己的性子办事，甚至根本不知道男人爱她什么，更不会察言观色、了解男人在想什么。她们只要看到男人的外表或者有钱有势有可以炫耀的地方，甚至只要男人给了她们几句恭维的话，她们就以身相许，以为碰到了缘分，其实，这是一种很不成熟的心态。

在找老公方面，我发现，那些在恋爱过程中遇到过磕磕碰碰、坎坷曲折，甚至经过艰苦努力才达成的婚姻，在婚后往往基础比较牢固。这个基础提示我们从中必须学会点什么。

无论人类还是动物，掌握新的技能都是不容易的。通常都需要经过大量的试验和失误，付出极大的努力。所谓"前途是光明的，道路是曲折的"就是这个道理。

在我们历时70天的培训班里，有的学员学习不到半个月，就觉得好老公已经到手，她们甚至认为后来的几十天课程都没有必要。之所以产生这种思想，就因为不了解学习是一个缓慢的过程。

成功者知道学习要花费时间，找老公也需要耐心。尽管我们刚开始切入非常迅速，但随后的波折则是不可回避的。她知道登山必须是一步一步来，不可能一跃就跳上山顶取得成功。不管是最初的见面，还是深入的了解，成功者都知道得从最低一个梯级起步，花费时间一步一步地攀登，最后才能达到向往的目的。而达到这个目的以前，往往还有一段"黎明前的黑暗"需要你去突破。不经历风雨，怎么能成功，她们知道好事多磨的道理。

不成功者的"即刻如愿"

婴儿都是要即刻满足他们的意愿的。他们一想撒尿，即刻就把尿布尿湿。我们承认他们还很幼稚，并不对他们提出从发育过程来说不现实的要求。

可是，我们有些想找老公的女孩，却把自己的思维停留在这种婴儿的即刻如愿阶段。在我们培训班刚开课时，我们一些学员正是受这种"即刻如愿"的思维模式指挥，希望直接找到一个好老公，自己最好不要做任何努力，不要有更多的中间过程，也不要做艰苦的改变。而且一找就要找与自己想象中的理想老公"差不离"的。而实际上让她描绘自己理想的老公，她都说不出来。在这种情况下要找到好老公，有可能吗？像这种停留在10岁前的幼儿思维阶段的学员，在培训班随后的教学中也不断出现，比如，在讲到案例时，她想找某位成功人士当老公，就期望一下子引起对方兴趣甚至马上就爱得死去活来，然后就结婚、生孩子，一举成功。如果她发现第一步很艰难，或者碰了一个软钉子，情绪便顿时大变，就退缩下来。她相信，如果一个人有缘分，想要找老公很快就能如愿以偿，用不着苦苦作单调乏味的努力，用不着花费多少时间，也用不着付出代价。

不成功者希望花很少的力气很快找到老公。如果遇到困难，进展受阻，她不久就厌倦了。即便在与对象接触的过程中，她也认为应该没有什么矛盾，不需要学习什么，她们美其名曰这是真实的自我。正因为如此，她们认为接触老公成功的线路似乎是笔直上升的，很容易取得进展，不会遇到问题，任何事情一蹴而就。在她们心中，找老公的进展如下图：

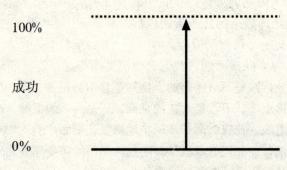

图1　不成功者心目中的学习直线

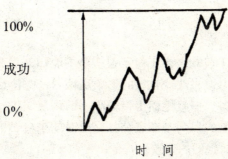

图2 成功者心目中的学习曲线

成功者不一样。她们知道找好老公是一场人生的大碰撞。即便很快碰到了好男人，有"缘分"，她们也认为要作很多努力才能真正进入实质。她们对找老公抱着一种学习的态度。找老公是一个全面学习的过程，在与准老公的接触中，其学习需要一个波次一个波次地前进。她们的学习曲线不是照直向上的，而是逐渐向上的，其中不可避免地包含着令人沮丧的挫折与失败，不可避免地要与准老公发生各种矛盾，有时是准老公的问题，有时是自己的问题，成功者要花费很多时间来完成这个过程，在最后达到目标、得到报偿之前有时是感觉不到什么满足的。有时，目标实现以前甚至是最痛苦的。

众所周知，古今中外成大业者，没有哪一位是不经奋斗"即刻如愿"的。

求全责备

对掌握新本领，不成功者由于做了很多事不能即刻满意，从而感到苦恼；而当她试图改掉一种习惯来改变自己的形象赢得老公时，也会没有耐心。她们做任何事都是求全责备，一旦她们走错一步，旧病复发了，就感到全完了，于是很快放弃了努力。她们以为与准老公打交道时如果自己不能做到十全十美，那么就一定不能成功，她们的失败公式是：

只关注谈恋爱中的失败，一次失败意味着永远不能成功。

一次失败意味着丧失找老公所有需要的成功条件。

这实在是小孩子般的幼稚与荒唐想法！

成功者把失败看做成功过程中的一个正常组成部分。她们知道，谈恋爱可以进展很快，但结婚的成功之果只能慢慢成熟，而且要经过多次的犯错误。就像猫逮老鼠一样，如果一次逮不到，它会再去逮；既不会躺在地下发牢骚，抱怨自己没能耐，也不会因此精神崩溃。这不过是自然行为！成功者知道，在犯错误时没有理由灰心丧气、止步不前，相反，她们从教训当中总结经验，坚持下去，更加努力地尝试。

这次他没有同意我，但并不代表今后永远没有希望。

如果这次拒绝指出了成功的方向，那它甚至与成功也没什么两样！这是成功者最为聪明的思维方法。

重头再来

你见到过优秀的拳击运动员吗？优秀的拳王也有被人打倒的时候，不同的是，他们能迅速地爬起来。曾有一位名人说过，伟人之所以是伟人，只因为他比失败者多了一次尝试。

我非常喜欢一首歌，刘欢唱的《从头再来》：心若在，梦就在，天地之间还有真爱；看成败，人生豪迈，只不过是从头再来。如果你真正要打破一种旧习惯，就得了解当你失败的时候**能够**重新开始。忧虑担心阻挡不了你，只有你自己阻挡自己！如果你在参加朋友聚会时忘记了节食，这是可以理解的。在下一次吃饭之时，你可以重新开始。

一次失误不等于满盘皆输。

你可以这样提醒自己："我是一个成功者。我坚持减肥已有两个星期了，这是真正的成功"。要祝贺自己，并继续这样想："两周来，我干得很好！14天来我减肥都很成功，仅仅有一次疏忽了。14天成功了，1次失败了，成绩不错！"

要肯定自己**已经做出的**巨大努力，然后重新开始向你的目标进击。

找老公也一样。

找老公的过程，严格来说是培养一种比较好的待人处事方式的过程，发生失误只是说明你在这一方面或那一方面偏离了正确的道路。偏离了，你只需回到正确道路上来就行了，这不是什么奇耻大辱。比如说，你答应了准老公要改掉自己身上哪个毛病，但偶尔有一次你又重犯了，你只要大大方方地承认道：非常抱歉，这次我做错了，但我现在马上就改！他如果是一个有心人，发现你做对了10次，只有一次做错了，应该给你奖赏。如果他不给你奖赏，你完全可以自己给自己奖赏呀，这又不需要经过他批准。

失败是成功之母。

爱迪生为发明灯泡失败了8000多次，他称自己发现了发明电灯8000多次行不通的方法。而我在本书最前面介绍的新西兰中华联合会会长、英语作家协会会员、曾与克林顿同台演讲的著名华人演讲家刘维隽女士，在谈到她找对象的过程时说，她为了找到真正的爱人，先后接触和挑选了四十多个男人，她甚至以诗意和纯情的爱情，与一个比自己小19岁的青年恋爱并结合，在经历了人世沧桑之后，悟到了爱情与婚姻的真谛，终于找到了自己幸福的归宿。她现在的丈夫岩恩，新西兰奥尔兰大学科技学院院长，是那么优秀。这并不是上天给她的特别恩赐，而是她的聪明和至死不悔地探索的结果。在华停留的短短几天中，我曾请她为解答白领女性在婚恋上的困惑，进行了小范围的演讲。她告诉我们，爱是一种探索，只有付出真情才能找到真爱。女人的爱情失败，并不会贬低我们女人的价值，只要我们不自我贬低，就没有人能贬低得了我们。

失败能够给你提供有价值的信息，告诉你下一次**不要如何做**，失败是对你很有帮助的向导，而不是要你退缩的信号。

自我责备的恶性循环

男人最烦的就是女人的埋怨和责备，絮絮叨叨的怨妇，让每个男人都离她远远的。

每遇失误，失败者就要狠狠地责骂自己，呻吟饮泣，甚至捶胸顿足，大骂自己"笨蛋"、"猪脑子"，觉得自己一无是处，不可救药。那些破坏自身意志的责怪话从心底里"自然而然"地冒了出来："为什么我不小心一点？早干吗去了？为什么我要那么跟他说话？我怎么就想不起要说的那件事呢？""我为什么就那么容易轻信上当？为什么我要做错那么多事？"

为什么……？为什么……？为什么……？

她们像鲁迅小说中的祥林嫂一样，一生当中不断地重复着这种责备自己的无聊话，总是狠狠地责骂自己，就像过于严厉的父母责骂一个走投无路的孩子。其结果是：每这样自责一次，自尊与自信就受到一次伤害、受到一次打击。思维定势一旦形成，就像"习惯性流产"。

这种"习惯性流产"能带来一种致命的恶性循环。失败者越是这样责骂自己，便越是加深了对自己无能的暗示。越是觉得自己**真的**无能，失误也就越多；越是失误得多，又越是觉得自己无能；越是觉得自己无能，又越是责备自己……如此等等，一次比一次升级、厉害。一旦牢固地形成了这种恶性循环，由于唯恐犯错误，便使失败者产生极大的忧虑，陷入一种保护性的僵止状态，而别人可能认为这就是她们"懒惰"、"消沉"的难改本性。

有了这种"本性"的保护装置，失败者免除了再犯错误的恐惧。心灰意懒、无所作为之后，她的担忧减少了，立刻便感到轻松和解脱。再也没有磨难，没有失误，没有失败了。

然而，致命的是，也再没有找老公成功的机会了。她们从此生活在自责与失败中不能自拔。

失败之歌

如果你同时怀着多种恐惧，那么，你所要克服的唯一障碍就是恐惧失败。

这里我们抄来一些资料编了一首《失败之歌》，没有谱曲，你尽管可以按自己的调门乱唱：

失败并不表示你找不到老公……失败只是表示你尚未找到合适的老公。

失败并不表示你是一位失败者……失败只是表示你尚未成功。

失败并不表示你一无所成……失败表示你得到经验。

失败并不表示你是一个不知变通的愚人……失败表示你有非常坚定的信仰。

失败并不表示你必须一直受气……失败代表你乐意尝试。

失败并不表示你不可能成功……失败表示你也许要改换方式。

失败并不表示你不如别人……失败只是表示你尚有瑕疵。

失败并不表示你浪费了时间、生命……失败表示你有理由从头开始。

失败并不表示你必须放弃……失败表示你还要更加努力。

失败并不表示你永远无法成功……失败表示你还要花些时间。

{心理体操} 练习2：把男人比喻成水塘

在找老公的实践中，有很多女孩子总认为男人的心很难琢磨，在与他们打交道时，我们一定都会经常遇到困难。采取什么方法来对付，可能减少我们取得成功的可能性，也可能增强我们克服困难取得成功的本领。

这里，我要给你举一个例子，帮助你了解成功者对待问题的态度同失败者对待问题的态度有多么重大的差别。举这个例子的时候，设想你在找老公方面遇到的矛盾好比是要越过一个结了冰的水塘——男人就像一个水塘。

譬如说，你每天去上班都得越过一个水塘。这个水塘有些地方结冰很厚，在上面走路很安全，而另外一些地方的冰很薄，稍微有一点重量就会使你掉进冰冷的水中——不仅被水呛，而且可能挨冻，闹笑话丢人，影响当天的工作。

失败者这样处理问题：

○无论什么时候，总是集中精力考虑如何避免失败，而不是考虑如何越过这个水塘。战战兢兢、小心翼翼地往前走（**先提防男人**）。

○每走一步都仔细试探冰面厚薄：轻轻地落下脚步，弄清楚冰面确实结实之后才踩下去。然后，犹犹豫豫地再迈一步。这样一步一步地走，不惜一切代价地避免失败（**不吃亏最重要**）。

○每走一步都小心谨慎地试试冰面厚薄。随时都等待着失败，随时都准备着失败（**男人没有好东西**）。

○一刻不停地担心犯错误，担心掉到冰水里面（**恐惧男人**）。

○如果非多花工夫不可，就用一整天时间来过这个水塘，连耽误上班都不太担心。总是想着：最重要的是别失败（**忘记了人生的目标**）。

○如果你确实不够机灵，没有看出有一块地方冰太薄，真掉到了水里，就狠狠地责骂自己。一边往冰窟窿外面爬，一面骂自己，接着还不停地骂自己几个小时。坐在那里冻得浑身发抖的时候，锤胸顿足、前仰后合地大哭一场。你怀着非常厌恶的心情，详详细细地回忆你的每一个错误的动作，一点一点地想了又想，越想越为自己恼怒（**恋爱为什么总是我受伤**）。

○痛骂自己。面对着冰窟窿——你失败和倒霉的那个地方，坐在那里大声痛骂自己。你从下边列的这些话开始骂，越骂用的词越新鲜，越骂想起的词越多（**自我贬损**）：

1. 愚蠢
2. 粗心大意
3. 瞎子
4. 低能
5. 傻瓜
6. 笨蛋
7. 蠢猪

○把自己痛骂一番之后，站了起来，又去一寸一寸地试探冰面的薄厚。你慎之又慎地往前挪动。如果你觉得有必要，几个小时才往前走几步（**恶性循环**）。

○小小心心地重复上面的动作，最后到了水塘对面的目的地（**回到原点**）。

○到了你上班的地方，向你的同事详详细细地诉说你碰到的倒霉事情，讲得非常具体生动（**成为怨妇**）。

成功者的做法则大不相同：

○没到水塘之前，先研究有关冰层的问题。找遇到过类似情况有经验的人交谈。读所有能够找到的有关这个问题的材料（**了解男人**）。

○真正开始过水塘的时候，集中精力考虑要解决的问题，就是研究怎样走过去，而不是专想掉进冰水的可能性（**考虑如何恋爱成功**）。

○做好准备。因为失败的可能性非常之大，穿上一套不怕落水的衣服（**有必要的防范措施**）。

○早一点出门，留下充分的时间对付倒霉的事情，这样还能及时赶去上班**（恋爱要起早）**。

○不为掉进水里担忧。心里肯定自己随时可能落水，因为在生活当中不管走到哪里都有冰层很薄的地方**（不让自己陷入恐惧）**。

○不停地走。真掉到冰水里的时候，赶快爬上来，接着往前走，决不动摇**（不忘记人生目标）**。

○因为把失败当成朋友和老师，所以把掉进水里的每一个地方做上记号，这样下次好躲开这些地方**（不犯同样的错误）**。

○事先在上班的地方准备好毛巾、干净衣服、烘干头发的电吹风、化妆用品等等。有了这些东西，不用麻烦就能把自己收拾妥当、开始工作，而耽误不了多大工夫**（不因失恋耽误人生）**。

○不管掉进冰水多少次，夸奖自己掉下去的次数不是很多，而且这么快就走过来了**（给自己加油）**。

○到达上班地方的时候，心里想着：在这里的人全都是从这个水塘走过来的，也都经历过他们自己的挫折，所以他们不会耐心地去听你的倒霉事。于是，便不谈自己的遭遇，而是关心大家，跟大家聊一些对彼此都有益处的事情**（成为大家喜欢的人）**。

看看这两个截然相反的例子，你能不能发现自己属于哪一种人呢？我给人们咨询的时候，看到凡是能够正视和看出自己存在的问题的人，都能以最快的速度改变自己。

成功者不管面临着什么样的水塘，总是着眼于她的最终目的。她努力于应付挑战和克服困难，以便达到她的目标。如果成功者做了一个粗率的决定或者估计错了形势，她就这样使自己定下心来："我尽了自己最大的力量了。"然后，她做一些有建设性的事情，很快又行动起来去追求她的目标。她知道两点之间直线是最短的距离，所以一心一意考虑如何尽可能直接和快速地到达目的地。她希望采取的步骤尽可能地少。她努力不去浪费精力和气力。不管什么时候，只要有可能，她就寻找捷径和节省时间的办法，同时，又要不降低质量要求，不马马虎虎。

找老公的过程不正是这样的吗？

了解男人，明确目标，必要防范，抓紧恋爱，积极行动，给自己加油，成为大家喜欢的女人。

[小练习] 联系实际讲述将男人当水塘的故事

　　成功者知道，目标都是一点一点、一步一步地达到的。学习的过程是缓慢的，取得进步需要时间。

　　成功者懂得，在为取得成功而奋斗的时候允许自己经过失败一步一步地前进。他们的经历有很多共同之处。他们知道"立竿见影"、即刻如意是不现实的，而要动手去做，去一点一滴地创造。他们及早行动，不断前进而决不轻易停顿。

用新的视角看失败

　　现在，请你自己来上一堂课，把下面这段话高声朗读，并吸收到自己对于获得成功的看法中去：

　　爱我自己，就要爱我因为找不到好老公而勇敢前进。

　　爱我自己，不是爱我完美无缺，那样毫无价值，只有由于我的失败而去爱，才是对我真正的爱。正是由于这样的爱，才能造就最富魅力的女人——失败不能打垮的好妻子。

　　在尝试找老公或与别人建立新关系时，不要幻想自己永不失误。遇到失败，要坚持下来，因为失败乃是进取过程中的一个重要部分。请记住下面这个成功者的公式：

　　失败不要紧，自己要宽松； 失败继续干，终归能成功

以上两部分，为便于记忆，我们总结如下：

失败者：抱怨、失败、再抱怨、再失败，直至永远失败垮台（恶性循环）

成功者：鼓励、失败、再鼓励、再失败，直至走向成功胜利（良性循环）

[照镜子] 成功者与不成功者的鉴别表(2)

　　找不到老公是很令人失望、令人痛心的，但是对学会做一件事情也能够起一种积极作用。问题是你如何看待已经付出而没有取得成功的努力，是否对自己宽厚和是否理解自己。

　　你是利用从失误当中掌握到的信息来鼓励自己，还是以你失误当中那些消极的东西来折磨自己，浪费宝贵的光阴来斥责自己呢？

不成功者

1．没能够一下子被人吸引、没能一下子就找到好老公和"好感觉"时，就心灰意冷，不再尝试。她们认为，成功者从第一课一跃就成了老手，找老公一找就要"差不离"。

2．在找老公或学习某种新东西进展缓慢、感到费力的时候，很快便厌烦起来。她们只想花费极少的时间，希望动作快而马上见效。

3．想要学会与男人打交道或者戒除一种顽固的习惯而又旧病复发的时候(例如参加宴会或又吃了一次肉等等)她们就认为全完了，可能从此放弃原来的想法。她们对自己说："我不具备坚持下去的条件，最好马上停止。别把自己弄成一个傻瓜。"

4．在失误或者误解了一个问题时，就责骂自己"愚蠢"、"傻瓜"。她们给自己提出"我为什么没有小心一点?我为什么没有看出那么明显的事情?"等等自暴自弃的问题，最后由于害怕失败而束手无策，不再尝试。

5．过分地注意找老公时如何不丢面子、如何避免失误，以致往往忽略了真正的目标。她们花费很多精力去分析和回忆她们犯下的错误，把这

成功者

1．知道找老公或者学会做一件事情需要时间和努力，有时需要成年累月地实践改进。她们不太相信天上掉馅饼这样的好事，她们懂得，心目中的高山是不可能一天就爬上顶峰的。

2．知道找老公或者其他的学习不是一件容易的事，学习曲线反映的是一场接一场的斗争。改变自己有时很痛苦，在学习的道路上有挫折也有困难，但是坚持下去就能成功。

3．一时不慎重犯了她们本想改掉的老毛病时，她们尽可能地赶快再来戒除，而且不断地继续努力。她们集中注意力的是她们已经取得了什么变化，而且努力去延长两次失误之间那段坚持得成功的时间。

4．遇到困难或者犯了错误的时候，便再去努力。她们知道，犯错误是积极进取过程中的一个组成部分。成功者以失败为师友，把失败当做获得信息的一个来源，这样便知道下一次应该注意避免什么了。

5．找老公或者做其他事时，始终着眼于最终的目标，并且集中注意力于尽可能直接而快捷地向最终目标前进。她努力不浪费时间，设法寻找

不成功者	成功者
样做当成她们的主要活动，因而妨碍了她们去实现自己所追求的目标。	捷径和节省时间的办法。当失误的时候，她从中学习能够取得的经验。她鼓励自己："我尽了最大的努力"，并且赶快行动起来，开始实现目标的第二个阶段。
6．对于尝试没有耐心，一次失败就完全灰心。她们希望即刻如意。当追求老公遇到困难的时候，她们想起还可能会失败就受不了，所以便退缩不前。她们永远感受不到克服困境的过程当中的那种自豪感。	6．即便前途一片黯淡，成功者也保持乐观和果断，不断给自己加油。她们懂得取得成功可能需要长期的努力，因而百折不挠，难题与挫折促使她们更加勤奋地努力。

三、找准自己的市场定位

找老公，从本质上来说，就是在做一次人生最为复杂的销售。不过，这里销售的产品是恋爱双方，其特征是男女双方双向、同步"易货"贸易——这中间当然就包括了销售我们自己。

既然是销售，我们就得找到自己的市场定位。

1972年，杰克·特劳特等写了一本书：《定位》。从此，定位甚至成为一个时代的营销秘籍。市场定位，第一，要定好产品性能，了解真实的自我。找老公，首先得找到我们自己，如果连我们自己都不了解自己，又怎么可能找到相适应的老公？第二，定好自己的销售对象。一个连初中都没毕业的女孩要找研究生、教授，"销售"起来就比较困难；相反，自己高学历、高技术，却要为了金钱什么的去傍大款，得到的多半也是痛苦。

小乌龟谈理想

几只小乌龟聚集在一块儿，谈起各自未来的理想。

一只说："我长大后，一定要成为敏捷的兔子，永远脱去这沉重的龟壳！"

另一只说："不，我要做一只大象！把这腹甲和披甲统统封闭起来，建立一个只有我说了算的王国。"

还有一只说："我要变成一条美丽的小金鱼，彻底与我们乌龟家族的丑陋决裂！"

这几位互议短长、宏论大发、滔滔不绝，仿佛现在它们就已经成为了兔子、大象、小金鱼。只有最小的那只小乌龟坐在一边一声不响。大家问它："小弟，你的理想是什么？准备变成什么呢？"

谁知，这只小乌龟语出惊人，它回答说："我只希望自己能够成为一只真正的乌龟，不给我们的先辈丢脸！"

教青蛙学飞行

有一个名叫张梦金的人，他养了一只青蛙。张梦金在一家跨国公司里上班，虽然生活无忧，但是他总梦想着有朝一日自己能够暴富起来。

一天，张梦金灵机一动，对青蛙说："我们就要发财了，我将教会你飞！"

"等一等，我不会飞呀！我是一只青蛙，而不是一只麻雀！"

张梦金非常失望："你这种消极态度确实是一个大问题。我要为你报一个培训班。"

于是青蛙就上了三天培训班，它学习了战略制定、时间管理，以及高效沟通等课程，但关于飞行方面却什么也没有学。

第一天进行飞行训练，张梦金异常兴奋，但是青蛙却很害怕。可怜的青蛙请求张梦金考虑一下它的性命，但是张梦金根本听不进去："这只青蛙原本就不理解青蛙会飞的意义，它更看不到我的宏图大略。"因此，张梦金毫不犹豫地打开第一层楼的窗户，将青蛙扔了出去。

第二天，准备第二次飞行训练的时候，青蛙再次恳求张梦金不要把自己扔出去。但是，只听见"啪"的一声，青蛙又被扔了出来。

第三天，第四天，第五天，第六天，尽管青蛙努力训练飞行，但是依然毫无进展。到了第七天，它朝楼下的一个石头角落跳下去，结果被摔得像一片叶子一样瘪。

在课堂上，我们拿来了一只可爱的玩具乌龟和可怜的玩具青蛙，让每个学员用3分钟时间谈自己的感想。

你有什么感想呢？

认清自己、了解自己有时是很难的。找老公，我们首先得找到我们自己，只有把自己的定位搞准确了，才有可能找到与之相匹配的好老公。每一个女孩懂事后，都会有自己心中的白马王子，这是一种很可贵的追求。但是，随着主观努力和客观条件的不断变化，随着我们对现实世界的不断认识，我们知道，并不是每一个追求目标都能实现，这是我们必须承认的现实。再高尚的理想也必须切合实际。如果不找到真实的自己，去追求高悬的理想，往往因为眼睛被自己的理想所迷，永远不能冷静地观察，得到的只能是似是而非的结果。

扮演真实的自己

在现实生活中，我们绝大部分女孩由于出身和所受教育程度不同，由于自己先天的条件和后天努力以及各种机遇等因素的制约，每一个人到了成婚的年龄，实际上整个社会已经对她有了一个大致的市场定位。能够准确地判断自己的市场定位，并且较快地找到属于自己的另一半，是一种智慧。

要做好市场定位，实际上是要处理好努力奋斗和承认现实之间的关系。著名的美籍华人李开复先生说，有勇气来改变可以改变的事情，有胸怀来接受不可改变的事情，有智慧来分辨两者的不同。

你，是什么？会什么？有什么？想要什么？能够做什么？

你凭什么找亿万富翁？

早些时候，某网站上曾有人发布了一个女大学生的征婚帖子，这个女大学生长得非常漂亮，她要求男方的"经济基础雄厚达9位数"，也就是说要找一个亿万富翁。

对这件事人们有各种各样的看法，但大部分人认为这是无稽之谈，有的甚至认为这是恶搞，是炒作，还有的认为这个女生思想品质有问题，也有的认为这个女生心理有问题甚至是精神病，不少人还对这个女生表示了强烈的厌恶。

但我不这样认为。

如果这个女生真的存在的话，她总是有她的见解与理由的。找亿万富翁这个想法并不能算错，如果我们在没有接触到事实真相时，就一味地去评定"找有钱人就是错"或者"找太有钱的人就是错"，显然容易出现偏差也经不起仔细推敲，因为接下来的问题将会是"找有多少钱的人才是正确的？凭什么？"以及"是不是找没钱的人才是正确的？"

心理工作者一个最重要的任务，就是帮助求助者弄清事实的真相——包括求助者本身没有想清楚的问题。而不是下结论。

为了回应这个征婚帖子，我们调动了方方面面的资源，中国的亿万富翁确实不多，单身没找老婆的就更少。正好，我手头有几个身价都在亿万以上的单身男人，于是凑了凑数，想办法找到了这位征婚者（或者叫征婚者的同事）。

问：你就是那位征婚者吗？

答：可以说是，也可以说不是。

问：怎么理解？

答：我可以完全代表她，也可以自己应征。

问：你理想中的白马王子为什么要"经济基础雄厚达9位数"？为什么8位数、7位数都不可以？是需要这么多钱吗？

答：当然。

问：能够谈谈原因吗？

答：……你觉得需要原因吗？

问：我的意思是，你提出这个经济指标一定是有其原因的。其实，一个人结婚成家究竟要用多少钱？一个人、一个家庭这一辈子究竟要用多少钱？我一直在研究。结论是，这个问题可能是世界上最复杂的问题。因为仅仅从物质需要方面来说，我们所需要花费的钱是非常有限的，但如果涉及到精神方面，那就是一个无穷大的数额了。从物质需要来说，如果你住在中国，你与老公和孩子加上两人的父母，每月开销3万元（这应该是中国一般家庭很难有的水平），一年不到40万元，就按每年50万元支出，你从现在起再活100年，也就5000万元——比起你所要求的亿万还不到一半。你之所以要嫁有这个身价的男人，是出于什么考虑呢？

答：……有钱应该不算是坏事……

女孩似乎对这个问题没有仔细考虑。

我告诉她，我们在非常认真地谈论这个问题。在我的身边就有你所要求的这个身价的单身男人——他们也是普通人。如果你给出的答案能够清晰明了令人信服，也许是一个非常合理的要求，我们很愿意与你一起讨论像你这种情况应该找什么样老公的问题。可以看得出，你非常重视找老公这个问题，直率，

123

而且有勇气。我们愿意帮你。

我们约好在一个度假村见的面，我们一行是开着10辆高级轿车赶过去的。这个女孩与她的同伴可以看出，我们并非在开玩笑。

我进一步说，也许你是按照等价交换的原则，你本人的价值应该值一个亿，所以你才要求对方"经济基础雄厚达9位数"。比如，你自己的身高体貌，你身高值多少钱？长相值多少钱？或者你还有什么衡量的标准？

我告诉她，一个人的物质部分能值多少钱？肉体只是几十种化学元素。如果提纯分离出来制成日用品，不过是7块肥皂（脂肪）、22盒火柴（磷）、1根钉子（铁）、很少量的焦炭、硫磺、有色金属和可刷一间房子的石灰……加在一起还不如一只羊值钱。

但她可能会说，还有审美价值，你不能用一只花瓶的材质来计算它的价值，也不能用一幅画的颜料来计算画的价值。艺术品，是昂贵的。

我就问她，你的美能胜过《蒙娜丽莎》吗？《蒙娜丽莎》是世界上最著名的肖像画。二十多年前，该画在美国展出时，人们列队而过，每人只能欣赏3秒钟；在日本展出时，每人只能看2秒钟。当时的投保金额为一亿美元。现存巴黎卢浮宫。

为了保护这幅艺术珍品，保卫人员为《蒙娜丽莎》装上了防弹玻璃，持枪警卫每天两人一组，全天24小时轮班守卫，监视镜头全方位监控。每到夜间，这幅名画就被升降机放到地下室，并用厚厚的钢门严密封存起来。它的钥匙有两位专人保存。

他们每年还要为《蒙娜丽莎》清洁两次，清洁的时候，前面有荷枪实弹的武警骑着摩托车共计20辆在前后左右开路护卫，《蒙娜丽莎》坐在装有防弹玻璃的高级警车里。意大利政府曾想拿出4亿美元购回《蒙娜丽莎》，但法国根本不为所动，

《蒙娜丽莎》确实值钱，如果按照现在通货膨胀的速度，我估计可能要值50亿人民币。但是，我问你，这幅画最值钱的地方在哪里？

她一时语塞，答不上来。

我说，它最值钱的就是那永恒的微笑，你没有，或者说你不能永恒。这就是你们的区别。

为了塑造这微笑，达·芬奇用了整整四年的时间。这四年，相当于你读完了大学本科。他塑造出的这种微笑，使不同的观者在不同的时间去看，感受似

乎都不同。有时觉得她笑得舒畅温柔，有时又显得严肃，有时像是略含哀伤，有时甚至显出讥嘲和揶揄。她这种神秘的微笑可以永恒不朽，即使你能有她一模一样的微笑，我估计也只能保持20年。再论知名度，《蒙娜丽莎》是全世界都知道的美女，你是我在网上看了你的帖子才知道的美女。无论知名度和艺术价值，你很难说比得过《蒙娜丽莎》。

那么，你的价值应该显现在才能上了。

你管理过多少财产？如果靠你的能力，你能驾驭得了上亿的资金并让它尽快增值？你拿什么来证明你的能力？我经常看到有的女大学生异想天开地要找一个百万、千万富翁，说这样可以省掉多年的奋斗之路，一步到位找到幸福。其实，她们是从来没有游过泳，却去幻想渡过太平洋。她们与前面那些想变大象的乌龟、要学飞行的青蛙犯的是同一个错误。

如果才能上不行，那么，就是你的理想需要这么多钱了。

你的理想是什么？你对未来是什么考虑呢？我们知道，一个人所能花的钱是有限的，一个人的欲望却是无止境的。你要亿万丈夫，是出于为天下劳动人民都解放的目的吗？

这个女孩长相、身材确实无可挑剔，她很漂亮，甚至可以说有点迷人。可是，有钱人如果仅仅是要消费她这些，他们很容易在别的场合找得到，用不着娶回来当老婆。

我们将这个女孩的资料拿回来，让每个学员进行分析：如果你是那个亿万富翁，你会娶她吗？

回答全部是否定的。

我们又把这个女孩的资料拿给10名亿万富翁看，让他们设想，如果你要找老婆，会娶她吗？

答案也全部是否定的。

富人并不傻！

麻雀真的能变凤凰？

早几年，国内外媒体曾津津乐道地报道过一则《广州女孩钓到默多克》的新闻，说的是世界上最大的传媒集团美国新闻集团主席69岁的默多克迎娶31岁的广州女子邓文迪，两人年龄差距38岁。一时间，麻雀变凤凰的故事鼓励着众多充满幻想的年轻女孩。有些女孩临近毕业，干脆不去找工作而直接走进婚姻介绍所，她们也认为这就是"干得好不如嫁得好"，上述我们所举的网络征婚要嫁亿万富翁的女孩不知是不是也受到了这则消息的影响？

事情真像我们那些女孩所想的那么简单吗？

让我们来分析邓文迪。

确实，邓是一个普通得不能再普通的广州女孩，扎入人堆里看不见。她的相貌实在跟漂亮不沾边，她的家庭背景也毫无金粉气，所以有人认为，她的成功是因为她有别的女孩想都不敢想的梦想和野心。

可是，当我们分析邓文迪的成才和奋斗之路之后，我们就不会这样认为了。

首先，邓文迪在广州做过模特，掌握了一套展示女性之美的专业能力。而早在上学的时候，她就曾给国家机关的经贸官员做翻译，还帮助李宁搞运动服和健力宝推广，这为她良好的人际沟通能力打下了坚实的基础。可以说，她虽然没有参加我们这个找老公培训班，但从实践中学来的这些能力并不差。

有了这些能力，她大胆地闯到美国。1988年她嫁给了一个帮助过她的美国男人，可以说，她在嫁给默多克之前已经有过一次很好的练兵。为了提高自己的素质，她先是从加州州立大学毕业，后又考进了耶鲁大学商学院，攻读MBA学位。从耶鲁毕业后，准备到香港发展。在飞往香港的飞机上，邓文迪恰好坐在新闻集团董事、亚视集团财务总监布鲁斯旁边。邓文迪凭着不俗的谈吐、优雅的风度，凭着耶鲁大学商学院MBA学位及精通英语、粤语和普通话的优势，使得布鲁斯没等飞机落地就把她招为StarTV总部的实习生。

看了她的这些经历，我们有理由相信，此时的邓文迪已经不是当初那只不起眼的小麻雀，而是已经将自己修炼成一只充满活力的凤凰，这怎么可能是一个网络征婚广告就可以搞定的呢？

华人首富怎样娶了一位比自己小33岁的女人？

被誉为华人首富的"长江实业集团有限公司"董事局主席兼总经理及"和记黄埔有限公司"董事局主席李嘉诚，于2006年娶了一位比他小33岁的女子周凯旋。这一佳话也曾鼓舞了很多爱幻想的女孩。

可是，当我们分析周凯旋的资料后，那些爱做梦的女孩也一定会清醒一些了。

周凯旋何许人？在嫁给李嘉诚之前就是TOM集团的第二大股东。她有多少钱我不知道，但从她所做的生意和所接触的人来看，她本来就是一只美丽的凤凰。她与董建华的表妹张培薇合办了维港公司，与李嘉诚合作开发了北京王府井东方广场。而且，她与雅虎创始人杨致远是好朋友，让雅虎总部邀请李嘉诚去新加坡参加雅虎新加坡分部成立5周年的纪念酒会，李嘉诚欣然应约。在嫁给李嘉诚之前，周凯旋就已经入主李嘉诚"和记黄埔"董事局，成为一名普通董事。

你能说周凯旋是一只麻雀吗？

杨振宁为什么要娶翁帆？

再看看被称为"旷世之恋"的杨振宁与翁帆的婚姻。

2004年12月，举世闻名的科学家杨振宁教授与广东潮州姑娘翁帆缔结良缘，轰动全球，成了世人茶余饭后谈论不休的话题。

轰动，主要的原因是：曾经荣获诺贝尔奖的新郎是垂垂老矣的82岁高龄老人，而新娘却是年仅28岁正是花样年华的女子。两人相差54岁。

杨振宁在接受中央电视台《面对面》节目采访时，对中国亿万观众说道："不管现在别人怎么讲，再过三四十年，大家一定认为我们的结合是一段美丽的罗曼史。"

有人猜想，再过三四十年，杨振宁那时多大年纪了？那时他已经一百一二十岁了，寿命可能要超过宋美龄。我是学心理学的，杨振宁说这番话，其潜台词是坚信娶了翁帆，他能活得更好，活得更幸福、更健康长寿，或许还能打破中国人长寿的纪录。

杨振宁是大家熟悉的，他于1957年获诺贝尔物理学奖，是最早获得诺贝尔奖殊荣的两位华裔科学家之一。他的智商，他的几十年生活经历和已经有过美满婚姻的情商，显然不会为一时冲动去做出这样重大的人生决策。他既没有必要用这样的婚姻来制造轰动、引起世人关注，也不大可能是为了传宗接代或者其他的政治原因、物质因素等等。

翁帆何许人？资料不多，很多媒体只介绍说是广东"潮州姑娘"。

广东"潮州姑娘"千千万，中国年轻姑娘更是万万千，我仔细审视过她的外表形象，其形象比起我们许多参加各种各样选美比赛的姑娘可能要差得不少，更别说是国色天香了。杨振宁何以独爱她？我们只要从记者采访中，就可以了解翁不是一个普通人。当记者问，是不是杨把自己的智慧传给翁时，杨说：我觉得你"智慧"这个词用得不恰当，翁帆只是从我这里得到些经验。如前两天，我去"台湾中央研究院"开会，看到很多"院士"。我介绍给她，告诉她这个人做什么，有什么成就，现在在哪里工作，我尝试把这几十年的经验，慢慢传给她。

28岁，能够与诺贝尔奖的科学家交流"经验"，这该是怎样的一个女孩子？

而且，我们得知，翁帆与杨振宁的审美观相差不远，杨振宁常会出些数学题目给她做，而翁帆也出题目给杨振宁，他们不但有共同的爱好，还一起改徐志摩的诗。杨振宁有些文章由翁帆翻译整理，他们还一块儿出版书。

嫁得好，不仅仅是指男人有钱，嫁得好也不仅仅是找了一个好男人。你必须首先得自己好，没有努力，怎么可能"好"起来呢？

了解自己是人生的第一课，也是找老公的前提。现在设想一下，你向你的准老公销售自己，准老公问：你是什么？你有什么？

你该怎样回答呢？

决定一个人层次、境界、气质、地位高低的，全在于大脑中的那个"我"！

但有多少人真正地了解自己的大脑？了解自己脑中的那个"我"？

全然了解自己，就会知道自己有什么条件，知道什么是自己的真爱。就会随着自己内心的指引，热切地实践愿望，找到适合自己的老公。

漫无目标或者异想天开地把找老公当成撞大运，按照别人的标准或世俗的看法而全然不顾自己的感受，那就是在承受地狱的煎熬。

你应该找哪一类的老公呢？

成功从某种意义上来说是一种确立和寻找的艺术，你能根据自己的条件和对方的需求，找准自己的位置，你也许就成功了一半。

让我来给大家演绎一位智者的故事。

有一个人长得很普通，是个养猪户的儿子，他写了一本书，名叫《影响力的本质》，1936年出版时，仅在美国就卖出1500万本。他的名字叫戴尔·卡耐基。据说卡耐基是一个很能认清自我的人，他尝试过不少工作，最后决定集结一生的阅历开创一套课程，并且不断研究新方法来改进课程，使人们从14周的课程学习中能学到他竭毕生之力研究的精华，难怪人们要为他鼓掌了。

他因为找到了自己，同时，也毫不奇怪地找到了一个爱

他他也爱的温柔美丽的妻子。

你看过鱼游得太累？鸟飞得太倦？花开得太累？的确没有人看过它们太累，因为它们在扮演自己。

打火机知道自己的功能主要是在刹那间燃放火花，于是它满足地扮演着打火机的角色。打火对它而言轻而易举，所以它一生过得轻松而容易。

杯子知道自己的功能就是装水、装酒或咖啡，于是它自由自在地端坐桌子的一角，无事于心地过着日子。让自己容纳别人是天经地义，所以它一生都过得沉稳自在。

你可曾听过杯子嘲笑打火机吗？它说："哈哈哈，我是高贵的杯子，一只价值100元，你是低贱的打火机，10块钱就买得到！"

因为杯子知道：杯子是杯子，打火机就是打火机。它们的条件不同，功能也不同。杯子若是想不开，想替代打火机打火；打火机若是想不开，想扮演杯子盛水，就是它们人生噩梦的开始！

你在找老公寻觅幸福婚姻的过程中，是否也在做着这种人生噩梦呢？

我常听到有的女孩说，我现在年轻漂亮条件好，我一定要找一个有钱的老公，我一定要找一个事业成功的老公，我一定要找一个有本事的老公。可是，她没想想，有钱、有事业、有本事的男人找老婆真的只图你"年轻漂亮"的"好"条件吗？他们对你是否有"购买"需求呢？

在百合网，我曾采访过一位白领女博士，为了追求一位酒厂的老板，把自己搞得成了一个酒徒。结果，不但那个老板没追上，自己也落了个抑郁的毛病。

大老板爱上了端盘子的服务员

这是一个真实的故事。

拥有上亿资产的房地产公司老板刘先生被一位客户邀请去吃饭，客户一班人陪着他来到一个不起眼的饭馆，客户介绍说，这个饭馆必须提前一周才能定到座位，刘先生很奇怪，与客户过去一看，一个连车位都没有的饭馆，居然有客人排着长长的队等候吃饭。饭菜的味道当然颇有特色，但吃过饭后，收拾碗筷的一位服务员引起了刘先生的注意。她一出场，就像一位明星走向舞台，立即引来了人们一阵热烈的掌声，她手托托盘，像变戏法一样，三下五除二，连擦带抹，干净利落，一瞬间，桌子上的杯子盘子筷子全进了手里的托盘，托盘堆得高高的，稳稳当当地被她端走，在场的客人像看了一场表演般给了她掌声。

刘先生看了非常激动。此后，他经常到这家饭馆吃饭，还把自己的高管带来开会，让员工来参观这家饭馆。他把这里当做爱岗敬业的教育场所。

经过多次接触，刘先生给这位服务员写了一封求爱信：

我也是从一个餐馆小伙计干起来的，至今文化程度也不高，你说过出多高的价钱你也不走，这就是我爱你的原因——不仅爱岗敬业，而且忠诚专一。我不知道我是否配得上你，我认为干房地产和你干服务员有一个最大的共同点，就是对我们的客户热情、忠诚、敬业甚至全力以赴地做好服务，我们首先要爱自己、爱这份职业，才有可能爱我们的客户、爱我们的爱人。听你讲你家乡的故事，我仿佛回到了我的少年时代，我认为我们有共同的语言，我们能够共同生活一辈子，与你在一起我感到真实、踏实、轻松，与你在一起我还感到了一点点自卑，你在你的行业里是做得最好的，而我，在我的行业里做得不是最好，你能帮我吗……

后来，他们成家了，并且生活非常幸福。

有钱为何找不到老公？

学员吴女士是开服装品牌店起家的，因为做连锁店，她现有资产达4个多亿。由于忙于事业，她一直没有找到合适的老公。在她心中，她一定要找一个在世界500强的公司当高管的"有层次"的男人做老公。为此，她专门报了各大学、各培训机构的学费达几十万元的MBA班、总裁班，也参加了各种高级别的俱乐部，通过各种交往也认识了一些男人，但那些男人好像对她都没有太大兴趣。

一次，她参加一个国际性的企业高层峰会，为把那些企业领导人和高管请来，她向每位参会者发出邀请，花了几十万元在自己企业的总部搞了一个大型晚会，来参会的那些金领男人们手端洋酒，向这位吴总频频祝福。

可是，当吴总的属下说"我们吴总现在还是单身，希望各位能帮个忙"时，在场的几个明明是单身的男人，对她并没有做出反应。

吴总向其中最有可能与自己谈对象的一位单身男人委婉地表达了自己的爱意，那位男人说，谢谢您的欣赏，您的事业干得很好，您能看得上我，我非常高兴。但是——我为什么要找您当老婆呢？

有钱可以作为衡量一个人能力甚至价值的一个因素，但绝不是全部，对于女人来说同样如此。

想找有钱人没错，想找高大英俊有男人气慨的也没有错，想找刘德华、周杰伦没错，想找身边的刘二猛子王老大也没有错，所有的关于找好老公的想法都没有错。问题是，你现有的资源能不能支持你实现你的梦想？

你的市场定位在哪里？

婚姻不是买卖，但谁也无法否定它的互惠互利功能。你没必要把自己的幸福建筑在别人的痛苦之上，更没必要把别人的幸福建筑在自己的痛苦上。你需要的是，你与他都感到的合适。过去有一句话，是金子放到哪里都会发光，不对，把金子放到一元店杂货摊或自由菜市场上就不会发光。金子有金子的价值，沙子有沙子的用途。不同产品有不同的市场定位，你不能一厢情愿，更不能强买强卖、假冒包装。你要做的是，找准市场，做好营销。

严格地说，自己的定位只有你自己知道。

你知道自己做什么能使自己感到自豪和幸福。当然，这样做一点也不妨碍你用别人的评价作为自己的参考，因为一个人的价值全然不是体现在能干哪一行上，哪一行都有天才和笨蛋。做了适合于你的工作，你可能就是天才；做了不适合于你的工作，你可能就是笨蛋。世上没有高贵的职业，只有高贵了不起的人。

找老公也是这个道理，有共同的、相似相近或者相互吸引的基础，决定了你们相互之间可能的需求，有了这种可能需求，你才会有较为正确的定位。

成功的商人可以爱上端盘子的姑娘，而有学问的博士却得不到理想的老公。这说明什么？说明你得扮演真实的自己，你得在自己的定位上做到最好。

能把自己做到最好的姑娘，往往被男人看成最有魅力。这与她所从事的具体职业无关，甚至与她的相貌身材等等外在条件关系也不大。

魅力在定位中显现

我国古代有一个关于将军与卖油郎的有趣故事。说的是有一个武艺高强的将军给人表演百步穿杨的本事，结果遭到一个卖油小贩的耻笑。那位小贩不以为然地说，射箭和他卖油没什么两样，不过是熟能生巧罢了。然后，他也表演了他灌油的"百步穿杨"之术，得到了人们同样的喝彩。

史书上讲到刘邦谈自己的定位时，也有一番意味深长的话：带兵打仗他不如韩信，运筹帷幄他不如张良，后勤保障他不如萧何。而他正是以他不能率兵而能统将的帅才所长，坐上了皇帝的位子。

现代社会关于定位准确发挥魅力的例子比比皆是。陈景润曾被分配去当教师，他结结巴巴讲不出什么。后来去研究哥德巴赫猜想，却表现出了他的数学天才。

女人要增强吸引男人的魅力，同样要表现出自己的定位"天才"。什么领域可以表现出自己的聪明和自信，你就在什么领域里寻找自己的对象，这应该是一个比较朴素的定位法则。女人千万不要为了自己的虚荣，去到一个陌生的领域里扮演自己不熟悉的角色，完全失掉自我，成为一个没有自己思想的摆设。

俗话说，人贵有自知之明。"自知"就是客观地、准确地评价自己。而我们现在很多人评价自己缺乏客观性。他们评价自己的时候，用语言形式表达，他们会过高地评价自己；而用行为方式表达的时候，他们又过低地评价自己。所以当代人的一种通病就是，在思考自己的时候，认为自己无所不能；而在具体行为方面又什么都不能。所以因为自卑而造成的自我保护是我们这个时代的人普遍的一种人格病态。只有客观地评价自己，明确自己的现有位置，准确地度量现实的自我和理想自我之间的距离，设计一个实现理想自我的优化程序，这才是成功的基本保证。对自己评价错误必然设计会错误，设计错误了就可能会一相情愿屡屡碰壁。

在这批学员中，有好几个是做营销出身的，可是，当我问起她们，找老公把自己嫁出去，是不是一次营销？她们都说是。

那么，既然是营销，你们做过什么方案没有？采取过哪些营销措施？

回答是：没有！

我们在做产品营销时，往往要做一个方案，对产品的性能、用途、消费对象、市场定位乃至推广措施都要进行全盘策划，我们找老公应该更要有这样的策划。不同的是，找老公营销的是人，我们在按照自身的年龄、经济、外貌、健康、家庭、职业、爱好等确定自己的市场定位时，还要更多地考虑双方的心理感受。

心理感受应该是我们找老公进行市场定位的首选。

一个大学教授很难与一个文盲结合，这不是由于他们外在的物质条件差异，重要的是由于双方的经历、所受的教育程度不同，他们很难有共同语言，他们是不同的人。这是谁也不能否认的事实。

现实中，我们很多女孩嫁不出去是因为高不成低不就，而造成这种高不成低不就的原因，就是她们不知道自己的市场定位。她们一味地讲要有品位、要高层次，却不知道这种品位和高层次适合不适合于自己。她们没有目的、没有标准地挑，越挑看上的人越来越少，越挑看不上自己的人越来越多。

至于那种把金钱作为唯一的标准，拼死拼活找个大款嫁了，其他方面却不予考虑的女人，实际上是在饮鸩止渴。

[照镜子]成功者与不成功者的鉴别表(3)

不成功者	成功者
1. 很容易犯冷热病，她们不能从干工作中找到自己的价值，她们找老公时很容易失去自我。她们对自己的定位一直不十分明白，也不愿意花精力去动这个脑筋。因此，她们按照别人的标准来行事，找老公或者干什么事都是一阵冷一阵热。	1. 首先要在工作中找到自己的价值。她们常常以自己干得最好而自豪。她们知道职业没有贵贱，即使是端盘子自己也要端出世界水平。她们成功的时候，也能小心翼翼地发现自己的弱点，失败的时候也不会忘记自己已有的优势。因此她们较少犯冷热病。在找老公时，她们会表现出真实的自己，不会失去自我。
2. 不愿意对自己和找老公这件事进行认真思索，不愿花时间去想自己是什么、要什么？对方是什么、要什么？她们按照别人的标准一厢情愿地以事业、金钱来作为自己找老公的标准，不考虑自己和对方是否有共同的经历、感受，因此，她们在内心追求的和实际去做的也许正好相反。	2. 愿意对自己和找老公这件事进行认真思索。她们知道自己是什么、要什么，对方是什么、要什么。她们听取别人意见的同时，知道要尊重自己的确切感受。在找老公的问题上，她们会考虑自己和对方是否有共同的经历、感受，因此，她们内心追求的和实际去做的基本一致。

不成功者	成功者
3. 在与朋友谈起自己的价值时，总是对自己笼统地高评价；而具体做事时，她们对自己的评价先是打了一半的折扣，而后再往低里评估。所以往往被人们称为语言的巨人，行动的矮子。她们找老公也一样，表面上看眼界很高，但心里却很害怕优秀的男人。	3. 对自己的评价既客观又自信。她们在向朋友谈起对自己的评价时，能为自己做的具体事而得意，在行动的时候，她们往往有一股狂劲，有一种压倒一切的气势。她们坚信自己能干好。因为了解自己，所以她们干出来的成绩总比她们所承诺的要好。她们是行动的巨人。在男人面前，她们一点也不掩盖自己的自信。
4. 喜欢算命，喜欢搞一些性格方面的测试。对一切虚无渺茫的东西都挺感兴趣；她们对算命时和性格方面的测试中讲到的自己"不行"的地方特别在意，记得特别的牢。	4. 对算命这一类虚无渺茫的东西不大感兴趣，对性格测试、血型说这类，始终看成一种参考。对自己"行"的地方，她们认为应该如此；对"命"中注定自己"不行"的地方，她们认为"未必"。她们有着一种很强的"正向"思维。有时为了证明"未必"，她们还专门向"命"中"不行"的地方进行挑战。男人认为她们很有活力。

四、心动不如行动

你是否发现，我们大多数没找到老公的女性，在谈到找老公时，经常有一句话：我也很重视这个问题，只是我现在心情不太好（或者要参加研究生、公务员考试等等），你得等我过了这一阵，我自然就会把它放到议事日程上来了。

结果，要等到她心情变好（或者研究生、公务员考试等等其他什么原因全部解决），新的不定因素又面临到她头上来了，等到新的不定因素解决，更新

的不定因素又面临到她头上来了，明日复明日，明日何其多。

物理学中有一个惯性定律：静止的东西要推动它，最初要花几倍的力；运动的东西要阻止它，最初也得花好几倍的力。人的行为模式中，也有与此极为相似的原理：你刚刚着手去做一件事情，尽管是一件很小的事情，也觉得不能胜任。也许你已经认识到找老公做的是一件大事，关系到你的前途与幸福，但你却仍然不能动手去做。你是否曾经感觉到这种情感上的阻碍？一种在自己身体内部有什么东西阻止你去完成这一项工作的感觉？

这种情感上的阻滞是一种不自觉的意念，妨碍着我们发挥效能。由于察觉不到这一点，很多人不敢去追求成功，这种阻滞是大脑发出的一种下意识的命令，叫我们要"当心！不要那么快就找到老公，别太有效率。因为，不管干什么，你都不想太能干、不想起太大的作用"。下意识总是悄悄地袭扰你。

一旦下意识占据了你的脑袋，这种由下意识所发出的命令支配了你的行动，你便受到了阻碍，于是你就不能着手去全力以赴解决问题、争取胜利。你的头脑似乎变得呆滞了，往往忘记你想要说什么话、做什么事。你会发现自己回避所要做的事情，白白地浪费光阴，而不是马上站起来去做。当你想要去做什么新的事情或者困难的事情时，不管在什么样的工作环境下，也不管要干的是什么事情，都可能发生这种情况，使你烦恼。但是，不管这些难办的事情在你看来有多么棘手，我们要帮助你搞清楚怎样动手去解决，怎样行动起来把这些事情办好。

谈起来能产生情绪

学员林小姐，曾经谈过几个对象都没有成功，她感觉自己对男人好像没有兴趣，非常苦恼，颇有"性冷淡"和"自己可能不是一个正常女人"的感觉。她在培训班上向大家倾诉苦恼。于是，我们就一起着手研究她在谈恋爱中遇到的问题。

从一开始，林小姐就说到她谈恋爱需要"好好地准备"：如果遇到不好的男人，怎么摆脱他的纠缠？如果遇到好的男人，自己该怎样讲话？如果没有词该怎么办？她尤其希望在谈恋爱之前就产生激情，然后才能进入谈恋爱的过程中。她认为有魅力的女人都是在遇到男人时就能充分展示，激情满怀，如果没有感觉、没有激情，就会使自己失去好不容易得来的机遇。

于是，每到别人为她介绍对象时，她都说要等。

先是等自己把要处理的事情办完，例如研究生、公务员的考试，或者现在单位里一项紧急的任务等等。

待这些事情处理完，又要等自己有了充分的准备，包括情绪上的准备。

待自己有了充分的准备，包括情绪上的准备之后，那个男人早已成了别人的老公。

等、等、等，使她越来越迟钝。等、等、等，使她越来越不愿找老公。以至于家人拿出几万元来让她参加我们的培训班。

我嘱咐她，不要等情绪好了，也不要等一切条件都具备时再谈恋爱，那样，你也许一辈子也找不到老公了，先谈起来就能产生情绪，情绪可以在接触中慢慢培养。

撒网下饵，先到有水有鱼的地方行动起来。

要钓鱼，你就必须到有水有鱼的地方去下饵，这是简单的生活道理。我们设计的步骤是：第一，先到我们培训班找老公的专门基地——未婚男人成堆的某高新技术产业开发区。我们派她一个星期要到我们的合作单位联系三项业务——当然是与人打交道的看上去挺重要的调研业务，至少结识六个未婚男人。

第二，与这些男人约会并进行深谈，既谈工作，又谈生活。

第三，约会之后，必须对约会的每一个对象写出3000字以上的经过与体会，写得越多得分越高——不论对与错，唯一要求的是写你们谈了多少内容。

要找到老公，就得到有老公的地方去与他们谈，道理简单，有时做起来却很难。

刚开始，林小姐一想到要去联系"业务"就脑袋抛锚。一会儿想洗个澡，一会儿想上厕所，一会儿想起哪件事没有处理完，一会儿又说自己身体哪一方面不舒服，临出门时，还要想出去呼吸新鲜空气。

这时，我们就"强迫"她行动，先完成今天的学习任务，剩下的时间才能去处理别的事情。不管好坏，总要写点什么。

搞雕塑的人都知道，要雕刻一件艺术品，必须先有了毛坯才可能铸成雕塑。她做的工作就是先找原料做毛坯。在做毛坯的过程中，首先要排除心理的阻碍。

从鲁迅克服阻碍得到的启发

我们很多女孩找老公时都有一种盲目追求完美的趋向，由于这种完美情结，她们在与可能成为老公的对象接触时，总是对他们有所保留，总是不能充分地表露自己。由于这种"留一手"，导致她们所接触的男人也不能放开，结果，两颗紧闭的心灵都"找不到感觉"。

大文豪鲁迅对克服写作中的阻滞现象很有见解。为了克服写文章时一开始就要追求完美的阻碍，他的办法是一口气把文章先写下来，不要管灵感，甚至不要管文法，写完以后至少改两遍。

我们要求林小姐按这种方法去做。谁知她很有顾虑，对这种像卖保险式的工作很不习惯，她认为这样会降低她的身份，而且她认为要谈就要谈得"像模像样"，这种一周之内就要找六个未婚男人的做法，只会变成"粗制滥造"。

"荒唐！"我们对她说，"没有数量怎能保证质量？你连一个基本的认识的男朋友都没有，怎么会出现粗制滥造的情况？不接触男人，怎么知道他行还是不行？好还是不好？"先把能接触到的接触到，认真接触后写出来，然后才有看得见摸得着的男人可以琢磨。这种要求一步到位、"完美无缺"的想法，与我们前面所述的立竿见影、即刻如意的失败想法同出一辙。

林小姐的训练日程表

道理讲完，我们与林小姐订了一个训练日程表，规定了一周的日程。每天早晨6点钟，闹钟必须响。6点半她得把自己全部收拾化妆完毕，然后给我们打电话，复述她前一天晚上给我们说过的誓言——如果今天不完成任务（结识两个未婚男人），晚上她绝不迈进这个家门。

方案中有专职的爱情顾问全天监测她的每一步行动。

第一天她没吃上早餐。由于拖沓，她被爱情顾问催促着上路了。早餐与中餐一块吃。到下午一点半时，她甚至觉得浑身难受，肚子痛，头痛，想呕吐，着了凉，身体没完没了地闹开了小毛病。但在下班前，她总算完成了任务。

第二天总结。她的脸上开始有了一些自信。

第三天重复第一天的程序，又要结识两个未婚男人。但第一天时的那种浑身难受，肚子痛，头痛，想呕吐，着了凉等毛病明显减轻了。吃完中餐，她就已经与两位未婚男人谈得比较投入了。

第四天总结。她的话语明显多了起来，不再像第一天那样顾虑重重了。

第五天重复第一天的程序，又要结识两个未婚男人。但第一天那种浑身难受的感觉全部消失了，不仅没有肚子痛、头痛这些小毛病，她甚至开始有了一种去迎接新生活的好心情。吃完中餐，她不仅已经完成了这一天的任务，而且当天晚上，其中一位男人主动邀请她，他们谈得很晚，回来，她写了足足有30页的笔记。

第六天总结。她已经可以站在培训班的大厅中央，在众目睽睽之下，向自己的同学们兴奋地讲她是怎样认识可爱的男人的故事了。这五天，她"把自己一辈子的恐惧都经历过"了，她觉得生活从来没有这样让她充满期待，她像一个刚刚学会讲话的孩童，对这个世界充满了好奇，对男人充满了好感，她的内心充满了兴奋与欢乐，仿佛好老公就在她身后。

遇到阻碍，你就这样去做吧。

谈起来就能产生激情，干起来就能产生干劲。一万个零不如一个一，说千遍不如干一遍。谈恋爱和做任何事情一样，第一次冲刺虽然只有极小的成功可能，但是可以使人不再过于恐惧和顾虑重重。第一天你会有种种不适，甚至像林小姐一样，但是别泄气，第二天就会轻松一点，而且有一点乐趣了。试到第三天，你也许觉得轻松得多，甚至觉得用这种"走出去的力量"来对付与男人打交道的恐惧是件挺舒服的事情了。舒服是从"难受"开始的。

万事开头难，有了开头就不难，迎难而上是解决阻碍的唯一办法！

{心理体操} 练习3：学习掌握找老公的诀窍

下面的练习给你提供一些原则和方法，帮助你熟练地掌握找老公的待人处事方式和发挥自己原有的优点，通过这几个步骤，会使你掌握一些能够增加成功机会的诀窍。要学会这些方法。

第一步：学会怎样对准目标

隔绝一切干扰，隔绝所有干扰你思考问题的音乐、杂音等等，集中精力思考我要找怎样的老公，全神贯注于正在收集的信息。

年龄、容貌、健康、身高、身材、性格、职业、收入、学历、婚姻状况、才华、性趣技巧、家务、生活态度、接人待物、嗜好等等，除了这些你必须认真想

过之外，你必须找到自己内心的真实感受（回忆前一个章节中"市场定位"中的内容）。

你爱他吗？你爱他什么呢？他爱你吗？他爱你什么呢？

你们能共同生活一辈子吗？你是否愿意把自己一辈子交给他，无怨无悔？

在你思考的时候，头脑里可能突然跳出一些别的念头，转移了你的目标。你可能在想这些问题的时候，脑海里突然涌现出工作中要解决的问题，也可能想起哪位同事欠了你的钱还没有还，还有一次办哪件事有什么纰漏等等，发生这种情况的时候，要命令自己把思路拉回到这个最重要的事情上来。要控制自己的思想。

第二步：学会使自己再下决心

当你找到自己内心真正的渴望的时候，你就要坚定地支持自己，每当觉得自己想要退缩的时候，就把下面这几句简单的话大声念上几遍。对着镜子去念，一定要用很坚定、很友好、使自己能够接受的口气去念。

——"现在我要集中精力解决自己的终身大事！"

——"我要全副精力地去找老公！"

——"我一定能够找到老公！"

——"没什么难为情的，没什么了不起！"

——"我已经耽误太多的时间，现在就去找，什么困难也挡不住我！"

第三步：从别人的批评建议当中学习

找一些有见识、有经验、能够对你找老公发表意见的人，同他们商量你要找老公这件事，请他们对你所采取的方法和做过的事情加以评价，倾听他们的意见，从中学习。

不要对他们解释为什么你没有找到老公，不要讲有什么理由，否则，只会耽误你们相互之间研究问题，妨碍你从他们那里听取到重要的意见。他们的建议将会使你打开眼界，知道怎样把事情干得更好和怎样改进你的处事方法。

第四步：向榜样学习

睁大眼睛发现那些嫁得好的同事、邻居、朋友、亲戚以及自己见过的有着幸福家庭的人们，与她们交朋友。

仔细地分析这些家庭幸福的人是如何待人处事和思考问题的。如果在身边找不到，你在附近的图书馆里就能找到有关这方面的书籍和杂志上的文章，可以将这些人当做榜样。通过学习他们的办法，掌握一些窍门和本领。吸收到自己的行为方式里去。

读介绍这些人的文章，或者亲自观察她的思维方式和办事方法，仅仅一次是不够的，还得多琢磨。每多看一遍或者多观察一次，就会多发现一些可以仿效的重要东西。需要反复观察、反复琢磨，最后才能真正吸取到她们的经验，来改进你自己的行动。

第五步：学会接受新的主意

每个人都会有自己关于老公的理想形象。但你的思想和生活模式并不是像花冈岩那样一成不变的，找老公要允许有所改变，思想活跃地考虑新的标准和其他人的好建议。

人的机能是能够接受新的见解和成长过程的变化，能够在识人和提高自己、调整自己方面更加成熟的。而大多数人却限制着自己不去发挥这种机能。

要去探索新的环境，要让自己的心灵保持开放。要去找心理治疗的专家咨询，去参加自学成才的团体，使你的思想扩展到新的领域去。要去参加那些开阔思路、促人奋发的学习讨论。

第六步：学会如何放松

面对找老公所遇到的心理压力，要懂得调节自己。不要太在意别人的议论，也不要太在意男人的拒绝，男人拒绝我们和我们拒绝男人是一样的，非常正常。因此，你也不要不好意思拒绝男人。如果男人只是在某件事上生气或者不高兴，你就更没有理由让自己陷入无休止的自责之中了。

遇到自己可能生气、难受或者恐惧的事情时，你可以尝试深吸一口气、憋住30秒后再说话的办法，这种方法对于防止我们说错话、做错事往往有奇效。

不要让你关于找老公的不良情绪控制了自己，而是要控制住这些不良情绪。

第七步：深入生活直接增添新鲜血液

如果你每天都是朝九晚五地按照固定的时间做同样的工作，你可以尝试自己给自己一个不寻常的惊喜，突然请假去见一个以前很难见到的朋友，或者去见一个你偶然遇到的同事的朋友，或朋友的朋友。不要问为什么来，只要聊一聊你们的生活感受即可。

有时干脆请一个较长的假，有目的地定向去采访拜见与你要找的老公密切相关的人，从他们那里获取信息或灵感。

自助而后人助

从来就没有什么救世主。不管你想要找什么样的老公，自助第一，自助而后人助。自己都不肯帮助自己，不肯主动表达自己的意愿，指望别人没有用。

有的人自助能做到，但求助别人却很难开口。殊不知，即便是庞大的远洋巨轮，也需要小小的拖船来帮助，何况你找老公？要成功，你得想出你自己的求人帮助的办法来。心灵要开放，求人要坦然真诚，谁都不会是处理一切关系的万事通！

[照镜子]成功者与不成功者的鉴别表(4)

面临找老公的心理压力时，成功者尽一切可能的办法使自己迈出第一步，而不成功者自绝其路，"阻滞"自己找到老公。

不成功者	成功者
1. 抱怨找老公有多么困难，并且非等到各种条件都具备、"情绪好起来"时才去接触男人，她们与男人打交道时受自己情绪好坏支配。	1. 知道不能总是等待"情绪好起来"才动手。她们不管当时心情如何、情绪高低，一有机会马上投入到与男人接触的事情上去。
2. 找老公的时候，往往只凭自己一时兴趣，好玩就来，不好玩就找个借口逃避到毫不相干的杂事中去。	2. 培养自己"找老公的行动的力量"，不忘自己的目标，把自己置身于最有可能找到老公的环境之中。
3. 不肯通过先接触不太"完美"的男人先开始行动起来。她们期望付出力气即刻便得到优秀的成果，自己一出场就能找到老公，企图一下子就搞得十全十美。	3. 找老公有了一个粗略的计划、大致的想法，就开始行动起来。她们以行动为基础开始找老公，一旦取得了一些进展，就抓住机会迅速前进，一旦发现问题能够加以调整改变。

<table>
<tr><th>不成功者</th><th>成功者</th></tr>
<tr><td>

4．非常害怕与男人打交道出什么毛病或者显得自己蠢笨，怕跌份、丢面子，所以根本不去考虑认真地找老公。或者说是很重视，做起来就找借口。

5．认为找人帮助找老公是非常难堪的事，或者接受帮助会显得自己没价值、蠢笨、没有吸引力。她们坚持自己单干，不肯求得别人帮助。到头来，她们感到非常失望，希望破灭，因而常常事倍功半。

</td><td>

4．她们懂得，如果不去尝试，就永远不会找到老公。她们面临困惑时，先小心地试探一次，这样不至于引起太大的顾虑。

5．不觉得找老公是什么丑事，她们知道求人介绍、向人请教、接受别人的帮助，可以增加找老公成功的可能性。她们懂得，远洋轮船需要靠拖轮帮忙引导进入深水，然后才能独自航行。

</td></tr>
</table>

五、你能够决定自己的运气

找老公要靠运气，找好老公光靠我们努力不行，再努力没有运气也找不到好老公。这是我们培训班学员来之前的广泛共识。

即便经过了我们好几天的授课，她们中的大部分人仍然认为，运气是一个捉摸不定的东西。碰好了，闭上眼睛好老公都会送上门来；碰不好，你怎么努力也没有用。正所谓有缘千里来相会，无缘对面不相识。缘分这个东西，中国人都相信，缘分等于运气。

我对此不以为然。

没有"运气"的歌星

能够被优秀的男人发现而苦苦追求的女人是幸运的。人们说她们"运气好"。

但我发现，很多非常优秀的男人，他们在追求女人方面往往不甚"优秀"。相反，许许多多二流三流的男人，他们在干事业或专业方面没什么作为，知道自己干也干不出什么名堂，于是，把主要精力放在追女人身上。因此，出现了"好男找不到好女，好女找不到好男"这样比较普遍的现象。

那么，作为优秀的女孩，怎样才能使自己"运气好"呢？我想起了一个"不发光的歌星"的故事。

这是一位很有歌唱天赋的姑娘，姑娘的家人给我们介绍说，她的歌喉一点也不次于歌星韩红，但她长得比韩红要漂亮。她上小学和中学时的音乐老师都发现她有这个天赋。目前的情况是，千里马有，伯乐难觅。她说："如果有人推荐我上中央电视台春节晚会，我一定会成功！"

通过几次接触，我们也倾向于她在这方面可能是天才。

但是，她为当歌星这个理想做了些什么呢？

什么也没有做！

她在等待运气！她等待具有火眼金睛的伯乐从天而降，这个伯乐还必须不待她开口便得知她有歌唱天才，然后满足她的愿望，带着她进到中央电视台春节文艺晚会，把韩红替换下来。当她沉醉于自我之中而讲出她不切实际的期待时，我斩钉截铁地对她说："你想的好事这个世界上不会有！这个世界上有各种天赋的人多去了，如果你想当歌星，你就得去受必要的训练，参加各种比赛与实践，拜名师，去竞争，行动起来，让歌迷们了解你！让伯乐了解你！"

"你现在是躲在黑暗里装扮自己，连一个起码的歌舞厅都不敢进，谁也不会去请你这样的不发光的歌星演出的，你能指望的伯乐也许永远不会出现！"

接着，我给她列举了好几位成名的歌星，她们在成名前，有的在歌舞厅"实习"过，有的在各种比赛中展示过，她们无例外地都是行动者。当她们的行动得到了社会的承认，得到了名家的指导、推荐，她们才有可能被请进中央电视台。我了解有几名歌星就是从歌厅里唱出来的。

机遇只降临有准备的头脑，机遇只降临有行动的人们。

谈起别人的成功，很多失败者就惯于说人家是"运气好"，愤愤不平地说人家是"赶上了好时候、好地方"。他们不采取行动，等待着"有一天"他们会走运。她们把成功看做是降临在"幸运儿"头上的偶然事情。失败者认为成功者的命运一帆风顺，而自己的命运则全是倒霉；所以，既然运气不肯降临，她们除了抱怨和暗自辛酸之外，就什么可做的事情也没有了。

在找老公方面，失败者的表现更为明显。

有很多找不到老公的女性，她们年复一年地按照她们那种失败者的生活模式过日子，却不知道她们自己的遭遇恰恰是她们自己自暴自弃造成的。因为遇到一两次挫折，或者被男人伤害欺骗等等，她们的思维便走向极端，看不到自己在失败当中应负的责任，于是便责怪自己的父母、同事，责怪一起做生意的伙伴，责怪运气不好……她们成天谈论所有的人如何"亏待了她们"，说好女找不到好男，怨天尤人是她们的特征。

成功者耽误不起这份时间。她们忙于接触更多的人，忙于如何生气勃勃和乐观地对待男人，忙于物色适合于自己的男人。

好老公不会从天而降，好老公必须努力寻找！

成功者从来不拖延着等到"有朝一日"再去行动，而是今天就行动。她们在接触男人失败之后，还会接着去接触，她们不断地努力、失败，再努力，直至成功。不达目的不罢休。

成功者的思维："今天能做的事情，不要拖到明天。""既然我决定把自己嫁出去，我就得有行动才是"，因此，成功者一遇到看起来合适的对象就马上去接触，她们不花费时间去发愁，因为发愁不能解决问题，而只能不断地增加忧虑。

世界上最倒霉的人

要说"运气不佳"者，我手头上有一则资料，说的是德国老汉班纳德，号称是"全世界最倒霉的人"——他50年中连遭150次意外，而且所有意外都不是由于他的过错造成的。够倒霉、背运的吧。

他出生才一年零一个月，就摔伤了后背，不久跌断了一只脚，后来在爬树时又伤了四肢，骑自行车时突遇强风，被吹得人仰车翻，摔伤了膝盖。14岁时，他被困在车库的垃圾堆里，差点被窒息而死。后来又被一辆失控的汽车撞倒，头上被砸了个洞，血流不止，几乎丧命。有一次，一辆满载工业废料的大型货车急转弯时，甩出大量废料，又正好将他连人带车埋住。不久又有人开快车冲进了他的发型屋。最倒霉的一年中，竟连遇意外事故17次……班纳老汉对于自己的意外频生，现已习以为常，并处之泰然。

他对生活依旧充满了信心，依旧在自己的工作中表现出色，依旧享受着自己的快乐人生。甚至，由于他这些倒霉的运气，他还被选进了最新版本的《健力士大全》，成了全世界的名人。

抛弃所有的"假若"

我们许许多多的失败者埋怨自己运气不好，如果她们也遇上班纳德这150次倒霉运，她们可能会要拿出150年的时间用于埋怨、哭泣。

还有一种失败者，她们可能找不出更多的倒霉事，于是，她们把思维集中在过去没有"好运"的"假若"上。她们一生都在回顾与后悔，就像一个永远把脑袋转向背后的人——根本无法前行。她们挂在嘴边最多的一句话就是："假若当初如何如何，我今天可能就……"；"假若当时她不抢在我前面，今天我很可能已经嫁给了这个男人，我比她还要会照顾男人，我比她还要幸福"；"假若当初我不错过这个机会，今天我找的老公可能比她还强！"……

这些人总是喋喋不休地大谈特谈她以前错过了什么样的成功机会，要不就谈正在"打算"将来找什么样的老公的渺茫的幻想。

失败者总是考虑他的那些"假若如何如何"，所以总是因故拖延，总是顺利不起来。

总是谈论自己"可能已经找到老公"的人，不是进取者，也不是成功者，而只是空谈家。"实干家"是这么说的：

一万个零，不如一个一。

弱者等待运气，智者寻找运气，强者创造运气！

不要等待时来运转，也不要由于等不到而恼火委屈，要从小事做起来。

从我做起，从现在做起。

立即行动找老公，去创造自己的好运气！

怨天尤人不会替你找到好老公，盲目相信缘分只会耽误你的光阴，使你没有时间去取得成功。从现在起，就不要再说自己"倒霉"了。对于成功者来说，努力去争取就是好运气的同义词。只要积极主动地去接触男人，放下面子求你的亲朋好友、单位同事及所有可能为你介绍老公的人，"好运"就到来了。

{心理体操} 练习4：充分利用时间找老公

仔细观察一下周围找到好老公的人是怎样取得成功的，就能学会怎样找老公。当你开始比较有成效地利用自己的时间时，可以把成功者的作法作为你的指南，从现在开始，要在你的生活当中按照下面的这些重要的原则去做：

第一步：把时间安排得好一些

如果你还没有安排找老公日程的小本子，就去买一本。着手比较仔细地计划每天的工作日程——把找老公当做一项重要工作专门安排。要随时做笔记，把想好的招数和要做的事记下来，别想靠脑子记，外出的时候，随身带着小本子和笔，以便在遇到合适的男人时，留下电话号码或者记下点什么。在家的时候，每个房间和床边也要准备有小本子和笔。想起什么幽默典故、笑话，或者看到什么感人的故事之类的文章，都要随时记录下来，避免我们见到男人时总是没有话题。心中要不断模拟碰到"好运气"好男人时的情景，有了这样的准备，"好运气"或许随时就真的降临到你身上。

第二步：发挥每一分钟的效用

认真筹划，要充分利用每天的所有时间去找老公，当面或者通过电话同别人进行有目的的联系和交流。对于怎样支配时间要慎重一些。要对照着安排工作日程的小本子考虑问题，把有可能找到老公的每一件行动都安排到日程里去。把工作时间的每一个空档都安排上事情，多接触是成功的第一步，每一分钟都要利用。你信不信，"好运气"常常是在不经意的时间、不经意的地点向你飞来。

第三步：不要害怕同时接触两个以上的男人

《婚姻法》规定只准找一个老公，但并没有规定女人只能与一个男人接触，更没有规定谈一个必须成一个。广泛撒网，重点捉鱼，你必须要有比较才会有鉴别。当然，你在与一个男人接触时，并没有义务把你与另一个男人接触的情况转而告知，更不能在自己情绪受挫时，以另一个男人的优点去刺激你面前的男人，那样做就是在玩火，你找老公不是找麻烦。切记，男人有权挑选你，你也有权挑选男人。

第四步：预做计划

找老公，要有自己的计划安排，不要等老公来找你或者你约好见面时，你自己却还没有准备好，事已临头或者即将临头时才去懊恼。谈恋爱、谈什么？

你想准备什么道具或谈话引导物，都得事先准备好。尽管你当天要把很大的精力用于工作上，如果第二天要与男朋友见面，也需要抽出时间为第二天作精心准备。

在找老公的过程中作失败者是没有意思的。你应该快活一些，应该过比较有激情、能振奋自己的生活，应该找到自己满意的老公。

积极的人不屈服于命运，她们不认命，如果没有好运，她们就去创造。强者创造运气，现在就去开拓自己的好运气！

[照镜子]成功者与不成功者的鉴别表(5)

你知道如何克服障碍去创造运气、赢得缘分吗?把你寻找老公的方法同下面所列的比较一下，会给你一些帮助。

不成功者	成功者
1. 过分相信缘分，相信好运是上天的安排，她们只付出极小的力气，虽然年岁增长却踏步不前，坐等好机会和缘分从天而降。	1. 相信缘分是可以争取得到的东西，自己必须尽可能设法创造条件，积极行动与男人接触。她们找出能够拨动自己内心的男人或者可能出现这种男人的奋斗方向和领域，通过积极行动去创造自己的机会和运气。把可能的设想变为缘分。
2. 认为自己才貌双全，一开始就能找到最适合的老公。她们不愿意接受必要的训练、学习必要的技巧、取得必要的经验，使自己为找老公作好准备。她们害怕迈出开始的几小步，而实际上最终就是要靠这几小步才能导致后来的深入接触，最终才会成功。	2. 善于行动，先从学习和接受训练的最小处做起。然后，她们愿意去做任何能够增长经验的事情。她们多接触、少拖延，所以接触的男人又多又好。她们知道，自己的魅力要靠自己努力去发挥才能施展出来，没有人能替代你。

不成功者	成功者
3．老是奢谈过去如何、将来如何，老是沉醉于后悔和幻想之中，一谈到现在，就摆出很多理由一拖再拖，不去采取有成效的行动。她们空说："要是我抓住原来那个男人如何如何就好了"、"我习惯于如何如何"、"我可能已经如何如何"，而不是立刻去行动。	3．马上就问，你说的那个男人在哪？她没有工夫为过去而苦恼或者空想未来。她们忙于把排满日程、感到鼓舞的今天过好，能接触更多的男人，对她们来说是很愉快的事情。
4．只对那些苦苦追求自己的男人有兴趣，如果男人有一些性格或者看上去对自己稍有"不恭"，她们就不舒服，自己多做了一些什么，就觉得吃了亏。	4．常常主动奉献，答应男人的事情绝不违约。她们对自己严格要求，但对男人宽容温厚，她们做事并不斤斤计较，也不会在男人面前装得处处要占便宜的样了。
5．与男人接触由着自己的性子办事，不做充分的计划，浪费宝贵的光阴等待"命运女神"从天而降。她们以为缘分是一连串偶然事件的结果。	5．对找老公十分在意，她们仔细安排时间，寻找好的话题，把自己每一分钟都排满了。她们不相信找老公全靠运气，知道只要尝试、接触、取得经验就能导致成功。她们相信缘分可以创造。

六、不给自己留退路

小时候，我们读过许多歌颂爱情和幸福生活的神话、小说，书中主人公的故事，让我们产生了一种幼稚的想法：要是这些才子佳人所遇到的机会也降临到我面前就好了，她们那么漂亮、那么多情、那么聪慧而又温柔，她们在经历种种感情的折磨时，可以那样神奇有趣地处理问题与矛盾，使其获得幸福。那么，我们要幸福，是否也要有她们那种非凡的精力或者特殊的情感力量和特殊

的才智呢?

当时我一直没想清楚这个问题，后来在现实生活中又根本未遇到这样的好事，这些本应该鼓舞我们的故事，反而让我们失望，于是我们便不想它，只想自己，**我到底能做些什么**，凭现在的智力体力和条件。我只给自己定出一条，能做什么不重要，重要的是全力以赴去行动。

这就是你取得成功的基础——不要消极地同小说中的人物或者任何别人去比，而是要以生活中自己能够学习的人物为榜样，以你的生活和现在条件，能够做到什么，就动手去做什么，并且要投入你的全部力量。

找老公尤其如此，别想象着去创造小说中的典型感人情节，那是小说，是小说家们在心底里编织的美妙谎言。

排除万难去争取胜利

很多找不到老公的人都有这种想法，认为只有漂亮的人才能找到好老公，只有天资聪颖、有钱有势和家庭背景好的人，才能找到称心如意的老公，才能得到所希望的一切。而我们，长得不漂亮，经济不宽裕，甚至自己还有某种缺陷，我们能找到好老公吗? 这种看似"很现实"的观点使我们产生了误解。

中国古代有破釜沉舟和置之死地而后生的说法，古人打仗时以断绝自己后路来确立自己"只能胜"的信念，现代人很需要效仿。有时候，我们就应该有一点战胜自己的勇气。如果你没有可以倒下的地方，你就不会倒下。把自己逼到非找老公不可的境地，你也许就找到了好老公。如果遇到太大的挫折，将要动摇你的自信心时，只要你坚信自己的市场定位不错，你就一定要给自己打气，你不妨以世界级的伟人来鼓励自己，下面，就有这样的励志故事供你参考。

无论在历史上还是在现代，都有人克服了身体上严重的残疾，成为成功者：

音乐泰斗世界级的伟人贝多芬，在常人看来是天资卓绝的了，可是他却是一个聋子，对于一个作曲家这可是最致命的残疾了，但他"扼住了命运的咽喉"，给后人留下了永垂不朽的英雄交响曲。

今天看来，如果像贝多芬那样不向命运屈服，难道找老公还不能成功?

深受美国人民爱戴的罗斯福总统，他在8岁时，长着一副极不大方的面孔，畏首畏尾，说话直打哆嗦，沙哑气喘，还是个跛子。如果是个庸碌无为的人，肯定自怨自艾，用这些缺陷做借口疏懒消极下去。然而，缺陷却造就了罗斯福的奋斗精神，这种精神甚至成了他一生伟迹中最可贵的资本。他没有把自己看成可怜虫，他甚至对实在没法改变的种种缺陷都极力加以利用。在演说中，他学会巧妙利用他的沙声，利用他那打桩工人的姿势，这些本来足以使演说一败涂地的缺陷，后来竟都变成了使他获得莫大成功的不可缺少的条件。

像罗斯福总统那样把缺陷变为魅力，难道还怕找不到老公？

艰难困苦，玉汝于成。一部人类成功史，就是那些前赴后继、破釜沉舟的优秀志士的奋斗史。正如司马迁在《史记》里说的："盖文王拘，而演《周易》；仲尼厄，而作《春秋》；屈原放逐，乃赋《离骚》；左丘失明，厥有《国语》；孙子膑脚，《兵法》修列；不韦迁蜀，世传《吕览》；韩非囚秦，《说难》、《孤愤》；《诗》三百篇，大抵圣贤发愤之所作也。"

爱迪生说过，伟大人物的最明显的标志，就是他那坚强的意志，不管环境变换到何种地步，他的初衷与希望仍然不会有丝毫的改变，以致终于克服障碍，达到期望的目的。

为你长得不漂亮而庆幸

讲一个发生在我们身边的平凡人的故事：

在我朋友的公司的员工中曾有一位长得很丑的小女孩。当时招聘她时，公司员工都提出反对意见，说她影响公司形象，但我朋友看到她忠厚、踏实、勤奋，只是有点自卑，便招聘了她，并特地为她写了一篇《为你长得不漂亮而庆幸》的文章。她看后极受鼓舞，练习打字，每分钟达二百个字；搞公关、做生意也非常出色，成了我朋友最得力的助手。我朋友生意上好几次险些失误，都得力于她及时发现与弥补。由于出色的才干，她引来了一个男士的倾慕。

那位男士说，我爱她，就是爱她忠诚不渝、充满活力、待人热情、懂得生活而又办事周到，虽然她长得不漂亮，但一点也不自卑，她对自己做的事极其自信和聪明得体，使我感到充满魅力，看久了，我觉得她非常漂亮。

你是否看到过柏油路上长出一棵小小的树苗？是否想过"这样一个小东西怎么会穿破坚硬的路面长了出来，在这么恶劣的条件下活着？"成功者就像马路上长出来的小树。在艰难困苦的工作过程当中，他们学会并培养出了一种"冲破阻碍"的能力。他们是靠勤奋工作和顽强尝试才一分一分地取得成功的。

我们接触过许多成功者，他们虽然从事的是各种截然不同的工作，在经历上却有共同之处。他们大多数人都遇到过许许多多需要克服的困难，有些在年轻的时候就遇到重重困难。逆境的降临就像一笔提高能力的财富，他们得要学会如何同困难、挫折和沮丧情绪作顽强的斗争。由于情况的需要，他们不得不学会取得成功的诀窍。

你无须等到身陷困境才去学习取得成功的诀窍。作为成年人，如果真正想学的话，你现在就能够掌握我讲给你听的这些道理和方法。你能够轻松自如地学会这些诀窍。像他们那样思索，你在找老公问题上遇到的所有障碍，都不是障碍。

不留退路

美国天才的电视节目主持人萨维奇是个有魅力的美貌女郎，长相身材就像时装模特。这使得很多人认为她是靠姿色赢得机会的。但她采访总统的新闻太出色了，她以百倍的努力拍出的纪录片获得了美国电视金像奖，终于被评为最佳电视节目主持人。

她说起自己的成功感慨万千，她在全国广播公司是从地位很低的"听差"做起的——人们在办公室里想喝咖啡或是需要什么东西，就由她去搞。她要成为全国知名人士，必须想方设法渡过许许多多难关。她在面对新的挑战的时候是这样想的："如果必须去干艰难的事情，我就冲上前去，因为我不能够后退。我曾经灰过心，但是，每当我感到泄气的时候就想：'我没有别的选择，必须继续努力。'如果我退缩的话，是无路可走的，既然选上这一行，就得干到底。如果我倒下去，没有人拉我。我不能回到家里对家里人说'照顾照顾我吧，'也不能去找丈夫说'帮帮我的忙吧，'所以我坚持了下去。"

美国歌唱家鲍勃·戴伦说过一句话："如果没有你可以倒下的地方，你就不会摔跟头。"我发现，绝大多数有成就的人在生活当中都是这样的——他们都不肯后退。

一穷二白也是资本

美国的玉米糊大王斯泰雷16岁时在一家五金公司当一名小小的售货员。虽然月薪极低，但他却感到心满意足，因为他相信只要自己埋头苦干，就会大有前途。因此他做事时总是积极主动，处处小心留意，希望获得经理的赏识。然而结果却是适得其反。一天，他被唤进经理室，受到经理的一顿训斥。最后还被告知："老实说，你这种人根本不配做生意。你有一身力气，我劝你还是到钢铁厂当工人去吧。"一番训斥，大大刺激了这位小店员的自尊心，他当即反击说："经理先生，你当然有权将我辞退，但你无法消磨我的意志。你说我无用，这是你的权利，但这未减损我的能力。看着吧，迟早我要开一家大你十倍的公司。"果然，不几年，斯泰雷就有了惊人的成就，成了誉满美国的玉米糊大王。

假如没有这一番训斥，斯泰雷也许会成为一位兢兢业业的小五金商。然而恰恰因为这一次羞辱，把他逼到了没有退路的境地，高度的自尊，使他产生了"一定成功"、"只能成功"、"不成功勿宁死"的意念，终于憋着一口气，励精图治，成为了一名成功的创业者。他的成功在于他能将压力化为动力，重新认识自己。

敢于把自己放到没有退路的地步！

我国著名电影名星刘晓庆，在面临事业、婚姻、家庭、社会种种巨大压力时，也是含泪写出了"三难"："做人难，做女人难，做名女人更难"，但她在这些"难"面前后退了吗？没有。她说"难"，并不是要给自己找退缩的理由和借口，她奉献给广大影迷们的，依旧是鲜明、生动、精彩的艺术形象。

我也不要退路

这些充满感情的励志故事，为学员们展示了一个个奋斗者的真实历程，大家感同身受，纷纷谈起了自己的感想。

"我一直认为，自己在事业上干得还算可以，可是，在找老公问题上，我花费了多大的努力呢？我一直嘴上承认找老公重要，但做起来却顾虑重重，把自己的家产当成找老公的资本。错，我现在就应该放弃这种思想，只身一人到那家小餐馆去，与那位小老板聊天，我感到我们能找到共同语言，他喜欢的是我这个人，他并不知道我有多少家产，这才是人与人谈恋爱，不是财产在恋爱，我是开连锁店起家的，我不但能帮他，在与他打交道中我感到了幸福，今天晚上我就去，我不想再去找什么'高层次'的人才了，干吗要为了别人的喜好去找老公呢？"

"老师，您说得太对了，世界上最大的恶习莫过于半推半就，我们给自己留的退路太多了，所以我们做事总是不愿意把全副力量用出来，总想着，我还有的是机会，我因为工作关系能接触很多富人，我觉得我了解他们，虽然我自己不富裕，但与他们有共同语言。我觉得我应该嫁给他们。但是，一想到这个问题，我就有很大的心理负担，怕别人说我为了钱，而且我长得不漂亮，除了工作，平时与他们打交道的机会很少，我为什么不搬家到他们住的别墅区里去呢？我的工资毕竟还够得上每月租房的钱，只要不违法和不做有损道德的事，我愿为找老公做一切事情！"

……

每一个人都会有理想，实现理想的道路上会有障碍；但是，如果你一心一意地去想办法解决难题，每一个障碍就能够成为你变得更加自信的标志。找老公也如此，一定要找到好老公，不要给自己留下别的出路。记住下面的这个口号，把它贴在你的浴室镜子上、厨房水槽上面的墙上、书桌旁边，每天读它几遍。天天读。

下定决心，找到老公，排除万难，去争取胜利！

[照镜子]成功者与不成功者的鉴别表(6)

你是否认为：只要你有漂亮的脸蛋、修长的身材、出色的天资或家庭背景，你就能够找到好老公?这种想法必然要妨碍你实现自己的理想。要想找到好老公，必须学会如何根据自己确实具备的条件去尽最大的努力。

不成功者	成功者
1．把自己与大明星、大企业家和身边大富大贵的人相比，也认定自己没有出息，没有条件。于是，她们便觉得自己不行，认为自己不可能找到好老公，就止步不前了。	1．尽力把自己能够办到的事情做好，付出自己的全部力量。她们不是消极地同身边大富大贵或者条件好的人相比，而是自己创造机会，利用现有的条件，所以她们也能找到好老公。
2．相信：只有家庭背景好、受教育程度高、漂亮的人，才能得到她们向往的一切，才能找到好老公。	2．相信：即便在物质上、身体上有很大的不足与缺陷，也有可能找到好老公。即便有难以逾越的障碍，她们也要去克服，去把事情办成。她们的特点就是行动，她们知道要靠自己努力找到好老公。
3．为自己的实际缺陷和臆想而悲叹，把可能用来争取好老公的宝贵精力与光阴白白浪费掉。她们所得到的只是日益衰老的面孔和愚钝的思维。	3．不被自己的缺陷和不足所阻碍，她们在找老公方面早动手，多下工夫，反复努力，坚持不懈，所以再大的困难也能克服。她们不停地去做必要的工作，直至取得成功。
4．听到别人说她"很难找到好老公"的时候，就放弃了原来的打算，不再努力。她们相信，能够找到好老公的人都是生来就能讨男人喜欢、有一种独特的天分的。	4．即便听到别人说她不具备条件，也绝不放弃希望、停止努力。她们拼命学会对于她们来说特别困难的工作。在这个过程中她们所培养起来的本领，成为她们取得成功的又一笔财富。
5．遇到令人沮丧和难以对付的问题时，便灰心失望，不再尝试。于是，她们永远找不出解决办法，必须靠旁人给她们指路。	5．遇到挫折的时候，采取的办法是决不后退，因为没有可以躺倒的地方。除了成功之外，她们别无选择。她们无人搀扶，所以坚持冲上前去。

七、只同自己争胜

早几年，全国高考有一道非常有意思的作文题目："假如记忆能够移植"。成功者的思维方式是否也可以移植?那些找到好老公的女性的思维方式是否也可以移植?

我认为可以，只要你肯努力。

把那些找到好老公的女人找到一起，让她们谈自己找老公、谈恋爱的体会，你就会发现许多有趣的可以移植的共同特性，你能发现她们有同样的眼神、笑声，甚至相似的口头禅，这一点，是我们培训班一个有趣的发现。我想，这种共性是可以用心理学原理解释的。

既然凡是嫁了个好老公、做出成就的人，她们待人处事的模式都非常相似；既然她们具有一种共同的特性，有一些使她们获得成功的共同的处事方法，而旁人是可以效仿她们的，那么这些成功的思维方式是能够像科学家发明的疫苗一样，可以注射到人们的心中。我们培训班的打算便是把她们待人处事的模式归纳成简单扼要的形式，使人们容易掌握和理解，并"移植"给大家，不过这种移植是需要靠自身努力来吸收消化的。

如前所述，失败者和成功者都不是天生的，而是在成长过程中形成的。凡是嫁了个好老公、有所成就的人，在谈吐上、思想方法上、行动上都非常相似，常常可以很容易地看出她们的行为模式是充满活力的。嫁了个好老公、有成就的人有许多共同的特点，她们获得成功所采用的方法相似得如同人与镜中的影像一般。对成功者那些待人处事的方法可以进行研究和解释，然后可以教给每一个人，化入每个学员自己的生活方式之中。

嫁个好老公、取得成功就是最大限度地发挥自己的能力，与自己竞争。因此，她们不会去嫉妒别人。有时候，成功者甚至会感到，与找到老公结婚同等重要的是，谈恋爱那一段曲曲折折的艰难过程对自己的收益，这个过程使她认清了什么是爱，什么是积极争取。爱过一场不会后悔——哪怕她看上的老公没有追到手，她们感到欣慰的是：为了这场爱，我把自己的体力、智力、想象力、创造力、精力发挥到了极限。我竭尽了全力。有时候，有了这些就够了。这个男人没追到，我还可以追下一个，还会全力以赴。

世界上没有百分之百的绝对成功者和绝对失败者。绝大多数人的行为模式之中，既有失败者的特点，也有成功者的特点。你大概也是两者俱备的。你在阅读本书的时候，将会发扬你原来就有的那些成功者的本领，学会新的成功本领，同时对你的那些失败者的处事方式有所克服。

你可以从采取以下步骤入手，逐渐掌握嫁个好老公、成功待人处事的方法。

第一步：充分发挥你的能力、魅力

成功者有强烈的欲望要把事情办好。她们认为找到老公、取得成就是非常重要的，并且拼命去争取。她们不管本身的潜力大小，总是充分加以发挥，用尽她们的所有力量。

她们即便是与男友的一个电话、一次约会、一件极小的事情，也要集中精力做得尽可能地好。

勿以善小而不为，勿以善小而偷懒；成功者竭尽全力迎接挑战。

生活当中唯一有价值的便是尽一切可能把事情做得好些。不但找老公，做其他事情都一样，你的魅力，常常体现在你无数个待人处事的细节之中。

第二步：只同自己争胜

现在我们有些人对"竞争"一词理解有误，一谈起竞争，便联想起采取不正当的行为，把对方打压下去；有的甚至想到以毁坏竞争对手的名声、利用对手的无知与信任或者以某种不公平的方法去竞争。在找老公问题上，一旦涉及到个人利益，有的女性就把对手同"出风头"、"厚脸皮"、"庸俗"或者"狡诈"这些不光彩的字眼连到一起。我们都听说过"她为了自己逞能恨不得把别人宰了"之类的陈词滥调。把"竞争"与"嫉妒"混为一谈。

其实，没有竞争便没有人类社会的发展。行为科学家范德维格的一次研究显示："在比赛、运动或者任何事情当中取得成功，对于人的自尊心和幸福有深远的积极影响。"他的研究还指出，在童年时期相互竞争当中所学会的那些需要遵守的规矩和付出的努力，乃是对于在后来生活当中应付那些真正竞争的事情与场合的准备。而且，在一件事情上拼命奋斗的精神，能够扩展到其他方面去，增加人们对于取得更多成就和突破自己的局限的兴趣。竞争无疑是有益的。找老公同样如此。

今天，对于"有竞争精神"这个概念，需要下一个符合现代情况和比较通情达理的定义，其中要对合乎理想的价值多加强调。竞争与压倒某人或者欺骗别人完全是两回事。实际上，竞争能够成为使大家都从中获益的过程，每一个人都在竞争中发挥出最大力量，主要是同自己争胜，并且体会到一种社会责任和关心他人的意识。竞争的领域不是你死我活。虽然有的人说，好老公是有限的资源——

但成功者知道，天下大得很，只要自己把最好的一面展现出来，只要自己已经全力以赴，一切就够了。

成功者知道，如果遇到强有力的竞争对手，我们把自己最好的一面展现出来，与自己竞争是唯一方法。她们绝不说别人不好，她们知道贬低别人无济于事，而且男人也不是傻瓜。当他们听了你的贬损之词，越恶毒，也就越发对你怀疑。

嫉妒是怎么回事？

当我们受到惊吓、感到不知所措或者劳累过度的时候，很多人都容易忘掉自身的价值和个人的成就，而去妒忌我们的同事和邻居。我们由于内心深处感到失望，所以忘掉自己也有自己的价值和取得成功的条件。这便是嫉妒。

我手头有一则资料，说的是一位穷困潦倒的印地安人在他的土地上开发石油成了富翁，为了炫耀自己富有，他买了一辆卡迪拉克轿车，但他不会开，只好让两匹马拉着轿车炫耀。

嫉妒者就是如此：

嫉妒者只看到外面两匹马的力量，却看不到自己有着那几十匹马的力量。

改变嫉妒并不太难。如果我们能够积极一些，对自己采取比较肯定的态度，就会对自己有一个比较好的看法。那么，我们就会把给予别人较多的实际关心也当成是自己的成功。肯定自己会增加自信心和自我的安定感，使自己能够多去关心别人。于是，关于成功者的定义就包括了这样的内容：用出全副力量，富于竞争精神，满腔热情地爱别人，同时仍要最大限度地发挥自己的才能，施展自己的魅力，尽最大努力把事情做好。

成功者努力对于竞争持一种厚道的态度，因为——

她知道自己有出头拔尖的机会，自己能成功找到好老

公，而别人也有机会成为成功者。

成功者主要同自己争胜，所以不在自己取得成功的过程中对别人抱敌视和不友好的态度，也不去贬损别人。

男人对于嫉妒心很强的女人非常反感，在工作环境和社会环境当中，常常突出地表现出气量狭小和怀恨结怨，想方设法给人"出难题"，都是非常令人厌恶的品德。更糟糕的是，这种品德是消极的和无益于事的，会使你忙于应付，没有时间去表现自己，找到好老公。

考虑问题，要想得长远一些：不要设法靠利用别人或欺骗别人去获取一时的胜利；不要靠别人的力量出自己的风头；不要靠背后说人家的坏话去赢得老公。要记住自己是有高度自尊心的人，不要为一时的利益而损害自己的价值和自豪感。

第三步：给自己奖励和鼓劲

很多人谈到自己的消极情绪时，只有一句话："干什么都觉得没劲！""我在男人面前尽力表现，可他们谁也不夸奖我，谁也不关心我，"她们抱怨说，"这样，我为什么还要死皮赖脸地在男人面前表现，为什么还要拼死拼命地把自己做到最好呢？"

为了帮助她们变成成功者，我们劝导她们练习自己奖励自己。"你自己要为把事情干好感到高兴，给自己鼓劲。要告诉你自己：你干得多么出色，你多么为自己感动，你多么有爱心、男人们女人们一有困难你就帮助他们，你多么机灵、你为自己取得的成就而兴奋。"

要奖励自己，夸奖自己，为自己鼓劲。

很多资料显示，不少成功人士之所以成功，并不完全是为了赚钱这个目标，他们中有很多人只为一种奋斗的快乐，在做成一件事情的时候感到极大的满足。我们找老公也一样，与他们交谈，哪怕受到挑战，对我们都是收获。

第四步：要表现出自豪感来

成功者总是显出一副端庄尊严的样子。她以自己的言行举止告诉人们：

我是有教养的，应该受到尊重。

如果有人可能对她不够尊重，她就会纠正这种局面。譬如说，即便有人开玩笑地说，"喂，你真笨，忘记带这些文件去开会啦！"成功者便会诚恳而坚决地打断他的话，纠正说："不，不是笨，这次我确实是忘记了。"

人们在受到污辱或者伤害了感情的时候，常常害怕恰如其分地给以回答，而一般都是说一些傻话，或者感到羞愧，或者争吵一番，最后也许以怨恨的心情结束。过了几天之后，他们还想着这件丢脸的事情，觉得特别亏。

学会以一种轻松而友好的办法来对付别人的污蔑，对于增加取得成功的本领是很有价值的。

比如说，你请到家里吃晚餐的一位客人说："天呀！这碗汤太咸啦！我还以为别人都说你是个烹饪的好手呢！"这时，你可以亲切温和地一笑，回答说："是呀，人家鼓励我，说我是个烹饪好手。可是，我偶尔放调料的时候也会手重一些。你觉得这道菜做得怎么样？别人都说我这道菜做得顶好呢！"于是，你就很自然地转到了一件比较好的事情上去了，而且保持了亲切愉快的气氛。

或者说，你去参加一个宴会，坐在你旁边的人一看见你就说："哎呀，你瘦得像棍子！是不是老不吃东西？"你可以高高兴兴地微笑着回答："噢，我确实喜欢瘦一点，每顿饭都挺注意的。我吃什么东西都留着神，有一半时间是挨着饿，可是我喜欢自己现在这个样子。你能看得出来，我太高兴了。"

关键的是，你用不着非按别人那种生活去过。如果你觉得瘦一些好，你就瘦一些好了。他们可以喜欢胖一些，他们这种爱好是无可非议的。但是，你爱好什么也是无可非议的。他们可以有他们的看法，你也可以有你的看法。

面对刻薄，你对他们的挑剔回答得越是温和，你就越显得大方有尊严。

不要让任何一个人同你分手的时候嘴里还说你糊涂、糟糕或者有问题。但是，要牢记在回答他们的时候一定要非常亲切和友好，要简明而又不冒犯别人地说明自己的观点。重要的是，对于别人的完全不同的观点要能够耐心地听，而且要相信你自己的想法完全不错，他们也有他们的道理。

成功者绝不听任别人污辱和否定自己，也不自己讲贬低自己的话。成功者绝不在走进房间的时候咕咕哝哝地抱怨自己："嗨，我真笨，弄错了路口，走错了道。"否则的话，给人的第一个印象就是否定的。

假如有人对一个成功者说："天呀，你又失败了？"她会开着玩笑回答："不错，我彻底失败了。"成功者不是把失误和挫折挂在脸上，而是让人感到她的力量和热情。

成功者每到一个场合都期望着会发生什么好事情。她同在场的人一一握手打招呼，对别人总是说一些积极的鼓励的话。她向大家问候之后，可能谈起最近取得的一项成绩，聊聊自己见到或者大家喜欢的男人，说说他自己在搞的一件鼓舞人心的新生意、新工作。成功者谈起情况很坦率，觉得把成绩告诉大家是很自豪的事情。

第五步：在需要的时候请人帮助

成功者善于取得别人的帮助，请她所能接触到的各种人帮她出主意、想办法。在找老公时，她们愿意向那些家庭幸福或者非常热心的人求助和请教，在工作中也愿意向有专门知识的人学习。

向已经受过锻炼、富有经验的人请教，能够把问题解决得好些，而且减少一些困难和失误。要想做一个善于解决问题的人，就需要学会取得别人帮助的本领。

这里，我们想教给你如何排除生活中遇到的一些障碍。下面这个练习能够帮助你发挥所能接触到的人际关系的作用，使之成为找到老公、实现理想的力量。

｛心理体操｝练习5：做一个善于找老公的人

在作这个练习的时候，首先要选定一个要实现的目标。建议你在作练习1时开出来的那张"我大概不反对找什么样的老公——"的单子里挑一个项目。

现在举个例子，比如说你想找一个从事工程师或者技术人员的老公。从一开始，就不要说泄气话。说泄气话可能使你失去信心。不要说类似下面那种泄气的消极话：

——"涉及的人太多了，恐怕我会……"

——"如果我尝试去接触，一定做不成。"

——"我准没话可说，为什么还要冒险，让人家看着我像个……"

——"我年纪太大，一定不会……"

不要自己阻挡自己！

善于解决问题的人对自己说这种话：

——"涉及的问题很多，我得马上取得一些帮助。"

——"不去尝试才是失败。"

——"同与这方面有接触的人谈一谈，会给我提供一些有价值的线索。"

——"我要找到一些已经成功的人，她们的老公就是我想要找的那种类型，从她们那里打听一些如何进行的好主意。"

——"年纪一天天大起来了，所以我也要尽最大努力去做这件事。看看到底能不能搞成。"

注意取得帮助。

——准备好笔和纸，坐下来仔细想一想谁有可能对于找这样的老公提供意见，把能够想到的人的名字统统记下来。然后，你就去一一拜访他们或者通电话。

身边也要带着笔和纸，好把他们提出的建议记下来。

如果你找的那个人提供不出什么你所需要的情况，不要就此止步。要问他们能不能给你介绍别的可以请教的人。不要担心所找的人帮不上忙，不要怕徒劳无功。

坚持不懈地做下去！

自己要肯定地知道是在努力尝试，而着手去尝试本身就是一件成功。假如走进了死胡同，要对自己宽厚一些。发生这种失误，证明你是在成功的道路上前进。解决问题要经过许多步骤，其中包括尝试、失败、再作一些尝试、发生失误……最后才成功。

要坚持下去：多打一些电话，多找人谈谈，多提些问题。这样，你就一点一点地接近于问题的解决，一点一点地找到了正确的方向。

要同朋友们交谈。

同那些在这些领域有所接触的朋友或者知道如何应付你所感兴趣的局面的朋友交谈，能够得到有益的启发。要问他们能不能帮你想出实现你的目标的最简捷而可靠的办法。他们也许会提一些建议，或者告诉你去找哪些同你想做的事情有关的朋友。

要征求专职咨询人员的意见。

找婚姻介绍所是一个不错的主意，但上百合网这类有专业服务精神的网站，也许对你帮助更大，百合网（www.baihe.com）有1000万会员，如果成为它的VIP会员，你会有相当大的挑选余地。

还有一个容易被忽视的地方——职业介绍所或者人才中介机构，它们虽然不是婚姻介绍的专业机构，但在掌握人才信息方面比你要知道的多，你不以找对象的名义出现，可能遇到的竞争对手会少得多，而且，在这样的地方你也许会遇到意想不到的热心人物。让他们给你以帮助。

要利用每一个可能获得答案的机会。

社会上其他人也能给你提供帮助。要向当地的行业协会、各种机构、公司、大学询问交谈，他们知道自己单位有哪些"人才"。

要利用一切可以利用的信息资源。凡是可能给你提供线索和意见的人都要去请教。

列出几张清单来。

你可以把交谈过的人和建立了联系的人、把你写过信或打过电话联系的机构列一张清单。按照先后缓急的次序下工夫，下了工夫没有结果，也要同取得了结果一样地鼓励自己。

要最大限度地把你的能力发挥出来。不要同别人相比，不要妒忌别人，而只要同自己争胜。最需要你宽厚对待的人是你自己，所以要奖励自己，给自己打气。如果你能够自重自豪，而且接受各方面人的帮助，听取他们的意见，你就会向成功前进，全力以赴去争取胜利了。

[照镜子]成功者与不成功者的鉴别表(7)

在本章里，我们讲了成功者之所以区别于不成功者的一些特点。要反复阅读本章以及全书中的练习和测验表，这样你便能够每天给自己一些鼓舞。如果经常加以复习思考，这些特点便会成为你自己的本领和思想方法。要尽力牢记这些要点，使自己逐渐成为一个不屈不挠地争取成功的人。

不成功者

1．付出很小的努力。她们的潜在能力和魅力只发挥出一点点。

2．认为竞争就是视线盯着别人，体现着"争强好胜"、野心勃勃、蛮干、庸俗、耍手腕等等令人厌恶反感的行为。

3．自己心虚，以为击败别人就能显示自己。她们使用卑劣的伎俩，耗费精力去"算计"别人，讲别人的坏话。

4．认为为找老公可以不择手段，所以，她们可以虚伪，可以扣押重要的信息，可以利用别人的天真和轻信，或者以其他不公正的办法利用别人。

5．听到别人对她刻薄挑剔的时候，不讲任何为自己的行为辩解的话。更糟糕的是，她们自己说一些贬损自己的话，给人首先留下一个否定的印象。

6．认为自己包打一切是一种优点，所以事事单干。

成功者

1．把所有能力都使用出来。她们不管处在什么样的情况下，都竭尽自己的全力。

2．相信参与到竞争中去能够使人增长才干、发挥力量；在这个过程中，每个人都尽自己最大的努力，主要是同自己争胜，同时感觉到一种关心别人的意识。

3．知道在成功的顶峰有广阔的空间。她们集中精力来增进自己的才干，而不去妨害别人的进展。她们知道，遇到强有力的竞争对手，把自己最好的一面展现出来，与自己竞争是唯一方法。她们决不说别人不好，她们知道贬低别人无济于事，而且男人也不是傻瓜。

4．着眼于长远。她们有高度的自尊心，不肯为了压过竞争对手而自损身价。

5．以端庄自豪的面貌出现，使别人知道"我是一个正派人，应该受到尊重"。她们听到别人对她们加以否定或者贬低的时候，诚恳地、但是很快地就予以制止。

6．知道向成功者或者有线索的人寻求帮助，能够比较容易解决难题。

第三章

发掘自己的积极情绪

能够发现周围美好事物的人，就能发现属于你的好老公。

女人凭什么找到好老公？因素很多，但有一点是不可或缺的：积极的态度。态度积极的人有一种天然魅力，这种魅力不仅吸引男人，连自己的情敌也会被吸引。它比你千百次地美容、健身甚至增强学识都重要。

我们很难改变自己的身高体貌，但我们可以下工夫让自己变得积极起来，只要具备积极的态度和适当的技巧，不论你外在的、物质的条件如何差，你也可以找到适合的好老公。

一、发现周围的美好事物

蒙娜丽莎的微笑之所以有魅力，就在于这种微笑后面所蕴藏着的自信和积极情绪，我们在第一课时所练习的笑，只是我们开启积极情绪的开关，而培养积极的情绪，才是我们营造魅力女人的根本——有水才能放水，否则，我们训练出来的笑就不能发自内心，使本应充满欢乐的笑变成假笑。

能否发现自己周围的美好事物，是一个积极的女人和一个消极的女人的根本区别。也是一个男人能否长久爱你的因素。

在你的桌子上有半杯水，你是看到有半杯水呢，还是看到有半个空杯子？

美丽的大自然，有人为绚丽多彩的百花而欣喜，有人却为杂草害虫而担忧；有人盛赞"万紫千红总是春"，有人哀叹"无可奈何花落去"；就连走在雨后的郊外，有人感受的是雨后清新的空气，有人盯着的却是道路上的泥泞；对镜而视，有人看到的是喜色，有人看到的是哀愁。

你究竟属于哪一种人呢？

同样一件事情，常常既可以说成是"好事"也可以说成是"坏事"，既可以说成是"幸事"，也可以说成是"倒霉事"。对男人更是这样，我们在第一章讨论"男人是什么"时，我们可以看到男人们的不好，他们不守信誉、不忠诚、不爱我们，但我们从后来的"给自己一份感动"中，又看到男人是那么的伟大、那么的崇高。生活中，对一件事到底如何看待，一般都取决于个人习惯于同什么相比，而不在于事情本身。

你有影响自己生活道路的力量。所谓"信则有，不信则无"，如果你认准了什么事情都在糟下去，你就有可能不知不觉地给自己造成不愉快的环境。一旦你觉得厄运即将临头，你就会做出一些起消极作用的事情，使你的预言真的应验。开车时，如果你老想"哎呀，我要撞到那个石头上了！"真的就会朝那石头撞去。这是恶性意志带来的祸。

反之，如果你把内心的思想和言谈话语都引导到奋发鼓劲的念头和看法上去，你就会打开一条积极的思路。于是，你讲的话也就同你的乐观情绪比较一致起来，你会惊奇地发现你自己的行动也非常积极起来。如果你相信今天会过得很好，而且明天会过得更好，你就会往好处去做，很注意地把日子过好。你将要使自己的预言成为现实。这就是良性意志创造的奇迹。因为良性意念能产生信心热情，能转化为一种巨大的能量，能使本来不利的形势真的转化为好的形势。所以要充分利用这种"念力"（意念、愿力）、良好意愿，使美梦成真。

背女人过河的故事

有一则著名的故事，说有两个和尚涉水过河，遇到一个村妇向其求助。师傅便毫不犹豫地背起村妇过了河。放下村妇后师傅若无其事。但走了10里路，徒弟还在难堪，终于忍不住地问师傅。这时，师傅说了一句寓意深长的话：

"我只是背女人过了一条河，而你却背女人走了10里路，现在可以放下了。"

失败者常常把没有解决的老问题、老矛盾以及自认为是问题的问题背在身上，天天翻来覆去地念叨。

失败者没完没了地提起过去的倒霉事：

——"小时候，有一次我向一个男孩表达我对他的好感，结果他表示对我厌烦，我很受伤。"

——"小时候父母总说我是捡来的，我缺乏母爱。"

"我永远也忘不了小时候别人怎样欺侮我、家里多么穷。"

——"以前我的朋友一来找我，母亲就大喊大叫地找我的麻烦。"

——"我上学的时候，同学总是拿我的缺陷起外号开玩笑。"

失败者一遇到不顺利的事情就怨天尤人：

——"在这个城市里，男人都是骗子。"

——"这年头，很难有人给你讲真心话。"

——"我们家谁也不为我考虑。"

——"别听他的，那个男人不可信。"

——"明天准要下雨，出门准得挨浇。"

——"照这种速度，准得泡汤。"

——"肯定我要迷路，再也找不到那个地方了。"

这种莫名其妙的泄气话总是包围着失败者，就像监狱四周的墙一样。她们把前途看得一片黯淡，连气都透不过来，于是把整个气氛都破坏了。失败者不管要做什么事情，处处碰上她们自己设下的牢笼，处处都应验了她们自己那些消极泄劲的话。不管她们的处境究竟如何，她们总是一件一件地品味每一次失

败，算计每一次倒霉的事，琢磨每一个有缺陷的地方。她们极难得高兴得露出笑容。她们不管处在什么地位，总是觉得不对头，不自在，不理想。她们要是在冬天，就想着过夏天，如果是晴天，她们就盼着下雨。

当她们的男友对她们爱抚关怀的时候，她们非要对她们更加关心不可。但是如果她们的男友说了个"不"字或者太忙没有时间，她们又抱怨受到了冷落。每次出去吃饭，问她吃什么，她说"随便"，要她点菜，她立刻扭捏着表示"我最不会点菜了"，可结果等你点了鸡，她会说胆固醇太高；点了猪脚，她说脂肪太多；点了蔬菜，她嫌太清淡；点了鱼汤呢，她就说太腥气。弄得男友左右为难，不知所措。总而言之，从来没有一件事情顺心。

失败者怎么可能得到任何欢乐呢?肯定是不可能的。更重要的是，如果你对生活前景的看法是消极的，你就不可能快乐。

戴上灰色的墨镜，看世界从来不会明亮。

家庭是我们的第一课堂，父母亲是我们的第一任老师。他们的一举一动便是我们仿效的榜样。如果他们扮演的总是消极的角色，我们便养成了非常根深蒂固的消极模式。由于早期受到这种熏染，我们在成年时期也不能过得快乐。

假如你坐在那里苦思苦想自己错过了什么良机和有什么不如意的事情，你就是在反复演练你从那些消极模式里学过来的角色。这样，你就会无休止地感到烦恼和不幸。

消极情绪像传染病。情绪消极的人不仅自寻烦恼，还常常使她周围的人"扫兴"。情绪积极的人会"鼓你的劲"，因为她们的情绪也是有感染力的。你同情绪积极的人相处的时候，你会觉得精神比较好，而且比较有乐趣。

心态不同的恋人

曾有一对恋人谈起他们的苦恼。两人看任何事物时所持的观点几乎都有分歧。即便是两人一起遇到的事情，看法也大不相同，使人很难相信他们是一对恋人。譬如说，他们去参加了一个朋友的聚餐，两个人形容起这一晚上的情况，评价和感觉都显然不同。

女的在整个晚会上能挑出上百个毛病，抱怨吃的不好，环境不行，客人们太杂、层次不高、教养不够，主人也对她不够照顾、冷落了她等等，认为这次的聚餐"很没劲。"而那个男的，对那次聚餐却是绘声绘色地进行了另一番描述，说他高兴极了，"交了很多新朋友，主人很周到，菜也做得好！"

他们一个人把精力集中在挑毛病、发牢骚和吹毛求疵上，于是看到的都是毛病；另一个打定主意去开心，于是过得很高兴。这两个人哪一个更有魅力、更能成功？

总是不断地表白消极的想法，就会使人厌烦，也使男人疏远。

嫁不出去的老姑娘

王玲已经是35岁的"老姑娘"了。她长得不算差，个子不高也不矮，也有自己的住房，还自己经营着一家公司，属于那种标准的贤妻良母型的女人。她在婚姻介绍所登记后，总能接到很多单身男士的约请，可奇怪的是，很少有人约她第二次。

于是，我们找来了与她最近约会过的一位男士，很快就弄明白了其中缘故。从这位男士按她家的门铃开始，她就喋喋不休地说着消极看法。

一见面，就问对方："你怎么穿得这么土？"然后滔滔不绝地发表她对于穿衣搭配的新颖看法，把这位男士变相数落了一顿。

一出门，就问男士准备到哪里游玩？这位男士每讲出一个地方，她就找出三四个理由予以否定。最后，王玲自己选中了一家烧烤店，但吃过以后，又不停地抱怨，说肉不新鲜、价格太贵、环境不好。一直唠叨到男朋友把她送回家。

于是，我们找来王玲，告诉她："你的那些扫兴话是男朋友离开你的原因，挑毛病、揭人之短，谁听了都寒心。"然后，我们与王玲一道设计了接待男朋友的模式。一见面，就要求她从积极方面去评价男朋友的衣着，"你的衣服非常有性格，我很喜欢。"对男朋友选的游玩地方也要大加赞美。尔后告诉她，那些苦皱眉头和批判一切的眼光都得改变，得学会像小孩那样，毫无掩饰地从内心发出真诚的笑。

开始，她笑不起来。强装出笑，那笑比哭还难看。我们让她自己拿着镜子看她那副尊容，让她复习我们培训班第一课所教的笑，她终于忍不住地笑起来。我们非常高兴："好，就要这种笑，发自内心，无拘无束。"我们告诉她，以后只要见到人，你就想象自己今天看到的那副尊容在镜中。

后来她给我们来电话，说："现在的男人真有意思，他们既幽默殷勤，又热情奔放，有的还有点坏。"她还告诉我们，现在追她的男人有好几位，她都有点挑花眼了。

不要怕突然冒出的笑容

很多朋友说，我严肃惯了，现在突然对人家嘻皮笑脸，人家会不会认为我有神经病?不会!他们刚开始有点不习惯是正常的，就如你自己当初不习惯一样。只要你坚持下去，并且实实在在从内心深处去感受欢快，设法找一些高兴的、乐观的事情来谈论，这样，他们会认识到这是你的新作风，会相信你。

情绪过滤器

不知你是否见到过自来水公司对于水的处理过程?现在空气和环境污染十分厉害，自然界的生水不经过处理是很难使用的。我们人脑中的思想也一样，要有一个自己专设的"情绪过滤器"，帮助你把消极情绪统统过滤掉。

这个"过滤器"的操作程序是，第一，你得倾听自己内心的声音。你是不是在说话当中讲很多带"不"字的话，例如"不能"、"不会"、"不应该"、"不要"等等?你最常用的形容词是不是都有消极的意思，例如"真要命"、"可怕的"、"自私的"、"不公平的"、"讨厌的"、"不可能的"、"轻率的"等等?你是不是没完没了地指责别人"你为什么不……""你总是不……"

你能够听到自己说的这些话，你就有改变的基础。

你还必须知道你说的这些话给你造成了危害，你才能够有所改变。一旦你确实注意了自己的言谈，听到了自己嘴里讲出的一连串消极的话，你就能够用上"过滤器"把那些消极情绪过滤掉。这样，你的大脑里方能腾出地方容纳积极的情绪，促使你采取积极的行动。

有的朋友说，"我已经快40岁的人了，俗话说，江山易改，本性难移。我这些消极的习惯也不是一两天养成的，我能够来得及改变吗?"

完全来得及!

现在我们做一个这样的游戏，请你从最表面的形式做起，强迫自己在21天之内，绝对不说带"不"字的消极词，你想象你在与你的搭档说相声，你的搭档紧盯着你，看你能不能不说带"不"字的词组。

"不"，"不能"，"不会"，"不应该"……

改为："行"，"能够"，"可以"，"应该"……

例如，你准备说："不行，恐怕我没把握。"当你察觉以后，可以改为"行，我试试看！"想象你的喉咙里安上了这样的过滤器，"不"字都说不出来了，一旦你偶然露了出来，就马上停下来，用"情绪过滤器"把它再过滤一遍。重新说出来。

坚持21天，试试看！

行为科学家的研究成果显示：坚持21天就能养成或者改掉一个习惯！

改掉坏习惯的最好办法是培养好习惯

排除不愉快的想法不是目的，重要的是，培养健康而积极的好念头和想法。

譬如，我正在与朋友兴高采烈地用餐，桌上是你渴望已久的一道美味佳肴。在你胃口大增、情绪正好的时候，忽然想到上周末一位朋友借你钱不愿还的事，心里觉得很生气，不是滋味。

但是，你那位借钱不还的朋友与你现在一块就餐的朋友不是一回事。你正在痛痛快快地陪他们吃饭，你现在不可能放下饭碗、撇下朋友去找那人说理。你应该怎么办呢？应该高高兴兴吃完饭以后，专门安排时间去处理讨债的事。而你现在满脑子不高兴，便是无意之中用那位不还钱给你的朋友的行为惩罚你自己，用它来剥夺掉了自己与朋友相聚的快乐。

不要冲跑了自己的快乐感受

吃饭的时候，不想麻烦的事；愉快的时候，尽量不想恼火的事。不去破坏自己情绪的主动权完全掌握在你自己的手上。

可是，把头脑中的消极情绪除掉以后，你用什么样的积极念头来取代呢？如果没有取代物，消极情绪可能还会悄悄地溜回来。

　　在排除掉一种恼烦时，我们可以在脑袋里浮现自己最感兴趣的东西，可以是一朵最喜爱的花，也可以是一处最漂亮的景观。不断地进行这方面的练习，一旦你养成这样做的习惯，头脑里浮现的愉快景象使你总是能面对欢乐。

　　但不良情绪有时还是会偷偷地钻进你脑中，你就必须把"情绪过滤器"移到大脑中去，滤净它，只要你一不自觉地想起了泄气的事情，就必须有意识地行动起来，把那些情绪滤掉。

重新布置你的大脑

　　积极情绪与消极情绪选择表

　　1. 需要在大脑中"打扫"的消极情绪：

　　(1)　你觉得愤怒或烦躁。

　　(2)　你觉得焦虑、担忧或害怕。

　　(3)　你觉得厌烦或乏味。

　　(4)　你感到自己已经失败。

　　(5)　你感到灰心丧气。

　　(6)　你感到内疚或自责。

　　(7)　你感到失望或压抑。

　　(8)　你觉得孤单。

　　(9)　你觉得无助或力不从心。

　　(10)　你觉得自怜。

　　(11)　你觉得无用或低人一等。

　　(12)　你觉得不满。

　　(13)　你觉得懒惰。

　　(14)　你觉得脆弱。

　　(15)　你觉得愚蠢。

　　(16)　你觉得刻板或固执。

　　(17)　你觉得无法自立。

　　(18)　你觉得谨慎小心。

　　2. 需要在大脑里填放的积极情绪：

(1) 轻松的

(2) 快乐的

(3) 值得的

(4) 幸福的

(5) 有信心的

(6) 无内疚感的

(7) 有希望的

(8) 得意洋洋的

(9) 精力旺盛的

(10) 令人振奋的

(11) 可靠的

(12) 独立的

(13) 有计划的

(14) 有能力的

(15) 耐心的

(16) 深信不疑的

(17) 满意的

(18) 稳定的

(19) 有见识的

(20) 积极的

(21) 胜任的

{心理体操}练习6：安装"情绪过滤器"

这个练习的目的是让你如何把脑袋里的"浑水"澄清过滤，去掉消极的杂质，教给你在讲话的时候如何当心，在看待生活时有所警惕。生活是盛了一半水的杯子，这个练习让你看到水而不是看到空。

第一步：要敢亮丑而不是遮丑

承认错误是改正错误的前题。医生看病得诊断病因。整容师整容得看到丑的地方。安装"过滤器"是因为你发现并承认有杂质。你到底是正视自己究竟有多么消极，并且不向自己和别人隐讳自己这种实际情况，还是力图说明自己如何正确?这个问题是你为了帮助自己实行改变而必须要侦察清楚的。

第二步：在失言的时候要鼓励自己

在你比较能够意识到自己讲话像是失败者的时候，最重要的是要对自己非常热情和宽厚。

要记住。当你对自己采取积极态度的时候，你就已经改变了。

如果你发现自己说了泄气话，要为自己能够听得出来感到高兴。失口说出泄气话的时候，不要责怪自己或者惩罚自己。因为那样做也是起消极作用的。反之，你应当赞许自己，因为你已经愿意承认自己在说泄气话了。

你对待自己越宽厚，改得就越快。所以，每当你能够发现自己走了回头路，又说了泄气话的时候，要敢于承认，要对自己采取友善态度，要给自己打气。

譬如，如果有个人问你在一家新开的饭店吃的那餐饭怎么样，你可能发现自己的答话当中用了两个消极的字眼，说的是："还不算太糟糕"。"不"和"糟糕"两个字从你嘴里一讲出来，是不能收回去的。但是，你能够对自己一笑，为发现自己讲了这两个消极的字感到高兴，然后重新用你的积极而健康的方法把这句话另说一遍。

另外讲一遍这句话可能是这样的："我很高兴你问起这件事。那顿饭吃得好极了。希望你有一天也能到那儿去，尝尝他们的美味。"

第三步：行动追随语言

这一步要练习很多次，然后你才能感觉出自己是否在改变着。但是，你会发现，当你说话说得比较积极了的时候，你的行动会逐渐慢慢地跟上来，也像说话那样积极起来了。要耐心地不断找出你那些难题中的积极方面来，即便你感到灰心失望的时候也要这样做。成功者不屈不挠，不断努力，才得到好的结果。一旦你决定自己必须寻找积极的因素。你就会讲鼓劲的话，待人处事的方法也随之积极起来了。当你对自己能够喜欢和敬重的时候，你就改变了。

｛心理体操｝练习7：发掘自己的积极因素

对消极因素要过滤，对积极因素要发掘。将你的头脑当做一台起鼓舞作用的计算机，把你的所有积极因素统统记录下来。扬长避短，这是成功者的一项诀窍。

每个人都有积极因素。

　　如果你不再空想你所不具备的条件，而是珍视你确已具备的条件，你便会发现自己的积极因素。

　　这里列举了一张单子，如果这张单子不完全符合你的情况，可以把它作为一个起点。在作这个练习的时候，你将能够用一些同你的实际生活非常适合而更有积极意义的内容来代替这里所列举的项目。

　　请你站在一面镜子面前念出下面列举的内容，脸上要有富于感染力的笑容，要大声朗读给自己听。

　　要诚心诚意地、充满热情地说：

　　——"我是一个非常温柔的女人。"

　　——"我体贴关心人们。"

　　——"我是个健全的人。"

　　——"我是个关心别人的人。"

　　——"我真喜欢人们。"

　　——"我看重自己。"

　　——"我珍视自己的健康身体。"

　　——"我对各种事情都很在意。"

　　——"我是个独立的人，是个普普通通的人。"

　　——"我关心别人。"

　　——"我是个慈爱的女人。"

　　请你再补充一些其他的简单的内容。要对自己产生一种很好的感觉，并不需要有什么重大的发现，只要是你常常做和说的小事情就可以了。**每天都要做这个练习。**

　　要补充上你对于自己的情况的赞扬，不断发掘自己的积极因素。

　　——"我与男朋友关系很好。"

　　——"我进步多了。"

　　——"我有勇气。"

　　——"别人知道我是可以信赖的。"

　　——"我喜欢帮助别人。"

　　——"我做饭做得不错。"

　　——"我是个靠得住的人。"

——"我把家里整理得很舒适。"

——"我自愿为社会做好事。"

——"我对外地人很友好。"

——"我同别人相处得很好。"

——"我很愿意使别人高兴。"

有些很小的小事情，也许你觉得没有多大意思，也要列举出来。希望你把自己那种起消极作用的谈吐模式彻底破除掉，在想到自己的时候能积极一些。

美国前总统林肯说过，人下决心想要愉快到什么程度，他大体上也就能愉快到什么程度。

你能够决定自己头脑中想些什么。你控制着自己的思想。

[照镜子]成功者与不成功者的鉴别表(8)

你是怎样一种情况呢？你是没完没了地挑剔的人吗？你能够毫不留情地对待你的消极因素和抱怨情绪吗？

如果你下决心要抛弃掉消极泄气的念头，准备振奋愉快起来，就要牢牢记住成功者的这些特点，这样会帮助你接近你的目标。

不成功者	成功者
1.把周围环境当中每一件美中不足的事情放在心上。对周围的事物的指责和消极的念头捆住了她们的手脚，很难再去体验欢乐。	1.为自己四周的美好事物和自然的奇迹感到欢愉。她们对于鲜花含苞待放、雨后空气清新之类的小事也欣赏喜爱。
2.认为一切事情都要糟下去，而且不自觉地促使自己造成不愉快的局面，使她们的预言实现。	2.愉快乐观的态度是成功者关键性的品质之一。她们把自己的思想和谈吐引导为振奋鼓劲的念头和看法。
3.被"情感包袱"压得喘不过气。她们总想着过去没解决好的问题	3.体验得到现实存在的美好事物。她们把过去当成借鉴参考的资

不成功者

和矛盾，一讲话便是从前的灾祸、现在的艰难和未来的倒霉。

4.从来没有一件事情是满意的。当她们终于得到了所向往的东西的时候，她们又不再想要了；如果失去了的话，她们又一定要找回来。她们不断重复老一套消极泄气的想法，把不幸和烦恼作为生活的主题。

5.即便在平安无事、一切顺利的时候，也习惯于只琢磨生活当中消极泄气的事情。她们觉得不幸和气愤的时间太多。

6.喋喋不休地发表消极泄气的意见和批评。她们说泄气话，指手划脚，令人难堪，使别人同她们疏远起来。

7.常常由于似乎难以解决的难题而挫伤情绪，失去活力，陷于失望，无所作为。

8.遇到麻烦和苦恼的时候，把精力用在责怪、牢骚和抱怨上。

9.说许多带"不"字的话，例如不能如何、不应该如何等等。她们最常用的形容词是糟糕、讨厌、可怕和自私。她们没完没了地指责别人为什么不如何、怎么没有如何。

成功者

料库，把未来看做充满无限希望的欢乐诱人的境界。

4.看重她们所具备的愉快而有价值的条件，想出有创造性的办法去争取想要达到的其他目标。

5.迅速解决问题，把处境当中的消极方面缩减到最小程度。并且找出积极的因素来。她们致力于在所处的环境中发现求得发展和学习的机会。

6.同别人交往，不论自己有所收获还是对别人所帮助，都喜形于色。她们对参与了的活动都从好的方面加以评讲谈论，同别人相处的情景也很热情。

7.即使处于严峻的环境与灾祸之中，也要发掘出积极因素，鼓起勇气向前跨步，使情况有所改善。

8.感到恼怒不快的时候，动手去扭转所处的局面。她们知道，要过得顺心愉快，责任在自己。

9.用"情绪过滤器"清除掉自己的烦恼念头和悲观情绪。她们在不利环境中也设法发掘出积极因素来。她们在头脑里储存的是好、妙极了、亲切、重要、喜欢、高兴、了不起一类的语词。

二、当场赞扬

女孩要吸引男人，最有效的武器就是"当场赞扬"，很少有男人能够抵挡得住这个武器的威力。即便这个女孩其他条件不怎么好，男人也很少能当场拒绝她给予的赞扬。我把它比喻成诚恳鼓励的力量。

这种力量就是对别人和自己诚诚恳恳地加油鼓励，诚诚恳恳地激励情绪。至于怎样去运用这种方法，通过以下的讲解和示例，相信你是很容易学会的。

诚恳的赞扬

"诚恳的赞扬"，便是你对别人所说的鼓励、夸奖和支持的话，是诚心诚意的，真真实实的。如果某人说的话或做的事是你赞成并且认为有价值的，那么，你"当场立刻"给他一些诚恳的鼓励，就能够给他提供重要的反馈信息，给他指出方向来。

得到支持让人觉得愉快，得到诚恳的鼓励和理解尤其使人产生共鸣，让人觉得愉快。但要记住：你所说的夸奖的话必须是真心诚意的，并且是切中实质的，不夸张的。否则的话，被你所夸的人会觉得你所说的话不那么入耳，会让人怀疑你在有意地奉承他、拍马屁或者讽刺他。这样，你的赞扬会大打折扣，甚至让人反感。

诚恳的赞扬既不夸大事实，也不抹杀功绩，最好的方法是你要有"独到的发现"，夸奖他那些与众不同而又是大多数人(甚至包括他自己)都未发现的优点。让人感觉到你的态度是诚恳的，从而对你回报以信任。

同时，诚恳的赞扬也有助于沟通你与他人的关系。无论你是追求自己的男友或接受他们的追求、处理同他们的关系，或是在工作当中与人相处，使用诚恳的鼓励都能加强你同他们的交流。良好的交流能促进与恋人、同事及上司关系的健康发展。

要想使诚恳的鼓励取得预想效果，在说话当中务必不要有任何批评挑剔的意思。例如：

钱小姐三番五次要她的男朋友把家中的窗户修一下，可是她男朋友总是忘记。这天钱小姐回家的时候，看见窗户已经修好了。她感到一阵欣慰，走进屋子说:"亲爱的,我太高兴了,你把窗户修好了。"接着她话锋一转:"真是太阳从西边出来了!也该修修了,我求你求了几个月了!"

可以想象她男朋友听到此话后可能的反应:他感到很不痛快,还赌气说"几个月不修不照样过吗?以后还是让太阳照例从东边出来吧!"

本来她看到男朋友的转变很高兴,想借机夸奖一番,但却不合时宜地捎带了一些贬低的意思。这样情况就有些不一样了。要是我给你一块钱,跟着又把这一块钱拿了回来,你一看手里的一块钱没有了,就可能恼火。现在她一开口说的是"亲爱的,我很高兴",诚心诚意地夸奖了她的男朋友,然后又说"真是太阳从西边出来了,我求你求了几个月了",把鼓励的意思撤销了,等于收回去了那"一块钱"。她的男朋友就必然会不痛快。他听到了一点鼓励,却不觉得愉快,因为他同时也被泼了一盆冷水。

我们的赞扬应该是纯粹的、鼓励的。

不要掺进去一点点对于以前没有做好什么事情的责备。有了好的转变,就不要再去清算以前的旧账,而要使你的反应合乎现时的情况,要热情真挚地谈论今日做出来的好事。

钱小姐如果这样对她的男朋友说:"亲爱的,你把窗户修好了。太好了,谢谢你。"再加上一个热情的吻,这样的效果是不是好得多?这里的关键是要对好事表示赞赏和鼓励。

集中力量来夸奖现在所发生的好的事情,要比重提以前使人恼火的事情有益得多。

夸奖的话能够促进有益的**行动和转变**。即便是无意中夸奖的话也会被人记在心上,即便不能够从理性上加以解释,也仍然具有支持和鼓舞的力量。

"无意"中的鼓励

在我们手头上,有一个有趣的实验报告。实验表明,即便是无意之中显示出来的夸奖赞美,也具有强大的力量。

这是以大学二年级一个班的学生为对象进行的实验,目的是研究人们的行为在受到赞扬或受不到赞扬时有什么改变。

实验人员首先对学生们平时谈论时事性的话题的多少做了一番统计,然后

同他们一个一个地交谈。每当学生说什么时事性的话题，实验人员就有意地显出很感兴趣的样子，往前挪挪椅子，同学生热烈地交谈，而且全神贯注地听对方的谈话。

可是，学生一讲起别的事情，实验人员就以某种方式不显得粗暴地"把电门关掉"，例如不再注意听而看着窗户外面，摆弄指甲或直楞楞地看着远处。如果学生回到时事性的话题上来，他就又表示支持，重新集中精力来听，表现出很大兴趣来。

到这项研究结束的时候，学生谈天当中议论时事问题的比例明显增加。向他们问起同实验人员谈话的情况，他们都异口同声地说："他这个人不错，我们聊得很投机"。几乎没有一个人觉察到实验人员的意图是使用鼓励的话和变换注意力的方法操纵对话，他们都受到了这种方法的很大影响。

神奇的心理学方法

在心理咨询和心理治疗及实验性研究中，针对精神分裂症患者那些稀奇古怪的举止，采用心理学手段进行纠正，也取得了令人激动的效果。这种手段就是适时地给患者以诚恳的赞赏和鼓励，就像给患者服用了一剂神奇的新药。不过这种药只是一些亲切体贴的话语。每当病人表现出一点点健康行为的迹象，就全神贯注地加以赞扬，对他们表示支持，使他们得到鼓励。当他们做出不正常举动时，则对他们置之不理。简单地说，这种方法就是：

对健康的举止表示赞扬(或鼓励)。

对病态的举止则置之不理(或给以否定)。

美国著名心理学家艾琳·卡瑟拉治疗过一个病人，充分证明了上面这个公式的威力。这个病人的名字叫查利，他曾被称为"英国最严重的病人"。

鼓励激活了"废物"

查理懒得出奇，一天到晚坐在椅子上什么事情也不做。他很难得抬起头来看看或者动弹一下，30年来没说过一个别人可以理解的字。医院里的护士把他叫做"废物先生"。以成功或失败而论，可以把他叫做"英国最不成功的人"。他对于生活任何方面的障碍、竞争、努力或者争取成功都毫不关心。他完全是可怜、可悲的典型，是个彻头彻尾的"废物"。

实验所提供的方法是对他做出的最微小的反应都给以鼓励。对他脸上或嘴上任何一个动作都给以鼓励。心理学家和实验人员注意他的鼻子是不是抽动了一下，是不是哼了一声或者打了一个嗝，这样才能开始鼓励和引导他做出健康的动作。

最厉害的惩罚

实验人员首先主动去与查理打交道，与他接触。开始时极力诱导他说话或做各种动作，并努力去成为他眼中的"熟人"。过了一段时间以后，真的混熟了。当查理闷不作声或者做出一些非正常动作的时候，实验人员就转移视线，不去理他。不理睬——这是实验人员对查理采取过的最严重的惩罚。实验人员对他从来不大喊大叫或者发脾气，更没有采取过激的手段。

在研究工作进行到31天时，奇迹发生了——查理说起话来，还大声地读起报纸杂志来，而且对实验人员所提出的问题有百分之九十以上回答得正确。这个实验使用的具有强大魔力的武器都很简单，就是"查理先生，好"或"我喜欢你这个发音"等等鼓励他的话。

诚恳的鼓励确实具有强大的魔力！

诚恳的赞扬是一剂不苦的良药

在心理咨询的工作中，我们深深感到，亲切、诚恳、积极的赞扬和鼓励中包含着浓厚的真挚感情，它对咨询者的健康有着神奇的疗效。这种感情营造了一种充满赞许和理解的气氛，连一个在情感上死去了30年的人也能受到激励，去听、去学、去动，去发生变化。那么，我们难道不能比他做得更好？

如果你在生活中发挥积极鼓励的作用，想想你也能够取得什么成绩吧。不论你希望的是什么——使你的恋人对你比较温柔，让你的老板赏识你，让你的父母和朋友更看重你……就用诚恳鼓励的方法去达到你的目的吧！

给自己一个拥抱。

既然你已经开始考虑诚恳的鼓励所具有的力量，我希望你不要忽略：在

你的生活中，有一个人需要靠你的支持鼓励和理解，才能兴旺发达，并找到好老公。

这个人就是你自己。

诚恳的赞扬不仅对于促进别人做出你所愿意的事情是不可思议的手段，而且你可以使用这种力量帮助自己努力找到好老公、求得发展。命运不是操控于别人之手，而是掌握在自己手中。只有靠自己的支持、理解和鼓励，才能攀登上成功的顶峰。对自己的赞扬和鼓励不应是自负或自吹自擂，而是给自己加油、鼓劲。

表扬给人鼓励，惩罚让人泄气

在你给自己挑毛病的时候，请记住上面这句话。**对自己亲切厚道。**才能发生良好转变。如果你想要尽快学会新的待人处事方式或者新的本领，就要很注意给自己打气。善待自己，我们用一句话表示这种态度，就是：

给自己一个拥抱。

特别要记住的是，在失败或者犯下过错时，我们要公平地对待自己。给自己一点鼓励，尊重自己过去做出的努力，欣赏一下过去的成绩，相信付出总有回报。假如你只一味地自责、自暴自弃灰心丧气，你就会停滞不前，一事无成。要记住，

消极泄气除去破坏你的动力之外毫无作用，而积极鼓劲是确实起作用的。

从下面的典型事例中我们也许能受到一些启发。

你已经戒烟一段时间，又重新吸了第一支烟，请不要过多埋怨自己。你从朋友手里接过来一支烟，当时几乎还没有搞清楚是什么东西就稀里糊涂开了戒。你觉得遗憾，因为产生了一个难以解决的问题。你还不知道是怎么回事，已经在嘴上叼起了点着的烟，一直吸到了最后一口。

怎么办？停止对自己的申斥。

这时候对自己过于严厉地斥责是不公平的。要记得你已经能够戒一次烟，第二次再戒烟就容易一些了。单单为了你想要停止吸烟，为了你很长一段时间没有吸烟，就要拥抱你自己，并且再戒烟，你以前戒了烟，所以也会再戒的。

俗话说，万事开头难，能够戒一次烟，证明已有了良好的开头。通过自己不懈的努力，以后会做得越来越好，逐步把烟戒掉。

对于一般人来说，知道自己已经失败了的时候，还给自己鼓劲是很难办的。但是，要给自己鼓劲!持消极态度对待自己，于事无补。因为消极态度会扼杀一个人未来做事的动力，并且使人没有能力去改进自己。

譬如说，一个人计划进行晨练，决心把身体锻炼得更结实，形体更健美。计划制订好了，万事俱备，只欠东风。她头天晚上就早早上床睡觉。

第二天早晨，闹钟响了，可是她还十分留恋温暖的被窝，还想继续她的美梦。"再睡10分钟吧"!10分钟过后，她又决定再睡10分钟。这样一拖再拖，最后连匆忙洗漱、赶去上班的时间几乎都不够了。

发生了这种情况的确会令人遗憾。但是即使这种情况持续了一个星期，你也不应泄气。为了你头一天晚上把闹钟拨早10分钟和想要锻炼——

给你自己一个拥抱。

要在心里耐心地对自己说："我会很快摆脱这种情况，会一点一点锻炼起来的。"如果对自己宽厚，是会做到的。要有所改变是不容易的。但是，如果不对自己过多责备，对自己那些不适当的行为要像实验人员对待查利那样置之不理，改变就会来得较快。要记住:

支持鼓励能够使你待人处事成熟，所以要集中精力注意你自己那些健康而积极的行为。

能想到去尝试某件事情，其想法本身就应得到鼓励。如果采取行动做成一次，更应受到赞扬和鼓励。要为自己的一次成功尝试拥抱自己，鼓励自己还要坚持下去。只要给自己鼓励，成功的比例就会增加，继续尝试的欲望和学会新事物的动力也会增加。

他们为何欠揍?

生活中，我们常常听到有人生气发火时情不自禁地说出:某某某欠揍!

说这话是有心理学根据的。不过，如果你真的揍他一顿，你却是从另一角度来鼓励他与你作对，这种效果与你赞扬他几乎没有什么区别。

我们为什么希望得到赞扬?因为赞扬能使我们感到被关注、被重视，而指

责也能。当别人做出使我们恼火的行为时，我们大多数人会表示极大的关注，这种关注可能恰恰是支持鼓励了那些行为。认识到这一点，我们便能平静、理智地处理这些行为。

指责和抱怨如同微笑和赞许一样，都是给予关注的形式，都会对行为产生一定的影响。

尽管人们都说只需要爱和温情，但当没有指望得到积极的鼓励时，人们就会寻求任何一种有可能得到的关注，甚至是谩骂体罚形式的关注。

心理学家曾经做过一个实验，实验的目的是测定正常人在不受外界刺激和没有人与人之间互相关系时所发生的情形。实验结果很能说明上述道理。

实验的对象都被同外界完全隔绝，各自躺在一个小房间里，每隔一段时间工作人员会去询问她们在想什么、有什么愿望。起初，她们都回答说觉得挺舒服；有人说，让她休息睡觉很满意；还有些人产生了有关食物、趣事和性的愉快幻想。

但是，随着时间的延长，这些人越来越抱怨身体不舒适，感到孤独寂寞。最后，在实验快要结束的时候，每一个试验对象都说脑子里集中在想的是希望得到任何一种刺激。许多人说非常渴望身体接触什么东西或者引起某种形式的注意，甚至愿意有人来推动一下或者打一顿。

看过金庸《鹿鼎记》的人会记得这样的情节：

建宁公主成天待在宫中，没有知心人和一起玩耍的好朋友。公主深感憋闷。一天，小桂子(韦小宝)与公主的一个丫环亲切交谈，公主深表嫉妒，便耍起小姐脾气，硬要小贵子喂她点心吃。小贵子气急之下打了公主一耳光。公主当时只觉一声晴天霹雳，感到特别震惊，从小到大无人敢如此放肆。但是一阵疼痛后，她反而觉得很痛快、很好玩儿，毕竟从来没有一个下人这样触及她的玉体。于是她厚着脸皮又要让小贵子骂她、打她，并命令小贵子当夜子时去宫中与她摔跤。只有这样，她才会觉得痛快。

在我们接触的人中，也遇到很多类似的例子。一些父母在抱怨孩子"淘气"的时候说，他们相信自己的孩子常常"简直是故意找挨揍"。如果调查一下这些作父母亲的人，热情拥抱和抚摸孩子的次数究竟有多少，一定很有意思。如果他们很少抚摸孩子，孩子能够设法同父母有身体接触的路子大概只有挨揍了。

人们要用他们可能的办法来取得他们所寻求的注意和承认，而不管为这种交流要付出什么代价。如果能干、有才华、干劲大就能得到很多鼓励支持，那就好极了！人们就会尽力成为能干、有才华和干劲大的人。但是，假如只有懒懒怠怠、稀奇古怪、表现反常才能使他们所重视的人引起注意和表现出兴趣，他们肯定会那样去做。

在日常工作和生活中，我们不知不觉地把大部分的注意力放到了我们所最痛恨的行为上了。如果孩子们表现得很好，当父母的就容易视而不见或者不理不顾，而去注意他们"最吵闹、最淘气的表现"。我们意识不到：正是由于我们自己给予了他们所期望的关注，在实际上助长了我们所抱怨的那些事情。主观上我们当然不希望此类不愉快的事情发生，但是结果却与我们的愿望相反。所以，我们以为自己不愉快是别人给的，就牢骚满腹，而不承认这痛苦之所以继续下去，其中也有我们的责任。

在我们的咨询工作中，有一个肥胖的妇女，抱怨说她的丈夫总是往家里买奶油糖果，诱使她吃多了甜食，从而发胖。很明显她把发胖的责任完全推到了她丈夫身上。通过深入交谈，了解详细情况后，我们发现只有在她的丈夫给她买来甜食的时候，她才对他露出笑容。她是在无意之中支持鼓励她的丈夫帮她发胖。可以说，过错不在她丈夫，而在她自己。

还有一位前来咨询的男人，因为妻子很少同他进行房事而对妻子烦恼。详细了解情况后，我们发现他往往在妻子表示拒绝的时候，欲望更强烈，更主动地去拥抱妻子。于是妻子便以"拒绝"的假象去赢得丈夫的爱抚和拥抱。我们因此建议他在自己有欲望时先多说些温柔的话，调调情，主动地去拥抱妻子，不要只顾自己的欲望而不顾对方的反应。当我们再一次见到那位丈夫时，他的神情很是满意。

善意的"罪人"

常常，我们怀着善良的意图，却总是帮倒忙。一旦我们发现自己所爱的人犯了错就指责争吵，给以关注；一旦发现孩子犯了错，便破口大骂，甚至揍上一顿；可是他们表现尚佳时，我们却认为理所当然，连起码的一句表扬都没有。这样，就等同于给了消极方面以鼓励支持。所以，我们是有罪的破坏者！我们的无意识行为已经助长了他们的过错，这是我们做梦也想不到的。

但是，我们也不必过多地埋怨自己。给自己一个拥抱吧，相信自己能克

服以前的过错，在采纳我们的方法后，定能取得良好的转变。

自己保护自己

为了现在就把过去的习惯改变过来，每个人需要有一位保护人来帮助自己。那个人必须不训斥人，而且很能善解人意。世界上只有一个人能够胜任这个角色。

那个人就是你自己，你是你自己的上帝！

我们自己对自己最了解，保护人理所当然地应当由我们自己来充当。

现在请同我一起练习取得成功的本领，你来当自己的保护人。假设你遇到了这样一个难题：你下了决心说话不再带口头禅，已经试了差不多两个月，但是似乎总也改不了。每次你脱口而出口头禅的时候，你就对自己特别恼火，并且很刻薄地埋怨自己："我怎么这样荒唐。我已经说过一定不再带口头禅，真不能相信我的嘴还是这么臭！我真是个大笨蛋，说了话办不到，总也改不掉这个老毛病！"

讨厌自己于事无补！它还会毁掉你的自信心。

正是这种无情的语言使你难以克服说口头禅的习惯。你应该把你的保护人（就是你）找来，让她鼓励你做出不再说口头禅的明智决定。我们不是天才，要改变已经根深蒂固的说话模式是很难的。它需要花费时间。

其实，你应该为你觉察到自己的口头禅，并且想要努力控制自己说口头禅而感到骄傲，应该给自己一个拥抱。要在心里热情地对自己说："我要尽可能快一些不再说口头禅。现在，我来想想看怎样能够把刚才的方式变一变，用一种不带口头禅的方式重新说一遍"。

不要浪费时间去责怪自己，相反，要集中精力去梳理一下所涉及的事理。一方面把事情想得全面些，一方面又不能把事情的一个部分无谓地夸大。从哲学角度说，就是要区分主要矛盾和非主要矛盾、矛盾的主要方面和非主要方面，区分每个事物的不同作用和不同地位。要始终看到，积极因素是我们的主要方面。

我们要善于发现自己的错误，又要善于修正自己的错误，一个优秀的乒乓球运动员会在自己失误或失败后反复揣摸减少失误的打法及应付对手的办法。我们常常看到世界冠军王楠在击球不中之后，往往重复一下刚才击球的动作，用正确的击球方法打一下。

如果你改掉了一个旧习惯，你的朋友和家人总是会注意到的。他们也许悄悄地佩服你有改掉毛病的能力，但有可能像你原来不会及时地给予别人鼓励一样，不当面称赞你。虽然他们心里可能很想鼓励你，却可能没有那种用言语来鼓励支持的本领。

所以，你来努力鼓励支持自己就是非常重要的了，要大声地赞扬自己。注意到自己说口头禅的时候，就要改正，然后微笑一下，给自己一个拥抱说："太好了，我又抓住了这个口头禅，我就会改掉的，因为我一定要改！"

出了差错，靠臭骂自己一顿是改正不了的，只有采取积极态度才行。

如果你对待别人和自己比较宽厚了，别人也会学着这样去做。过一段时间，他们会仿效你的办法，也来鼓励支持你。只要对你自己温和亲切一些，你的老毛病会在不知不觉之中彻底改掉。

在你不断鼓励自己的过程中，你会逐步增强自信和自尊自爱的情绪。你在情绪上为自己的努力感到欣慰并且把自己当做一个可敬的人的时候，也就不知不觉地学会了爱和尊重别人。

下面是供你做练习的作业，可以作为你改善生活方式的一个步骤。把下列警句每天读几遍。

努力不怕小，只要在进步，即使只进步一点也要鼓励自己，对自己和他人要鼓励支持，诚恳地鼓励＝成功＝胜利！

[照镜子]成功者与不成功者的鉴别表(9)

在本章里，我们已经讲了一些你可以用来积极地影响别人的行为和有助于发展与改进自己的方法。下列各点将会使你进一步理解如何去开发这种个人力量的"宝藏"。

不成功者

1.对于别人做出的积极行为视而不见，对她们觉得恼火的事情却抓住不放。在健康行为露出苗头的时候，她们往往看不到，反而加以惩罚。所以她们想改的毛病很少能够改掉。

2.在很难得地夸奖别人的时候，还要重提别人以前出过的每一个差错，捎带着泼一盆无形的冷水，她们夸奖了别人，结果使别人觉得委屈、恼火，顶起牛来。

3.学得慢、改得慢的时候责骂自己，说"我是在出丑"、"我花了这么多时间，真笨"之类的泄气话，泄自己的气，把自己的动力扼杀掉。

4.对于别人所做的那些她们最讨厌的事情，从消极方面给以注意，这样就支持和助长了这些事情。消极的注意就是训斥、唠叨、埋怨或者体罚。

5.总是盘算自己失败过多少次，于是便泄了气，很难改掉毛病。她们习惯于注意犯的错误，而不注意自己的力量。由于犯了错误就过多地惩罚自己，所以害怕抓住机会，不敢尝试。

成功者

1.认为某人说的话、做的事值得尊重的时候，"当场"就诚恳地表示鼓励支持。别人朝着她们所希望的方向做出一点努力，她们就给以支持。她们懂得，进步是一点点积累起来的，是要经过不断鼓励慢慢取得的。

2.给人以诚恳和感激的鼓励，不附带泄气的话。这样来推动别人前进。她们只谈现在发生的事情，热情亲切地鼓励当前值得赞扬的行为。

3.每前进一步都鼓励自己一番，因而比较容易学会新东西或者改掉老毛病。她们在朝着目标前进的过程中，只要做了尝试，取得了一点点成绩，就要表扬自己。

4.对于不喜欢的事情采取漠视的态度。她们简要而热情地把希望别人怎样做告诉别人，注意别人有了一点点积极行为的迹象就热情地给予鼓励和帮助。

5.犯错误的时候，由于自己敢于尝试并且愿意正视所犯的毛病，便对自己加以鼓励。她们对自己出现差错之前取得的成绩感到满意，而不是只注意犯下的错误，所以对自己已经付出的努力持积极的态度，沉浸在热烈的情绪之中。

三、不做泼冷水的人

男人最喜欢的是什么女人？是经常能给自己鼓励的人；男人最讨厌的是什么女人？是那种经常给自己泼冷水的女人。

人类本质中最殷切的需求是渴望被肯定。人们对于渴望被肯定，绝不亚于对食物和睡眠的需要。无论在工作学习中，还是在家庭生活中，人们都渴望得到认同，希望能和别人友好相处，从别人那里得到支持和帮助。

在谈恋爱和日常生活中，我们却常常见到那些很气恼地指责、挖苦、甚至怒斥别人的人。她们心里想的也许是我在告诉你、帮助你，你为什么就听不懂？我让你朝东，你为什么朝西？因此而恼火，把别人的情绪搞得乱七八糟。这种人，就是通常所说的爱泼冷水、大杀风景的人。她们的行为破坏了别人的自主性，扼杀了她们所希望别人做出的事情，成为"连年失败的失败者"。她们不可能从别人那里得到她们所需要的帮助，她们自己却全然不知这种结果是由自己的行为造成的。

如果你想要成为一个成功者，就不能够"单干"。不论在谈恋爱等个人私事方面还是在工作方面，你在达到自己目的的道路上都需要取得别人的帮助。让我们从"你有可能以什么方式使别人不情愿向你提供帮助或者情愿按你的要求去做"这一角度做些探讨，清除掉爱泼冷水、杀风景的老毛病。

事与愿违

当我们谈恋爱时，有时我们越希望男朋友按照我们的意志去做，他们越不听，这是为什么？让我们看看小时候我们的父母是怎样教育我们的，也许能得到一些答案。

"天底下哪有父母不爱自己孩子的，我骂你、打你全是为你好啊！我怎么有你这么不争气的孩子！"经常能听到一些家长这样抱怨。"望子成龙"是家长们的共同心愿，可许多家长在教育子女时虽然怀着爱心和最良好的意愿，却采用唠叨、指责、甚至惩罚手段，使子女产生逆反心理，"望子成龙"变成"事与愿违"，这成为家长们最头疼的问题。据了解，孩子与家长之间存在"代沟"问题，孩子成绩不好，好惹事生非的家庭，家长管教孩子多采用极端否定

的态度，最常说的话是：我就知道你不行，没长那好脑子；你笨得要死，就不是学习的料；好事没你，坏事总跑不了你，不争气的东西等等。孩子的反应常常是：我就这么笨，学也学不会，不如不学，你都说我不好了，好了也没用等等。可见，消极否定态度是造成事与愿违的根本原因。

降低行动的积极性

男人对待泼冷水女人的办法只会是冷淡，没有兴趣。看看小孩子对待大人们泼冷水的态度，就可以略见一斑。

为了逃避劳动，小孩子最常采用的办法是装病。这种现象在日常生活中很常见。为了逃避惩罚、逃避指责，人的行动上、心理上、机理上都会产生一系列的对抗反应。

经常遭到消极否定的指责、批评，就可能产生精神抑郁。心理紧张、害怕。年龄小的学生会不愿上学，心理上的痛苦反映到生理上，感冒了、咳嗽了、发烧了、头痛、没精神等症状就会出现。年龄大一些的会想：我就这样，看你还能说什么？反正做什么都不能落个好，做什么他们都不会满意，我什么都不干，不给你说的机会。

孩子的对抗心理增加了父母的烦恼，父母的消极否定态度引起孩子的反感，家庭感情陷入了危机。

这种情况对大人也是一样，消极的东西多了，心情不好，病多，抵抗力也下降。对泼冷水的女人，你讲得再对也不会听。

你是狂风还是太阳？

你是否听过狂风与太阳比力量的故事？狂风与太阳结伴而行，看到前边路上走着一个身穿棉袄、头戴棉帽的老汉，狂风提出与太阳比力量，看谁能让老汉脱下棉袄，摘下棉帽。狂风先来，它弊足一口气，直吹向老汉，老汉赶紧拉低棉帽，裹紧棉袄。狂风一见，打一个滚，转着圈地狂卷过去，吹得天昏地暗，大树枝折，小树杆断，再见老汉缩成一团，紧裹着棉袄，双手拉着棉帽，狂风没能让老汉脱下棉袄，摘下棉帽，泄了气。这时太阳出来了，缓缓照下来，大地恢复了平静，老汉舒了口气，不再紧裹棉袄，抓着棉帽的手也放开了。太阳逐渐升高温度，老汉解开帽带，敞开大衣，随着温度的升高，老汉头上开始冒汗。太阳转而直射，老汉抬头看了看头顶的太阳，说了句真热啊，脱下了棉袄，摘下了棉帽。

在谈朋友时，我们是不是也有这样的现象呢？

你如果像狂风那样，强硬地去刺激、指责、批评男朋友不按你的要求去做，不与你合作，只能引起对方的反感、戒备、反抗，你的愿望很难得到满足。

如果你采取太阳的态度，了解对方的心理，慢慢地去引导、鼓励、感动，你的要求就会得到重视，人们愿意与你合作，你的愿望随之得到满足。

消极否定的办法不起作用，积极肯定的办法才起作用。

当我们认识到这点时，采取积极的态度同男朋友交流沟通，是特别有力量和令人精神振奋的。然而还有许多人，在许多时候仍然采用消极否定的办法去对待别人，让我们看一看她们的表现，分析一下该如何引导她们走出与人交往的误区。

好心当成驴肝肺

小荣和小李又吵架了，谈恋爱以来两人总是吵个不停。上次因为小李买了一束花送给小荣，小荣怪小李瞎花钱，一束花不当吃不当喝，还占地方，花那么多钱不值得。小李原想着谈恋爱这么多年，借着情人节的机会调节一下气氛，给小荣一个惊喜，让生活有点情趣。小荣的一瓢冷水泼下来，小李的兴致一下就没了，心中升起一团无名火。这次又因为什么呢？小荣学习美容美发结业了，想自己开间美发厅，让小李出去找间铺面房，小李找来找去，忙活一天，也没找到合适的。小李想合适的房子不是那么容易就能找到的，跑了一天也该有点收获，就顺便买了一些美发用具。小荣一听房子没找到，看都不看美发用具就发起火来，"笨蛋，这么长时间，连间房子都找不着。没房子美发厅开不成，买这些东西干什么，瞎花钱！"小李被气得发誓永远不再管她。

有很多恋爱对象也像他们一样，相互间只是抱怨对方不理解自己，自以为是，给对方泼冷水。可是往往不知道是他们自己打消了对方表示温柔和支持的念头，把别人的帮助堵了回去。因为他们不知道成功者该如何行动。如果他们能注意到对方有了一点点反应就加以鼓励，就能促使别人帮自己，生活也就有了大改观。不信试试看！

还好，没摔着

一个暖融融的早春的中午，在一幢楼前的草坪上，我看到几位年轻的母亲在教她们的孩子学走路。其中一位母亲发愁地说："我们莹莹真让我发愁，学什么总比别人慢。你看人家大伟都能自己走了，他俩一样大，莹莹却一步不肯走，扶她站起来，就坐地上，她怕摔疼了。"原来，在莹莹刚刚迈出第一步时就摔倒了，坐在了地上，家长没有引导她接着走，而是说，还好没摔着，只是坐地上了，给孩子的感觉是坐地上是个聪明的行动，比走路好，结果扶莹莹站起来，她就自己坐地上，根本不迈步。不是莹莹学得慢，只要引导她迈步，有了迈步的想法，往前挪一点点，就有了迈出第一步的希望，鼓励她自己爬起来继续走、引导她，一步步地积累，她就能走稳了。

在生活中，每当别人朝着你所希望的方向有所接近，就及时地加以鼓励，给他信心，促使他采取行动，他的反应也就逐渐接近于你的目标。就像孩子学走路一样，需要迈出许多很小却是必需的步子，进展是点点滴滴、一步步地几乎觉察不出来的积累，在你的引导、鼓励、帮助下，从站不稳、晃晃悠悠不会迈步开始，每挪动一点都是接近目标的积累。要记住：得到一点帮助就胜于得不到帮助，而且不管什么样的帮助都会使你接近于目标。

下面这张图表示的是你实现自己的目标所需要经过的步骤：

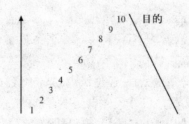

完成步骤1至步骤10以达到目的

以小荣和小李的情况来说，小荣想开个美发厅(以山顶处的10表示)。在通往这个目标的路上有许多要采取的步骤，分别以各个数字表示。例如，步骤1可能是找到合适的铺面房租下来，步骤2可能是根据房间情况进行布置，步骤3可能是办理各种手续，而步骤9可能才是根据发展阶段购买所要的专用工具。

小荣不了解，别人帮助她解决问题的次序是无关紧要的。如果你搞成一件事情需要采取10个步骤，别人在步骤3或者5上帮助你，同在步骤2或者4上帮助你是同样可贵的。帮助你完成了任何一个步骤，都是解决了10个问题当中的一个，都是使你朝山顶接近了一步。

如果一个人只以自己为中心，寻求帮助时，以自己的需求为标准，如不能满足就横加指责、挑剔、抱怨，那她就可能不会再找到愿意提供帮助的人。只能是个失败者。因为谁也不愿费力不讨好，花费了很多工夫，得到的却是指责、批评。

无所不能的代言人

对人采取过分消极否定的态度，能够使人减少某一方面的行动，或者根本就不在这个方面有所行动。有很多恋人无意识地在感情上相互折磨，以爱为借口，不让人说话，整个成了对方的代言人，以致双方难以正常交流，生活沉闷。

英子和小田就是最明显的例子。英子很爱小田，不论生活起居，还是兴趣爱好，方方面面地照顾小田，认为他什么都做不好、做不对，故处处由她做主、由她代言，根本不考虑对方的感受，这使小田日渐沉默。

他们不论单独在一起还是同朋友在一起，英子总是以保护者、教育者的身份出现。小田堂堂一个男子汉却插不上一句话。英子最常说的一句话是：什么呀，你应该这样想。

英子不是打断小田的话，就是挑他的毛病，好像自己什么都对，什么都懂，小田没有机会表达自己，为了不争吵，甚至不再说话，好像说话是多余的。英子想给小田买件上衣，他们到了商场，小田说"这件蓝色的不错"英子立即说："什么呀，看着老气横秋的，还是浅色的显年轻，你适合穿浅黄的。"在那么多人面前小田不好反驳，只好买件自己不喜欢的。

平常说话也是这样，小田想周末到公园里散散心，说"我们去植物园吧，花草树木，空气好，心情也好。"英子马上接口"花草树木有什么好看，去个有山有水的地方，玩起来多痛快。"小田于是很憋气。

特别是和朋友在一起时，小田怕伤面子更是不愿张口。英子总像个没完没了训斥小孩子的母亲一样，让小田出丑。

小田常常自己不张嘴，让英子一个人讲话，因为他害怕引起争吵或者挑起争论。他以保持沉默来防止英子用吹毛求疵的批评伤害他的感情。

英子以爱为借口，对小田挑剔、指责、唠叨，自己意识不到自己的行为扼杀了小田的主动性。

挑剔指责不会带来成功

没有人希望被别人指责，谁对谁错也是个很难分清的问题，尤其是谈恋爱时间较长后，双方都会竭力为自己辩护，想方设法指出对方的错处，语气咄咄逼人，争论不休，导致双方都是失败者。

不要指责对方！

心理学家分析过数以万计的恋人夫妻吵架的案例，发现他们之所以陷入困境，毫无例外地双方各有一半的责任。清官难断家务事，谁也分不清哪个是"好人"，哪个是"坏人"。

在你的生活中，如果你确实感到你的恋人或别的与你有重要关系的人不断地伤害你的感情，或者总是做你讨厌的事情，那绝不是偶然的。信不信由你，每一件相互关系当中的不愉快的事件，里面都有你的责任。

也许你也曾碰到过这样的情况：

你的男朋友小张告诉你讲座改了教室，你到了新改的教室，看到的却是上自习的同学，问谁也不清楚是怎么回事。你急忙去找教室，耽误了时间，讲座没听成。事后你找到小张责问："为什么告诉我错的教室？"你把你怎么着急，怎么找不到知道情况的人，怎么耽误了听讲座等等，连珠炮似地倒出，接着怪罪他全是他的错。而他一定会反唇相讥："是你自己听错了，这些全是你自找的，以后再也不帮你了。"

人人都想证明自己是对的，错误出在别人身上。

于是，你们回想当时的情形，唇枪舌剑，一个很难弄清的问题，争论了半天，就是分清了谁说错，还是谁听错了有什么意义呢？除了生一肚子气外，失去了一份珍贵的友谊，很多情况下，双方一时赌气，有可能就此分手。

成功者的明智做法

争论没有胜利者，即使在争论的问题上，你是胜利者。是小张告诉你错，失去的时间会倒流吗？耽误的讲座会再讲一次吗？不会！因为争论使你们又浪费了许多宝贵的时间，消极的情绪像滚雪球一样越滚越厉害，结果除了憎恨，你什么也没得到。

成功者采取的是有利于解决问题的积极办法。他们不再在"你昨天出了错"上浪费时间，而是同大家一起合作，努力于今天把事情办好。

当你处于一场矛盾的中心时，最需要的是负起责任来。成功者会很友好地说："也许我一时粗心听错了，耽误一堂讲座真遗憾。"小张会被你的大度所感动，把笔记借给你，帮你补回损失。没有争吵，又促进了友谊。增进积极和谐的情绪是很重要的，你能替别人着想，对人体贴关怀，他的主动性和创造性也就得以发挥出来。

成功者不指责对方，她们勇于承担一半的责任。

"一个巴掌拍不响"这句俗语，告诉我们许多深奥的道理。成功者发现自己同别人发生争执时，积极主动地承担一半责任，鼓励对方，共同努力改进自己的生活。成功的诀窍是认识到了争论、指责会给自己造成什么样的伤害，给自己的生活带来什么矛盾，自己的目标是什么，勇于承担责任，清除通往幸福之路上的障碍，此时，你就是朝着成功前进了。

｛心理体操｝练习8：避免争执

不论是谈恋爱还是在日常生活中，对不同的问题会有自己的看法，和别人有分歧，讨论、争论是难免的，重要的是当这种情况发生时，该怎样去做。

检查一下你有这样的口头禅吗？

A类

——"发生争吵全是**你的错**。"

——"是**你起头**闹的纠纷。"

——"应该承担责任的**是你**。"

——"我是对的，而**你明明知道你是错的**，所以我非常失望。"

B类

——"**我**干了些什么才引起那场争吵？"

——"**我**是怎么把他惹火了？"

——"**我**是怎么惹恼了人、使人家不高兴的？"

——"**我**有什么地方莽撞了？"

A类是失败者的口头禅，这样讲话是起破坏作用的，会妨碍你采取获得成功的办法，每当你指责别人时，你脑子里便全是失败者的一套想法，问题不会解决，也没有改善关系的可能性。在争吵当中，没有一个会成为成功者。你想学会同别人比较成功地交流沟通，减少同别人争吵，首先要记住用一切可能的方式对对方进行诚恳的鼓励。

请试着这样做——

找到对方面对面地交谈，讲一些和缓的话，例如：

"我还不太清楚自己这一方面是怎么引起咱们这场争吵的，可是我知道我一定是有责任的。请你告诉我，我错在哪里。我很想了解在你看来是怎么一回事，我太迟钝了。我认为你是个善良的人，愿意同你愉快地相处。"

"我们已经认识（相爱）好多年(好多日子)了，知道你是个很好的人。你对人体贴、真诚、正直。我不知道为什么把问题看错了，冒犯了你。我还搞不清楚是怎么回事，但是我现在愿意改正。我很珍视咱们的友谊(或者关系)，所以希望你给我指出。"

如果你很大度而诚恳地说一些起积极作用的话，你就启开了对方的心扉，当对方要把他的感觉告诉你的时候，也许会用那种"失败者"的方式来指责你，这时该怎么办呢？

B类是成功者的口头禅，它能帮你像成功者那样考虑问题和讲话。静静地听下去，不辩解，不争论，不解释你当时的动机、只是耐心地听，你会发现他的观点与你不同，你能得到很多重要信息，从中吸取到有益的经验教训。同时，时刻记着你是一个很好的人，你希望双方都恢复友好相待的气氛。

你是怎样对待爱泼冷水的人呢？是怒火中烧，大发雷霆，寻机报复吗？这是失败者的作法。因为泼冷水的人虽然使你恼火，却往往是出自好心。一般是恋人、夫妻、亲属、朋友出于爱而泼冷水，他们根本不晓得自己如何伤害了你，你大发雷霆时，很可能严重地伤害他，你们之间的关系受到的伤害，也许要很长时间才能平复。你如何表达自己对于别人的愤怒不满的情绪，又不至于损害彼此的关系呢？

请试着这样做——

想着：任何人在别人对他发火的时候都会非常难受。想让对方有所改变，

195

就得多多提醒他。使他知道你对这件事情多么关心，把表达不满的话说得很缓和，使对方在感情上接受得了是很重要的。记住：你的目的是想让他不要再泼冷水，让他尊重你，改善双方的关系。下面的训练，有助于你走向成功。

｛心理体操｝练习9：游泳术——积极态度训练

你会游泳吗？对，先伸出你的一支胳臂，然后又伸出另一支胳膊，不断有规律地用左右两臂轮流划水向前游。当你面对某个同你有分歧的人时，想象你的左右胳臂分别代表你对他的愤怒不满的情绪和对他的积极肯定的情绪。试试心理游泳术，假设对方是你的恋人，要先伸出代表积极肯定情绪的右胳臂，用轻松友好的口气先诚恳地说些肯定对方的话：

右臂："亲爱的，我非常看重你，这一点你是知道的，我确实爱你，需要你。"

左臂："我非常希望你对我有好感，所以生你的气也不敢说。"

右臂："我喜欢跟你交谈，同世界上任何一个人相比，我最愿意同你在一起。"

左臂："可是，昨天晚上你当着朋友们的面使我难堪，我生了气又不敢当时告诉你。"

右臂："我特别看重你的表扬，所以你说我哪件事情做得好的时候，我就特别高兴。"

左臂："但是你当时三番五次对朋友们说我大大列列，说我总是看着房子里乱七八糟不管，那可不是实际情况。你的话也确实使我难受了。"

右臂："你工作很勤奋，又很会买东西，所以凡是咱们买得起的这些值钱的家当我都很喜欢。"

左臂："可是你随随便便说我对这些家当不在意、不喜欢，当时我真感到尴尬。"

右臂："你为人是很宽厚的，给咱们的生活带来了很多美好的东西，我都非常喜欢。"

左臂："可是，当着朋友的面，专门说我匆忙中没有整理房间的事情，显得我总是邋里邋遢的，这可不是事实。"

右臂："我喜欢夸奖你，因为你确实应当受到夸奖，我也是一样呀，我希望你在朋友们面前夸奖我，亲爱的。"

感觉怎么样？不愉快的事情，消极的东西，被积极的肯定的东西冲散了，不仅告诉了他你的不满，而且帮他承担起他应负的一半责任，使他不再对你指责挑剔、唠唠叨叨、抱怨不满。使对方在心理上接受是很重要的，让肯定的话所占比例大大高于否定的话，按这种"积极的游泳"办法去做，就不会损伤与关心你的那个人之间的感情和亲近，你那种消极的情绪也就因得到沟通而消失了。

我曾参加过著名的华裔心理学家、国际公认的著名婚姻专家黄维仁博士的情感研习班，黄博士把这种男女恋爱之间的相互表达比喻成"爱情银行"：凡是让对方开心，觉得被欣赏、肯定或感受到爱，就是存款；凡是让对方痛苦，觉得被批评、误解或伤害，就是提款。你要提款，首先得有存款，这个比喻非常生动。

当你学会了用积极心态对待人生的时候，回过头来再看看这些话：

——"为什么你总也不能……"

——"你把这件事搞得乱七八糟还觉得对吗？"

——"像你现在这种速度，你不可能……"。

——"你怎么费了那么多时间？"

——"你要是不能干得好些，我就看不起你。"

——"我担心你要把这件事搞糟了。"

——"像你现在这样瞎凑合，永远也干不好！"

似曾相识，要注意这些消极否定的话，它们会损害别人的感情、自尊心和主动性，打击别人的情绪，使人不肯提供帮助。要成为成功者，要训练自己每天多说积极肯定的话，不要再拒绝别人为你出力，即便给你一点点帮助也是有益的。别说那些使别人泄气的话，对人充分加以肯定，人们就会喜爱你、支持你、关怀你和帮助你。时常照照镜子，端正一下自己的行为，告诉自己我要做到这点，我能做到。

[照镜子]成功者与不成功者的鉴别表(10)

当你需要的时候，能够争取到别人的帮助吗？你知道怎样在别人接近你的时候使她们感到愉快，并且愿意在你下次需要的时候为你出力吗？是否没有人愿意帮助你，使你不得不"单干"呢？

如果你一直在对周围的人说泄气的话，要改还为时不迟。请你对照一下以下各点：

不成功者

1. 极少对别人加以肯定。她们想让别人做她们所需要的事情时，用的办法是以蔑视的眼光、厌烦的叹息、苛刻的话语和体罚使别人感到内疚。这样，她们又给自己造成许多新的问题，因为她们给人的那些消极影响能够使人寒心、对立和懈怠。她们不能得到所需要的帮助，所以只能是不成功者。

2. 在发生了误会的时候，争执不休，力图证明自己正确、对方有错。她们在"责任属于谁"的问题上钻牛角尖，浪费精力像警探一样把一切证明她们有理的线索追究到底。她们这样做的时候，使别人再也不愿意帮助她们。

3. 在同别人的关系上出现问题的时候，总是责备对方。她们认为自己对于发生冲突是毫无责任的。她们的口头禅是："我没有错，毛病出在你身上。"

4. 听到批评的时候，产生敌对情绪，争执不休。她们不能从别人的反应当中吸取经验教训，而是以辩解和争论来拒绝别人的反应。

5. 非到问题"圆满"解决的时候不肯对帮助她们的人表示鼓励和支持，这样就扼杀了别人的主动

成功者

1. 能够求得必要的帮助。她们对别人做出的所有帮助行动加以称道和感谢。她们以微笑、赞许和表示亲切来充分肯定别人。她们总是热情地鼓励别人，极少说泄气的话。

2. 尽力维护相互关心的友好气氛。她们在发生争执的时候自己承担起责任，避免发生冲突。这样就使得对方很快消除了戒备，去做要做的事情。

3. 对于同别人相处发生的不愉快承担一半的责任。她们总是考虑："我做的什么事情引起了双方关系当中的不愉快?我是怎么惹得对方生了气?"

4. 发现自己同别人发生争执的时候，就坦率地同对方交谈，诚恳地给对方以鼓励，请对方"把你的意见告诉我"，然后就注意倾听，既不争论也不辩解。

5. 对别人的一点点良好的行动加以肯定和支持，使之发扬光大。只要别人提供了信息，给予了合作

不成功者

性。如果别人帮的忙不是完全合乎她们的心愿，她们就不肯接受，甚至恶狠狠地加以攻击。

6．只考虑自己的困难，全然不顾别人的处境，于是扼杀了别人的主动性。她们使别人感觉受到了轻视和冷淡。

7．对于向她们泼冷水的人，既不能做出有效的反应，也不能使之改变。她们试图以违心的自责、指责对方、讥讽对方、发怒、沉默或者全面退缩等等方法来阻止对方的攻击。然而，她们做出的这些反应解决不了任何问题，只能把事情越弄越糟，使双方的关系更加疏远，造成更多的痛苦。

8．被人泼了冷水的时候不知所措，拿不出一个办法，说不出一句整话，最后差不多成了哑巴。这是由于她们害怕对方驳斥她们的话，使她们当众出丑。

9．同爱泼冷水的人打交道的时候，常常把自己的怒气压制很长一段时间，然后突然大发一阵雷霆。这种做法使对方受到很大的打击，甚至使双方的关系从此断绝。

成功者

和帮助，即便同她们所要达到的目的只有一点点关系，也诚心诚意给予回报，寄希望于别人下次会提供一些更有用处的帮助。

6．对别人诚恳地加以充分肯定，承认别人做出的努力。她们对别人花的气力和取得的成绩全都给以回报，促使别人更加合作与进取。

7．她们知道，发火和挑剔指责对方常常是由于心中恐惧的缘故。她们了解对方可能感到困惑不安，所以同对方平心静气地交谈，做出亲切而使人心安的反应，改正对人说过的消极否定的话，并且指出对方取得的成绩，指出对方有办法把问题解决。

8．不能容许自己被人弄得哑口无言，而是既恳切又坚定地坚持自己的想法和意见。当别人想要打断她们的话训斥她们的时候，她们会说："我还没有说完"带着微笑，亲切地阻止住对方，自己继续讲下去。

9．被人泼了冷水感到难过的时候，坦率地讲出自己的想法，同时不断地表示自己对于对方的赞许和体贴，使自己表达的愤怒显得和缓。通过这种办法，她们宣泄了自己的恼怒，使对方不再泼冷水，而且维护了同对方的关系。

第四章

真诚如一

　　诚恳老实是让人喜欢你最可靠、最有效的办法。在女孩子的所有品德中，诚实最重要。诚实是立身之本，是待人处事第一准则。女孩子要找好老公，可以没有心机，可以没有其他做人的技巧，但绝对不能没有诚实正直的心。如果没有诚实正直的心，即使你一时找到了老公，甚至已经结婚生子，但随后的苦果却会与你终身为伴。

一、老公最怕的是真诚

合格的助手

一位年轻的护士第一次担任责任护士，而且是为一位赫赫有名的外科专家做助手。

有一台复杂的外科手术，专家和护士们艰苦地做了一天，那位责任护士，从清晨站到黄昏，一刻没离开手术台。

在即将最后缝合伤口时，女护士突然严肃地盯着专家，说："大夫，我们用了12块纱布，可您只取出11块。"

"不会吧，我已经随时取出来了，"专家断言道，"手术已经一整天了，大家都累了，立刻开始缝合伤口。"

"不，不行！"女护士高声抗议，"我清清楚楚记得，手术中我们用了12块纱布。"

专家并不理睬她，命令道："你不要管了，准备——缝合！"女护士毫不示弱，她几乎要哭着大声喊叫起来："您是医生，您不能这样做！"

直到这时，专家冷漠的脸上才泛起一阵欣慰的笑容。他举起左手心里握着的第12块纱布，向在场所有的人宣布："她是我合格的助手！"

后来专家鼓励这位护士说："人世间，除了权力、金钱等等之外，还有一个使人获得成功的秘诀，有了它，人的潜能可以成倍施展。这就是：诚实正直。

看了这个故事，你有什么感想呢？

在我们举行的研习班上，我们请来了几位成功的男士。听了这个故事，我们让他们举手：如果你没有找对象，是否会选眼前这位护士？

20位男士全部举手。

其中一位举起了双手，他曾担任某跨国公司中国区总裁，他说："对这样的女人，你是可以把一切交给她的。"

你也许没有想到，有一件帮助你找到老公的有力工具——那就是诚实。诚实是一个人有力量的象征，它显示着一个人的高度自重和内心的安全感与尊严感。诚实具有吸引力，会把老公吸引到你的身边。人们可能搞不清楚为什么被你吸引住了，但是他们会喜欢你，这就是诚实的好处。找老公，有时甚至用不着有什么别的技巧。

笨人有笨福

在现代社会，不知是诚实的人变少了还是人们越来越变精了，老实往往被看做"笨"、"傻"。而现实中，他们往往也是一次又一次地吃亏。有人受不了这一"亏"，于是也变得"聪明"起来，因此老实人已经越来越少了。他们不知道，真正成大气候者，莫非大老实人，因为成就大的事业是靠长期积累。说假话、玩虚的，把精力都放到这个方面去了，只能"打一枪换一个地方"，可能挣得一时之利，但永远也"玩"不起来。

在我们从事心理咨询工作时，曾经接待过很多成功人士。我们发现他们有一个共同的特点，那就是毫无例外地真实。在我手头就有这样的资料：

一家建筑公司的老板林先生是一个老实得有点不可思议的"傻子"。他每次招标总是把自己的底细全兜出来，原材料哪里便宜、货色怎么样、自己的质量水平如何……像一个在教师面前背书的学生。别人招标可以一次次地砍价，他就是没有这个余地。搞不成就只好拍屁股起身。尽管他也丢掉了很多赚钱的机会，但做事实在的名气传开了，笨嘴笨舌的他比起那些巧舌如簧的业务员中标率要高得多。

还有一位一讲话就脸红的装饰公司老板，在装饰行业竞争如此激烈的今天，他手里的活却多得干不完。其原因是价格低，质量好，完全为客户着想。他把每项装饰都当做一件艺术作品去追求，亏本的事情他也做。常常是一个小区建成了，找他的人多得不得了。当我们问他时，他说："人家赚钱也不容易，把活交给我们是看得起我们，不能对不起人。"

你在找老公或个人的生活、工作当中，可能由于诚实而丢掉了某些你需要的机会，但是，在漫长的人生旅途中失掉一次机会算不了什么。你需要的是建立起个人的信用，树立起正直诚实的名声。你应该使自己的话被人信赖，使别人知道你是靠得住而且值得信任的。

诚恳老实在找老公当中，可能吃小亏；但不诚实者在找老公过程中，即使一时占了小便宜，也会吃大亏。

节约了人生的成本

以上举的例子都是发生在我们身边的人与事，那些成大气候的人物更是如此。

华人首富李嘉诚在创办"长江塑胶厂"最困难的日子里，遇到竞争对手恶意的拍照。对手把镜头对准了他那破旧的厂房和工人们。他制止了工人们要拿下对方照相机的举动。当对方把这些照片登报后，他拒绝了旁人给他出的重新包装粉饰一番的反宣传策略。他背着产品实实在在地找到代理商，很诚恳地告诉他们："你们看，我们在创业阶段的厂房是够破的了，我这个厂长也是够憔悴且衣冠不整。但是请看看我们的塑胶花，还有我们自己设计的连欧美市场都没有的品种，我相信质量可以证明一切，欢迎你们到我们厂里来参观。"

代销商们惊奇地看着这个诚实勇敢的年轻人，以及他生产的优质塑胶花。在当时这个除了自己不敢相信任何人的社会里，他们为有这样忠厚真实而又优秀的创业者而自豪，真的到"长江塑胶厂"来参观订货。

如果李嘉诚把主要精力放在形象"公关"上，势必捉襟见肘，多费口舌，反而更说不清楚。因为当时的实际情况决不是靠粉饰包装就能提升企业形象的。若靠粉饰包装他**势必又要**编出更多的理由来弥补，造成虚假的恶性循环。所以，老实人有时虽然吃亏，但他们却摆脱了这种恶性循环，能把精力全部用在发展上，最终实现成功，他们节约了人生最大的成本。

女孩子找老公，难免会要被男朋友问这问那，如果自己的条件不太"好"，你是讲真话还是讲假话？对于你来说，就是一个考验。

在很多不成功的人身上，常常存在着怕说真话的顾虑。他们害怕讲出自己的感觉，怕坦率直言会遭到别人的否定和不满。这样做是很难同别人维持友谊的，同这种人相处很费劲。

"难得是诤友，当面敢批评。"陈毅元帅的这句话道出了交友为人的真谛。诚实的人给人一种稳健牢靠的感觉，是你一眼就看得出来的。你同诚实的人打交道的时候，用不着去瑞测他，用不着去猜想他想些什么、要干什么，真实的朋友怎样认为就怎样说，他们有看法，有意见，有自己的立场。你不用去担心他们是否生了气，是否在骗你，是否在搬弄是非。他们不会在背后议论你。他们如果同你有什么分歧，会直接找你亲切地说明他们的感觉。

保持本来面目最轻松

说谎其实不是件轻松的事。你有那么好的记忆力，能够记得住自己多年来说过的谎话吗？绝大多数人对自己生活中发生的实际事情都是难以记得很清晰的。

你怎么样呢？

当你说谎、做假或者隐瞒什么事情的时候，你会觉得自己忙于从记忆里搜寻过去的事情，顾不上对于当前的事情发生兴趣和开动脑筋了。

谁都知道，找老公离不开与人打交道。而第一印象很重要。有时候，你同一个人接触几分钟就会得出一个直接的印象，也许你愿意同他多谈一谈，也许你觉得他有什么"玩虚"的地方，想要躲开他。这种情况反过来也会发生。如果你不注意的话，遇见你的那个人也可能觉得你不实在，想要躲开你。

诚恳老实是让人喜欢你最可靠、最有效的办法。

而且，是你能够使出来的"最大力量"。当然，诚恳老实并不意味着无休止地谈自己的问题和表白心迹，这样做会使对方感到乏味受不了。诚恳老实也并不意味着在你初次见到生人时，就把自己的隐私甚至与前男友相处的情况告诉对方，即便新结识的男友一再追问你原有的爱情生活，你也用不着对一个人诚实而去伤害另一个人。有的男人有时有一种腐朽的"贞操"情结，他们自己与别的女人有过同居生活，却要求他们的女友是从未与男人接触过的处女。关于这一点，你必须当成永远坚守的秘密——除非你真的一点也不在乎他了——这与我们所谈的做人诚实是两回事。

诚恳老实也并不意味着可以对别人进行消极否定批评，找老公尤其如此。如果你新认识的人眼上有一块疤，并不希望你管他叫"疤拉眼"。为了诚实**并不意味**着要对别人评头品足，伤害人家的感情。

诚恳老实指的是关于**你自己**的事情要对人诚实，要把做到诚实的注意点对着你自己。昂起头来，面带微笑，坦坦荡荡地**把自己**的真实情况展现出来——包括你过去遭到的失败、在生活中走过的歧路与失误，这才是正常的。

对自己采取忠诚老实的态度有时可能是一种艰难的考验。但是，不管在什么场合，都必须经得起这种考验，才能树立起自己的自尊心。我们不妨做一个这样的练习：

譬如，你参加一个聚会与朋友们进行交谈，有人似乎觉得你艺术修养不高，对你说："你是不是觉得抽象派画是小孩子的玩艺？"

假若你不是如此，要紧的是以很轻松愉快的态度看着那个人说："不，我没这个意思。"要是想表现得更友好一些，你可以说："你好像很喜欢抽象派绘画，也懂得这门艺术。我很愿意向你请教这方面的知识。"

很多女孩都有这样的思维定势：每当她们与生人初次会面讲到自己情况的时候，她们总是凭自己的主观愿望去断定和猜想别人的喜恶，然后根据这种断定和猜想来决定自己该说什么不该说什么。她们不是如实地展现自己，而是扮演成她们认为别人会喜欢的角色，用一种不真实的想象来讨人喜欢。说极端一点，就是"见人说人话，见鬼说鬼话"。她们认为这才是"会做人"，其实错了。

美国有一所大学曾做过一个实验（后面我们还要举这个例子），让很多学生在一瞬间同时看一件事，事后却得出了60种不同的说法。这无异于告诉我们，要想猜准别人喜欢什么，也许只有六十分之一的可能性。如果你完全猜错了，对方喜欢的实际上同你的想象截然不同，那会怎么样呢？那时你就进退两难了。既然以本来面目出现是最轻松、最自在、最使人喜欢的，为什么要冒那种风险呢？

退一万步来说，就算你有特异功能，能够准确无误地猜对别人的心思，你能靠这种超感觉能力将自己装扮成你朋友喜欢的人。但是，当你的朋友比较了解你的时候，认识到你不是他喜欢的那种人，非常失望，你们的关系还是可能会断掉的。

我确实想让你喜欢我

24岁的马丽曾经由别人介绍同一个年轻的律师王军见面，王军是母亲一位朋友的儿子，毕业于一所名牌大学的法律系，刚刚到一所有名的公司任职。马丽听说了他的学历后很动心，可是自己没上过大学，担心他对自己不感兴趣。

王军来接马丽的时候，她对他一见钟情，很想同他建立亲密的恋爱关系。她考虑到王军的学历，猜想他一定愿意找个有学识的女孩，于是便在他面前表现得很做作。她对王军说：她非常喜欢大歌剧（她从来没看过），对莎士比亚和古典文学很有兴趣（实际上她只看时装杂志和动画片），常常去参观美术馆、博物馆等等（她只是5岁时去过）。

由于她极力想打动王军，结果显得又假又不自然。王军觉得与她在一起很不自在，便再也不与她约会了。马丽为此受到了打击。

过了几个月，有个朋友告诉马丽，王军同一个叫做李雪的女孩交上了朋友。很有讽刺意味的是，李雪也没有上过大学，是一家小商店卖衣服的店员。人们很喜欢李雪，说她直爽、热情、很好相处。李雪烧菜烧得很好，而王军很喜欢吃。李雪喜欢背着行囊爬山，而王军也是一个野外俱乐部的会员，跟李雪一样喜欢自然景色。他们两人很快就对上了眼，根本没有说一句显示学识的话。但是，李雪展示给王军的是自己真实的面目，而不是她认为王军会喜欢的样子。

找老公，如果不是以自己的本来面目去赢得他的理解和信任，你要靠长年累月地"装"，是很难的。如果没有足够的毅力，那将是一项长久甚至浩大的工程。

装出来的研究员

再讲一个故事。

曾有一位从边远山区闯到北京的女打字员，靠一个小发明和拉关系能说会道的本领谋到了一个科研机构的"研究员"的头衔。靠这块招牌做些短期行为的生意还算顺利。但这些甜头使她误认为生活也可以装出来。她找了一个比她小的男朋友。怕男朋友嫌她年龄大，便改身份证；怕男朋友嫌她文化不高，便买来了很多大部头的专业书放在家里，自己根本不看（看不懂）。凭着这种顽强的精神她与男朋友结了婚。可是，婚后丈夫发现她处处装腔作势，但又怕一说出真相就会刺激她（绝不认错，自尊心特别强）。如此双方特别累地维持了7年，丈夫终于离她而去。她一直不明白自己还有哪一点不完美：房子、相貌、财产、"职称"。后来她找了几个对象也不顺。不愿讲真话使她整日戴着面具过日子，皱纹很快爬满了额头。她来找我们，把自己说得如仙女下凡。可明眼人一听，十句话有五句值得推敲，连嗓音也是装出来的。我们告诉她，活得真实是第一位的。再要谈对象，还不如直截了当地告诉对方自己的真实情况，你的魅力反而可能因此增加。即使不成，也不会再耗费7年。

经验证明，在你自己不够充实和没有真正学会喜欢什么的时候，要诚诚实实，即使在同某个人初次见面的时候"失去"了他，也比靠不住的"得到"好得多。并不是每个人都会喜欢你的，所以不要浪费时间去说谎。如果你假装做作，对方最后还是会了解你，发现你的本来面目。

如果坦诚做人，经过一两次约会，你就会知道同对方的

关系是否有可能发展下去，你节约的是人生最大的成本。

知之为知之，不知为不知，是知也。先哲的话可以作为我们的指南。

勇于说"不知道"的专家

我们一些从国外回来的专家写出了很多优秀著作，其中关于教育观念方面的理论给我们的启示最为深刻。美国孩子四年级所学的东西，中国孩子幼儿园里就学过了。但美国孩子在小学里做研究，拉开的却是我们的研究员般的架式。美国最有权威的学府里最权威的教授，在与学生讨论问题时，能坦率回答"不知道"，这使得习惯于尊重权威的中国学生也"不知道"怎么办了。

在许多国际学术会议上，我们很多专家也不断了解到那些国际知名的科学家在探讨学术问题时，有时也会很自然地用到"不知道"这三个字，没有什么怕丑的。从事任何一种职业的人，都有自信心去承认这一现实，他们勇于说自己不知道，随后就去寻求他们所缺少的知识。他们是成功者，这样承认自己不知道无损于他们的自尊心。对于他们来说，"不知道"是一种动力，促使他们去进一步了解情况，求得更多的知识。

你在找老公时，是否也有这种说"不知道"的勇气呢？

莎士比亚在他的《哈姆雷特》中说过一段深刻而不朽的话：

你对待自己要诚实；

正如白昼过去才有黑夜一样，

对自己诚实，才不会对任何人欺诈。

不管是谈恋爱还是做别的事，当你要讲自己"好话"时，做到诚实是很容易也很愉快的。这时，你的自尊心增加了，自责心平息下去了。但是当要谈到自己不痛快的地方时，有时候你心里就会有一个很小的声音提醒你说："别犯傻了，只有傻瓜才让别人知道自己有多么笨、多么幼稚。"这时，要做到老老实实就不容易了。

实际上，你心里那个很小的声音是错误的。如果你想找一个好老公、做一个成功者，要自豪而坦率地讲真话。要记住，你是一个人而不是神。有时候你要犯错误，要不知所措，要说些后来会后悔的话，在判断上也会出现严重的错误。成功者以轻松、老老实实的态度谈论自己的错误。他们这样评论自己：

"我错了。"

"我当时那种意见不对。"

"我觉得自己做得太轻率了。"

"我当时没有充分准备，犯了错误。"

"这件事怎样做，我没有把握。"

"我一气之下说了那些话，实在是不慎重。"

不知道你是否有过这样的经历：我们当中的大多数人都由于自己的愚蠢行为和欠缺聪明而出过丑，经历过难堪的处境。当我们听到另一个人同我们是一样愚蠢的时候，心里都会觉得宽松。诚实坦率地承认自己没有把某件事做好，是会引起别人同情和共鸣的。

成功者节约自己做人的成本，他们尽力发挥自己的力量，他们热爱自己的本来面目。

［照镜子］成功者与不成功者的鉴别表（11）

你是否知道如何从同别人初次相会时起，就使用你潜在的诚实的力量把人吸引住？你是否发挥了这种力量使人感到你有信用，使自己成为一个受人敬重的人？你已经具备这种使生活更有价值的品质，要尽力发挥它。

不成功者	成功者
1. 由于某种眼前好处而隐瞒真情。她们像小孩子一样，不关心旁人的幸福，只注意自己的利益。	1. 不肯由于不诚实而损害自己的价值观念。人们了解并信任她们的正直。她们树立了可以信赖的好名声。
2. 不愿意表露自己的感情，所以你得揣测她心里到底想的是什么，同她们交往是很操心的。	2. 愿意告诉你在想些什么、需要什么。如果为避免与你有分歧，会面对面坦率而亲切地说清楚。由于她们坦率地对待相互间存在的问题，这些问题能够很快得到解决。
3. 总是搜索枯肠，用力回想说过的所有谎话、半真半假的话和隐瞒了的	3. 认为诚实做人比说谎装假要轻松省力。只要坚持了真实，后面

不成功者

情况。结果，她们把精力都用在圆谎上，为了掩盖一个谎言，她必须再编一个更大的谎言，结果谎言接着谎言，让自己没法把现实的事情处理好。

4．人们时常发觉不成功者不诚实、"不实在"，所以觉得跟她们相处不自在，希望躲开她们。

5．错认为诚实就是把自己的隐私与人分享，在与生人初次见面时也不注意保护自己，遇到男友追问自己以前的爱情生活时，她们如实招来，结果，由于对眼前男友的诚实而伤害另一个人；她们还错认为诚实就可以说刺伤别人感情的话、发表对别人起消极作用的意见。她们名为诚实，实际上是评头品足、对人冷酷，给别人造成精神上的痛苦。

6．担心不被别人喜爱，所以装假做作。她们以为别人会赞赏什么样的人，就装成什么样子。但是，她们是在沙滩上盖房子，等到朋友们比较了解了以后是要倒塌的。

7．同别人交谈的时候，尽管对于对方说的事情完全摸不着头脑，也装做都很明白。她们担心如果提问题或者表示自己不懂会被人耻笑。

成功者

就没有什么可担心的。这样，她们就能有精力在当前生活中富有成效地待人处事了。

4．初次与某人相见时，就实实在在地展现自己的本来面目。由于她们坦诚待人，所以别人相信她们，愿意同她们密切联系。

5．知道什么是应该保护的隐私，知道哪些是自己必须一直坚守的秘密，这与诚实不是一回事。她以如实介绍自己情况的办法来表示自己的坦诚，而不是挑别人的错误、指责别人的问题。她们坦然地承认自己的失误和挫折。

6．不投人所好，以本来面目出现。她们知道要确切地猜出别人喜欢什么，是不可能的。她们相信，把自己的情况如实告诉别人是值得的。

7．不懂的时候就向人请教。她们认为，对某些事情搞不清楚或者不知道，是由于了解情况不够，而不是蠢笨的缘故。她们在这种情况下会说"我不知道"，并且尽量求得别人的指教。

不成功者	成功者
8．相信，如果她们具备某些别的条件，别人就会更喜欢她们。她们觉得自己不如人意、低人一头，为了博得别人的好感，便不懂装懂、不会装会。	8．知道自己的不足，也看重自己的力量。她们承认自己在一些方面没有擅长。成功者专攻一门，不花费时间去做"门门通"。
9．以各种借口和辩解掩盖自己的错误。人们问到她们做的事情时，她们以指责和挑剔别人来为自己辩解，证明自己做得有理。	9．首先检讨自己的错误。她们勇于承担责任，采取泰然和坦率的态度。她们的诚实态度证明她们非常自尊和自重。
10．把事情搞坏的时候不承认，以说谎、掩饰和矢口否认来逃避批评。她们以为，真正有才干的人即便在受到很大压力或心中非常悲伤的情况下也能把事情办得很好。	10．没有把事情搞好的时候，就坦白地承认。她们懂得，她们也是人，也会受到个人烦恼和家庭不幸的影响。她们由于坦率而博得人们的钦佩和由衷的赞许。

二、敢说爱的人最可爱

找老公，最本质的是要表达你对他的爱。但是，中国人最不善于说爱，尽管我们内心充满着爱，总认为说出来就会贬值，就显得不珍贵、不好意思，尤其是女孩追男孩、女人找男人，更是这样。

诚实会使你心安理得，同别人交流时，你会信心倍增。但只有表达出你的爱，你才能引起别人对你的关注。如果你能恰到好处地表露自己，向别人展示你内心深处的喜、怒、哀、乐，那么这种自我表露和诚实结合在一起便构成了找老公成功者必备的品质——真心实意，可亲可信。

许多女孩子因为极怕别人向她说"不"，她们不敢表露自己的真情。就是由于这种怕被拒绝的顾忌，她们没能对自己所喜爱的人讲出内心的仰慕及对他的关心和喜爱，而使本来美满的姻缘成为泡影，本来应成为知己的人形同陌路。

记住，要赞许别人，向别人袒露你对他的体贴和喜爱，这无论如何也不会过分。

善于表露感情也是一种无形的力量，甚至是一种魅力。

鼓起勇气

到我们这儿咨询过的许多人都表达出需要有爱她的人对其关心和爱抚的强烈愿望。但同时又怕这种需要太过分而遭到嘲笑。实际上，这种顾虑是完全不必要的。

每个人都需要爱人的关心和体贴，对你所爱的人说你离不开他，这是很正常的。

如果你善于表露自己，那么，和你关系密切的人与你更亲密，就更能周到地体贴你，关心你，想着你。

但是，很多人都担心，如果我们表露了自己的感情，会不会显得很脆弱，从而会使对方轻视我们。实际上这种担心是多余的。这就等于说："如果他知道我喜欢他，他会讨厌我吗？我的秘密被他知道后，是否对我不利？"

我们都是婴儿

虽然我们都是成年人，但在每个人的潜意识中，我们还都是婴儿。在我们的内心深处都有敏感而脆弱的方面。虽然，我们身居高位而高高在上，腰缠万贯而洋洋自得，容貌倾国而引人注目，但是，每个人的内心深处仍有自卑的一面。我们害怕被别人抛弃而陷入孤独。

不肯冒险

很多人一想到把自己的真实感受和想法告诉别人，就害怕，宁愿隐藏自己的感情。由于这种怕被拒绝和抛弃的恐惧感的存在，我们不知不觉地陷入孤立无援的境地。

我们不敢表露的真实感受和想法，实际上正是吸引别人的地方，由于我们掩盖了那些可爱的品质而陷入这样一种恶性循环之中：

○导致怕被别人嘲笑而抛弃

○导致隐藏真实感受和想法

○导致被人误解而疏远

○结果遭到别人的拒绝和抑制

我们经过多次重复这种消极生活模式之后，可能会认为我们的担心是合乎情理的，因为我们确实也遇到了担心的事情，因此，我们就更加担心。

我心爱你口难开

当你初涉爱河的时候，最难开口说的莫过于"我爱你"了。许多到我们这儿的咨询者说她们的追求者很少向她袒露真情。下面这一对儿就是这样：

周敏每周都来我们这儿接受心理咨询，她同男朋友张兵交往一年多了。每次她都把他们的情况告诉我们。

有一次，周敏说，他们的恋爱遇到了麻烦，她很痛苦。"我们恋爱一年多了，各方面都很好，可是他从来没有说过'我爱你'。"

听完她的倾诉，我问她：

——"你对他说过你吗？"

——"没有。"

——"你不肯说你爱他，那么他为什么就应该说他爱你呢？"

周敏愣了一下，回答："他是男人，他应该先说。"

我说："张兵实际上和你一样，都不愿意自讨没趣，实际上，谁先说'我爱你'并不重要，这也不是男人分内的事，那么为什么你就不能先说呢？"

周敏红着脸说："我不敢说我爱他。如果我说我爱他，他说他不爱我，或者以后是我追求他，那可该怎么办啊，我可不想强人所难去爱我。"

我说："周敏，你们相爱一年多了，总得有一个人先开口吧。像你们这样拖拖拉拉，恐怕等你们说'我爱你'的时候，你们也都到了风烛残年了。你在我这儿说了那么多次你爱张兵，你为什么不能对他本人说呢？"

周敏一个劲摇头："我不敢。我怕。"

我说："那么你可以换一种方式，你可给他发一个短信、电子邮件或者买一张情人卡寄给他。然后，再一步步地来。我想你们会捅破这层谁都想但谁都不敢捅破的纸的。"

没过几天周敏兴高彩烈地来到我们这里，给每人发了一包精美的糖果，高兴地告诉我们："我已对张兵说了我爱他，一个月后请参加我们的婚礼。"

男人更需要关怀

向别人袒露自己的脆弱是困难的，对一个男人来讲更是难上加难。男子汉的思想包袱压得男人们抬不起头来，还要强作欢颜，以示坚强。这个包袱从童年时代就已经背在了男人的身上，且重量与日俱增，终身不得解脱。许多男人需要帮助，需要理解，但又不敢暴露自己的脆弱，从而陷入烦恼、孤独之中。我们接触的许多男人都向我们表示："我从来没有让任何人看到我的软弱。"如果我们说他不敢，他会马上反驳："我不敢？我有什么不敢的?!"

这些人的感情已经麻木了，他们不敢"害怕"，也不能"害怕"，因为他们是男人，而实际上，男人更需要关怀。正常的男人也会感到害怕，每一个人都是如此。

这些，作为谈恋爱中的女人，我们一定要了解。

女人只要对她们喜爱的男人敞开心怀，与他们建立信任、亲密的关系，他们就会开始向我们袒露被隐埋多年的内心深处的脆弱情感。如果达到了这种心心相印的地步，毫无疑问，你的男朋友就会成为一个非常好的老公。

男人和眼泪无缘

许多家长怕自己的儿子长大以后带有"女人味"，有些人甚至对儿子一点温情都没有。所以，男人很小的时候就在冷漠的感情氛围中长大。如果一个10岁左右的男孩仍然对别人有亲昵的身体接触，那么他就会遭到父母的白眼，一个男人带有女人味比一个女人带有男人味更让人难以接受。

王强今年30岁，身高1.85米，十分英俊魁梧，年轻时曾是全市中学篮球代表队的明星。当我们同他谈到这个问题时，他说："这年头做个男子汉真难，总得装出一副战无不胜、十分坚强的样子，眼泪与我无缘。在家中我必须把自己当成一个'男子汉'，不能有任何的软弱或退缩，甚至连一点后悔惋惜的表示都不能有，否则，我父亲就会斥责我，甚至现在父亲有时候也会跳出来骂我：'别婆婆妈妈，娘们儿似的。'"

一些男人若能够扔掉这种不幸的包袱，那么他们的生活就会"柳暗花明"，恢复正常的男子汉形象，轻松自如而又快活地生活。就像一位著名的拳击手在接受记者采访时所说："我也曾经哭过。不仅伤心时哭过，看电影看书遇到感人情节时也哭过。男人虽然有泪不轻弹，但是一个从来没哭过，缺乏感情的男人也不完整。"

不要总是指手画脚

不论是在家里还是在单位，如果我们把自己当做"永远正确的人"，对别人指手画脚，那么你必然成为不受欢迎的人。我们本想通过这种方式向别人展示自己的完美，从而赢得别人的尊重，而实际上却适得其反。

我们曾经在一些工读学校接触到许多少年犯，他们都认为自己的家长是这种人，他们的家长认为自己永远是正确的，而孩子总是错的，而结果呢？孩子们非常痛恨这样的家长。

在恋爱中也有同样的情况。在有些恋人中间，一方总是像这种永远正确的家长一样去训斥、指挥像孩子一样的另一方——这样的恋爱很难导致幸福婚姻。

这个"完美的人"总是强调自己的家庭责任和苦心，她们总是难以理解自己关心别人，为什么别人不领情，反而讨厌她们。

实际上，每个人都不可能是永远正确的，如果我们把自己当做永远正确的人去凌驾于别人之上，是不可能得到别人的理解和支持的。

恋人中如果有一方做出完全正确的样子去批评指使对方，那么对方就会产生逆反心理，以消极的态度对抗到底。

我们每一个人，不论谁对谁错，实际上双方都是平等的。被别人理解和尊重的前提是理解和尊重别人，并放弃高高在上永远正确的姿态。

人非圣贤，孰能无过

我们曾经接触过一位成功的外企高级管理人员，他向我们谈起他如何从一个一般办事人员荣升为经理的经验时说：

无论我们是如何成功，我们仍然是一个普通的人，我们还是会犯错误的。所以我们要勇于承认自己的错误和坦率对待自己的缺点，因为对一个勇于袒露感情的人，人们不会苛求和指责，他反而会得到人们的尊重和同情。"

人之初性本善

有人把霍布斯的"人对人是狼"奉为座右铭，从而把自己和社会隔裂，

把自己同别人对立起来，陷入了可怕的境地。实际上，情况并非如此。对于我们不了解的人，我们容易认为他是邪恶的。如果你能善于向别人表露自己的感情，做一个可爱的人是不难的。

如果你一直向别人敞开你的心扉，别人就会更了解你，从而会不由自主地关心你，进而喜爱你。如果你对别人紧锁心房，把真实的感情隐藏起来而让别人去揣测，让别人从你的脸色而不是话语中去了解你的内心，那么你将是一个十分可怜的人。因为——

没有一个人肯费心思去揣测你的内心所想，他们也就不可能了解你，而关心和喜爱你就更无从说起了。

善于向别人表露感情会使你显得和蔼可亲，把自己的脆弱展示给别人，会博得对方的信任和好感。况且袒露胸怀是具有传染力的，别人也会像你一样对你敞开心扉用心去交流。这样在你洞悉别人的美德和关怀的时候，别人也会体会到你的善良和体贴，这种心灵的撞击必然能够带来友谊和爱的火花。

成功的人都承认人有脆弱的一面，当他们了解到别人的感情上的软弱就会对别人采取亲切同情和宽容接纳的态度，以激励人们走向成功。

美国一位总统的传记中写道：

"他不愿意用他办公桌上的叫人铃像下命令似地传唤人，十次里有九次是自己到助手办公的房间去。在偶尔传唤别人的时候，一般都到他自己办公的橡树厅门口去迎接……

他在处理白宫的日常事务时，总是这样体贴别人，一点也不以尊长自居。他之所以能够使周围的人对他忠心耿耿，真正的原因即在于此。"

待人亲切温和，并不表示软弱和缺乏信心，而是力量与果断的象征，善于表露感情会使你走向成功。唯有如此，你周围的人才会拥护和爱戴你，使你找老公变得容易。

［照镜子］成功者与不成功者的鉴别表〔12〕

你是否准备冒个风险，向你所看好的男人或同你关系密切的人们表露你对他们的喜爱和相依之情，告诉他们你心中的疑虑和困扰？成功者会这样做，并且赢得人们的敬重与关切。

不成功者

1. 以为遭到别人一次拒绝便是别人讨厌她，所以忧心忡忡，不敢直截了当地提出自己的要求。她们认为，如果你真正喜爱她们，就会知道她们的心思，满足她们的需要。

2. 很少对所爱的人讲自己多么关心他们。

3. 害怕被别人抛弃，所以掩盖自己的情感，恰恰把自己会使人觉得有吸引力的那些品质隐藏了起来。

4. 在恋爱问题上，很少暴露自己感情脆弱的一面，也不全部讲出自己的感情。

5. 受到文化习俗和性角色的限制，不肯痛痛快快地表露自己的感情。她们认为女追男是丢面子、丢份的事。

6. 不敢同人亲近。她们批评自己父母的事情，自己却天天在做。

7. 同人相处的时候，向对方隐瞒自己遇到的问题，从不暴露脆弱的迹象。她希望这样赢得别人尊重，结果却适得其反，遭到人家的讨厌和嫌弃。

8. 假装什么都懂。强调自己什么时候都尽责、明智。于是，让接近她们的人消极对抗她们的指责。

成功者

1. 对人肯谈自己感情脆弱的一面，有什么要求就直爽地提出。于是，别人比较了解她们，小心地对待她们的敏感问题，对她们的需要也多加考虑。

2. 乐于表露自己的情绪，大大方方地表示自己的喜爱关切之情。

3. 把自己真实的情绪丰富地展现出来，赢得别人的喜爱和接受。她们不怕别人讥笑，示人以本来面目，这样使人愿意接近。

4. 在恋爱问题上采取主动，敢冒被拒绝和被抛弃的风险。她们坦率地讲出自己的脆弱。

5. 无论男女都对于社会所规定的行为标准和性别角色的标准重新思考一番。她们注意的是如何表现出自己的性格。

6. 肯同朋友靠近坐在一起，或者拥抱和握手，在感情上起到好的作用，产生安全和放心的情绪。

7. 袒露自己的性格的各个侧面，努力显示自己的本来面目。她们让别人了解自己的长处和优点，也让别人知道自己的疵点和短处。

8. 千方百计同别人建立平等的关系：没有哪一个人完全正确或完全错误，要互相尊重，互相爱护。

第五章
开朗率真

　　在我们传统的文化习俗中，流传着大量的对于人们在"讲话"方面的贬意性质的谚语俗语，如"高谈阔论"、"巧舌如簧"、"摇唇鼓舌"、"祸从口出"、"言多必失"等等，人们往往把不善言谈当成美德；就连现在流行的歌曲中也唱到："沉默是金。"仔细想来，这些陈词滥调对我们现代人的正常交往起到了很大的负面作用。

　　找老公是一个与人打交道的工作。如果你把自己弄得城府很深，阴云密布，不仅自己很累，别人也会很烦。如果你能做到开朗率真，别人见到你就像见到晴空万里的天气一样，男人自然会被你吸引。开朗率真并不是失去自我的盲目讨好，相反，该拒绝时要果断而亲切地说"不"，这样做你的魅力一点也不会削减。

一、提高讲话的本领

在我们从幼儿园到中学、到大学的学习生涯中，从未开设过"提高讲话本领"的课程，参加工作后，我们的各种专业技能考试里，也很少听说有这样的课目。

其实，学会讲话是人生极为重要的一课。

谈恋爱，我们需要去谈，如果不谈，男女之间何来了解？

如果你拥有同男人进行很好交流的能力，可能成为你最有价值的一笔财富。如果你能改进并发展这种能力的话，则能够很大程度上提高你与男人关系的密切度，为你走向成功婚姻打下坚实的基础。

每个人都有潜力像成功者那样同别人交流，把自己的思想表达出来，进而建立起别人对你的信任。可事实上并不是每个人都能够做到这一点。

现在，该学会能说会道的本领了！

交流思想的方法不是天生的，现在我们就教你掌握成功者交流思想的诀窍。

语言是一把双刃剑，既能加强你同别人的关系，也能破坏你同别人的关系。如果在你表达自己思想时掌握了新的技巧，那就会使你发出的信息畅通无阻。

可能在你学习这种技巧的过程中，在某一个场合你并没有给对方留下你所希望的印象，但千万不要灰心。只要坚持下去，你一定能掌握成功者谈话的诀窍。

下面，我们要对交流思想过程中存在的各种毛病进行分析：

大声喊叫的人

有些人在情绪不好的时候不会表达自己的思想。他们从受到的传统教育中得知，如有"伤心、悲痛、惆怅"这些情绪时，便是自己"软弱"时，为了掩盖这种软弱，掩盖环境紧张时出现的惊慌情绪，他们的办法之一便是大声喊叫。

你常这样叫喊吗？你周围有这样的人吗？也许，你不明白这些人的火气和喊叫的起因。可你要知道，这些人虽然看上去火气十足，可实际上就像一个内心充满恐惧的孩子。

你也许会说："我的朋友发起疯来，怎么会像一个受惊的孩子？他发疯的时候，受惊的只有我一个人。"

谁也想不到那些尖声叫喊的、看起来凶狠的人，自己觉得自己非常弱小。因为他的胆子已经小到连自己的恐惧、悲伤、绝望都不敢承认，不敢正视。只能以这种专横武断的讲话和大发雷霆来发泄。

不说话的人

在思想交流方面还有同尖声大喊的人相反的另一种人，这种人便是"保持沉默的人"。这种人同别人交谈时特别呆板，没有生气。即使在热火朝天的场合，他也是冷若冰霜。如果有人冒犯了他，他内心非常痛苦，但外表仍然若无其事。原因就是有口难开。他同尖声叫喊的人症结一样：无法与别人交流。因为他紧闭金口，别人不知道他在想什么，更不知道他内心与对方交流对方的感觉、情绪会如何。这样，他只有退回到自己的小天地之中，没有人能够帮上忙。

沉默寡言的人往往在很小的时候就有人教导他要"讨别人喜欢"，从而学会了在发生矛盾的场合保持沉默不语，这种人长大之后处处是和事佬，从不与别人争执，即使愤怒之极也不外露。但是这种自己压抑自己的结果便是内心的压力逐渐增大、神经越来越紧张。直到有一天心中压抑的怒火越过了自己承受的限度，终于要像倾盆大雨一样狂泻下来。本来少言寡语的人，突然变成了一个话语连篇的谈客，把对方弄得莫名其妙。

他们为何交流失败？

一个周末的晚上，一对恋人来我们这里咨询，男的名叫陈名，女的名叫王萍。他们在研习班上对大家说，某天晚上他们俩人出去参加一个同学聚会，在回家的路上大吵了一架。

王萍说，陈名"老是与别的女人调情"，让她在众人面前非常难堪。对他的报复办法是狠狠地斥责他、大骂他一顿。

"你今天晚上怎么那样厚颜无耻？"她吼叫着说，"所有的人都在议论你！他们都对我说：'瞧你这位对象，丢死人了！假如我是你的话，我早就跟他拜拜了！'"

王萍对陈名表达自己的思想时，话里充满了愤怒和责骂，所以陈名根本无法知道王萍所要表达的意思其实是——"我爱你，我怕**你会抛弃我**"。

而陈名则以一言不发来折磨王萍，用默不作声让她去猜她自己到底哪儿做错了。

可是王萍很快把吵架的事给忘掉了，她根本想不到陈名还为她的那些伤感情的话而难受。所以当陈名默不作声时，她感到莫名其妙，她并没有意识到是吵架的结果。

在我们的帮助下，他们的交流变得畅通起来，进而明白了对方的心情。王萍吵架是怕陈名不再爱她，其实陈名也同样害怕王萍不再爱他，他有意与别的女人说话，就是想让王萍吃醋。

恋爱双方如果有一方使用让对方嫉妒的策略，通常都是对对方施行报复的攻击性行动。所以，如果你的伴侣想要惹你忌妒的话，千万别发脾气，不要那么快就兴师问罪，要仔细想一下：我是怎么惹他如此做的？

你是否在献殷勤方面"调子太低"、做得不够？是否在说一些吓唬他的话或者惹他嫉妒吃醋方面"调子太高"？你是否不大讲诚恳鼓励的话，觉得"没有必要讲，他已经知道我爱他了"？

他不知道！

你说"我爱你"的次数不够，即使你昨天刚说了，今天也要说。

如果你的伴侣很有信心地知道你爱他，他的心思就不会用在这些小问题上了，而是会下工夫表现得更让你感觉他非常可爱。

很多人都知道这样一句民谚：种瓜得瓜，种豆得豆。所以，如果你得到了一连串的不好的信息，你首先要做的，就是观察一下你自己"种"下的是什么。

你应该有勇气承认：两人闹矛盾起码有一半的责任在于你交谈不成功。

｛心理体操｝练习10：用有求于人的语气说话

下面教给你一个提高说话水平的方法。你完全可以按照这个方法去解决在现实中遇到的各种难题和你心中的怒气。这个方法以练习"采取积极态度的游泳术"中练习过的方法为基础。

　　无论如何你都要确信，人的讲话方式是**后天**学来的，所以不管你现在讲话的水平如何，只要按照我们教的方法，你一定就能成功。

　　当你遇到重要的场合而又不知所措时，请按照下面所提供的模式去做：

　　先说三句诚恳鼓励的话（＋＋＋）

　　其次把问题用最简洁的语言讲出（－）

　　最后再说一句诚恳鼓励的话语（＋）

　　不管你面前出现的是怎样的男人，能够把自己的思想用最好的方式表达出来是最重要的。要切记，你希望通过讲话影响的那些人，虽然在事业上可能很有成就，但在感情上却是幼小脆弱的。所以讲话的时候语气一定要亲切，这样他们才会去听。接着，你要以坦诚的语气表达自己的思想。

　　你需要使用这样一种口气，就像你问路时使用的"劳驾，请问一下往××
×怎样走"的口气一样，其中不要有冷嘲热讽的意思，更不要有弦外之音。这
样，听起来就顺耳。

　　如果谈话的对方是你的男朋友，开头就这样说：

　　鼓励Ａ "亲爱的，你对于我是太重要了。"

　　鼓励Ｂ "你是我最爱的人。"

　　鼓励Ｃ "你所做的任何事情都会对我有影响，因为我太爱你了。"

　　提出问题："你在同学聚会上同那个女人老是说话，当时我非常难以接
受，因为我担心你会离开我。"在结束谈话之前，你再讲上一句鼓励对方
的话。

　　鼓励Ｄ "亲爱的，你在我心中的地位是无人能替代的。"

讲话不要模棱两可

　　上面这个是把话说清楚的练习。你细细地体会会感觉出这种办法不但适
用于爱情，而且对朋友、同事等也管用。朋友们对你印象好，他们或许就能为
你介绍男朋友，要切记上面的公式：讲三句积极鼓励的话，然后简要地提出问
题，最后再讲一句积极鼓励的话（如同黄维仁先生比喻的爱情银行，得先存款
再取款，存款要比取款多才行）。

　　越是讲话不清楚的人，越是不敢尝试去把心里的话讲清楚。成功者则不管
预料中的后果如何，都会表明自己的态度，从而尽力影响事态的走向。

即便讲话之后起作用的可能性极小，成功者也要把话讲清楚。

让对方知道你的请求

如果你有什么不愉快的事，你应该直接说明，同他商议，尽了力总会有结果，即使失败了，你也会产生一种强烈的自尊，因为你尽力了。

除此之外，你直接向对方提出了请求，就好像在客户那里留下地址一样，也许他当时表示了拒绝，但在日后的工作中由于你的态度诚恳，给他留下一个好印象。如果情况有了变化，他就会想起你。

如果你根本没有把你的信息留给对方，你获得解决的可能性也就没有了。

消除障碍

学会清楚地讲话还有一个重要的原因，这就是压抑的情感会变成你思考任何问题的障碍。而只有把话清楚地讲出，才能消除这种情感的压抑。

像悲愤这样的情感，不会在心里老老实实地呆着，而是会不停地翻转。你越是想这件事，这件事就越严重，问题也就越大，越来越消耗你的精力。无论是在工作还是在休息，这个没解决的问题就会不停地干扰你。

当你被压抑的情感所纠缠时，苦恼的念头翻来复去占掉了你很多时间，你也没有精力去从事工作。

有些人则不会把心中的这种愤怒的情绪表达出来，而是把一些不良的情绪，不公道的事情，不满意的琐事都积攒在肚子里，心里成了装苦水的深塘，而自己还没完没了地积存。她们还很少同别人交流。

而当你把话说清楚，你就会从烦恼中解脱出来。从而会有较多的精力和时间去做事情。

{心理体操} 练习11：抛掉怨气

如果你心里感觉有什么不良的情绪，现在就应该马上抛弃掉，不要再去回想以往的屈辱与不幸，因为那样只能使你更加远离你的目标。

毫不犹豫地告别过去。

每当你觉得自己受到了屈辱和不公正的对待时，你应该反复把下面几条意见读上几遍：

○不要再想以往的不愉快的事情

命令自己马上停止烦恼与抱怨，要知道这样是在同自己生气，可能对发生的问题你还负有一半责任。要替对方想一下，尤其是把自己放到对方的境地，如果能对对方抱一点同情心，也许会更有利于你理解对方的观点。

○要看到与你意见不一致的人的好处

不要以你的标准去衡量别人，更不要按你的想法估价周围的情况。因为没有一个人受到的教育和实践的经历与你一样。如果盼望别人完全按照你的想法去做，这是自寻烦恼。

○快人快语

当你觉得被别人怠慢时，你就马上说出，因为没有人会故意伤害你的感情。相反，许多人觉得把怨恨留在心里的人更招人烦。

臂如，你可以当面提出："你要是邀请我参加你的生日晚会，我会很高兴。"尽管有时可能不愉快地遭拒绝，但是说出自己的想法比压在心里更是明智之举。

○不要过高要求别人

不要以为你的朋友每次请客时都得请上你，没有受到邀请也不要抱怨，要想到别人的难处和处境。

○要记住没有人要同你过不去

有意让别人难受的人是很罕见的，大多数人是不经意而为之。当别人为一件事而忙碌时，可能忽视了你的感情。这时你最好提醒自己，他们的动机也许是很好的，他们是无意的。

○送礼不是为图回报，而是因为自己高兴

当向别人赠礼物时，是因为自己乐意这样做，这样做自己非常愉快。如果送礼物想着别人回报，那千万不要送礼物，因为是自寻烦恼。

善于听取对方说话

谈话双方要**有来有往**，才能使对方一直有兴趣，才能成功地交流。你的责任有一半是要把话说清楚，让对方了解你；另一半责任就是要能够听和愿意听对方谈些什么。

很重要的是，一定要学会如何集中精力听对方讲话，而不要打岔；学会如何在对方一讲完他的意思后就马上回答所提出的问题。没有回答对方的话之前，不要扯到你心里想着的其他事情上去。

有时候，你可能碰上这样的人，他们听了你的话和意见之后，就像聋子一样。我把这种人叫做"只顾自己讲话的人"。他们不懂得与别人交流沟通思想的本领，听不进别人的话。跟这种人说话，你的感觉就像是要搭上一列高速奔跑的火车一样。不管你说什么，这列火车还是一股劲往前跑，根本不在意你有什么想法。他们说起话来口若悬河，滔滔不绝，听不见你的意见，似乎你并不存在。

研究结果证明，这种人是没人喜欢的。这种人正是很难找到老公的人。

美国著名心理学家克里斯·克莱茵克博士做过一项研究，发现一个人听对方说话所花的时间长短，对于他给对方的印象有很大影响。克里斯·克莱茵克博士的实验证明，在谈话当中用80%的时间说，只用20%的时间听的人，不如说、听各占一半时间的人受欢迎。

不要以己之心度人之腹

在谈恋爱和进行思想交流中，有一种情况将阻碍你很好地沟通，这就是以己度人，认为自己心里烦，别人也一定不高兴。

我们小的时候，父母觉得冷了，总是非让我们穿上衣服不可！可他们并不考虑当时的我们是否需要穿衣服。他们以为非常了解自己的孩子，可他们搞不清，他们的揣测同孩子的实际需求有一定差距。这种做法同时也影响了孩子，当孩子成年后，很可能把这种揣测当成现实的方法带到与别人相处中。

把自己的推测强加于人，在谈话中具体表现为把话题限定在一个范围内，事先约束对方的答话。譬如，你可能这样提问："你现在渴了还是饿了？"而你说的两样可能都不对。如果你问"你现在感觉怎么样？"就会好一些，因为这

不是强加于人的二选一。

成功的交谈者为了在同别人交流中取得最大限度效果，非常注意对方的言语举止、表情、姿态、语气，借此了解对方对自己的感受。但是，做了这些还不够，还必须在沟通中进一步核实你掌握的信息，不能把你的推测当成现实。

成功者通过直接提出问题来修正他们同别人相处当中得出的印象。

失败者的做法恰恰相反，他们往往根据对方一些细微的表情和姿态急忙下结论，不再进一步核实而自以为看出了对方的心思。

要不断核实你的预感，开诚布公地同对方交谈，这样才能避免把自己的推测强加于人。

60种不同的说法

这里举美国一所大学的心理的实验课的例子，那堂课有60多个同学坐在小剧院式的阶梯教室中，结论是根据少量的表象所做出的推测是靠不住的。

实验那天，上课大约30分钟了，教室门忽然开了，一个女人被追赶得慌慌张张地闯了进来，嘴里喊着："你疯了！不关我的事。"

很快，那个人一转身跑出了教室。后边追的人马上到了，喊着："我恨死你了！你往哪里跑！"他手里拿了一把枪连放了两枪。

整个过程不到10秒。教授马上叫学生写下事情的全部过程，下课后交上去。可是大家写的全部都不一样，虽然经历的是同一件事。

还有一次是，教授拿出一堆照片，每张旁边也都写着——悲痛、高兴、愤怒、嫉妒等，要大家标出符合照片感情的词，大家还是标得不一样。

上面事例说明，要想猜准你所接触的人在想什么，可能性是非常小的。

所以当咨询者对我们说："我知道我的朋友在想什么。"我就会打断她的话："其实你不知道，猜准的可能性是非常小的，朋友就在面前，为什么不问他一下。这样你们也能够比较好地交流。"

注意听到的信息

如果你想让对方告诉你他在想什么，你一定要相信他给你的答复。在他回答的时候，只管听，不要打断他的话，不要同他争执，更不要讲他说的话有什么不对。

相信自己听到的答复。

失败者都是只相信自己的判断，并且凭着这种感觉单独行动。成功者注意从对方获取信息，并且很好地利用反馈的信息。

我们大多数的人只一般地运用自己的想法推测，而常常忘掉了可以听取别人提供的意见这一部分。

学会听懂别人的建议。

不要一味地为自己的想法辩解，更不要企图使别人赞同你的意见。否则，你就听不到对方的意见。

倾听对方谈话时，不要错过受启发的机会。无论是在生活中还是在工作中，都要学会把自己的想法和思想告诉给别人，也都要学会听取别人的意见。只要你在如何改善同别人交流思想上下工夫，就会得到丰厚的回报。

你将会：

○知道在冲突的情况下如何表达自己。

○甩掉忧郁的包袱。

○加强你同别人的联系。

○学会听别人说话。

○使别人愿意接近你。

○使你快速地向目标靠近，找到老公。

只要你努力练习交流思想的新本领，你就会获得更多的回报。

读书是学习，交流谈话更是学习。

[照镜子] 成功者与不成功者的鉴别表（13）

你是否在恋爱中因在交流思想的方法上存在着问题，而阻碍了实现自己的

愿望？你是否想要改进同别人交流思想的方法，以便实现自己的目标，同时也改善同别人的关系？

好！请你把以下各点牢牢记住：

不成功者

1.在感情非常激动不能表达心中压抑的想法时，可能会大吵大嚷。她们惯于采用的发泄办法是暴怒和放大嗓门飞扬拔扈地讲话。她们以为弄得别人闭口不说话便是她们的观点取了胜。

2.遇到挫折、烦恼或者受到别人不友好的对待时会讲不出话来，她们以退缩到自己的小天地里来回避矛盾和保护自己。但是，她们的感情最终还是难以克制，会突然发作，或者采取其他有损于自己的行动。

3.生气或伤心时，常常以申斥辱骂来发泄感情。她们想要真正表达的意思却淹没在骂人的话里，人们听到的都是她们那些报复的话，结果使关系遭到无可弥补的损害。

4.认为要改变现状没有什么希望，所以不把话讲清楚。她们不敢讲出心里的话，唯恐被对方顶回来。于是，她们便没有机会改变自己的处境。

5.不成功者强压着自己的情

成功者

1.不否认自己动了感情，把自己的想法告诉别人。她们意识到自己的长处，对自己比较放心，所以能够承认自己真正的感觉和情绪，也能够同别人交流。

2.遇到挫折和烦恼的事情都把自己的想法说出来，直接找有关者表达清楚，不积攒在心里使消极的情绪越来越厉害。

3.用诚恳而温和的口吻说出使自己不满的事情，解决同别人的冲突。这样做，她们既能保持住同对她们有重要意义的人们的关系，又能够改变那些不满的状况。

4.有了什么想法，即便没有多少实现的可能，也直率地讲出来。她们知道，直接提出自己的请求，就在对方心里挂上了一个号。也许对方开始没有答应，如果情况有所变化，对方可能想起来，答应她们的请求。

5.把话说清楚，怒气也消逝

不成功者

绪，因而形成思考问题的障碍。她们在心里重复那些愤怒和不满的事情，结果问题越来越严重，弄得筋疲力尽，无精打采，总是不愉快。

6. 不把愤怒之情直接表达出来。于是在心中形成积怨。她们把对一些很小事情的不满意也统统积攒起来，没完没了地盘算。她们总是考虑自己受到的损害而无所作为，永远是一副受害者的样子。

7. 讲话只顾自己喋喋不休，不容对方插嘴。她们总是唱独角戏，不理睬别人的话。她们自己讲个不停，对于别人说些什么充耳不闻。

8. 以自己的感觉揣测别人。她们难过的时候，看别人都是面带愁容；她们累了的时候，似乎每一个人都疲惫不堪。她们在谈话时先声夺人，给对方的回答预先画框框。

9. 只凭对方一些模模糊糊的表示和姿态就匆匆忙忙做出判断，不再深谈便断定已经明白了对方的想法和感觉。然后，她们根据不正确的猜测和估计采取行动。

10. 认为可以单凭自己的判断和估计去办事。她们试图通过争论使别人放弃原来的想法，迫使别人同意自己的意见。

成功者

了。她们使用诚恳鼓励的办法和求人帮忙的口吻表达出自己的不满，从而维持住同对方的友谊。

6. 认为没有人是故意伤害自己的，所以在遇到别人误解和不同看法的时候，愿意同对方交谈清楚。同时，她们也知道自己对于发生的冲突可能是有责任的。

7. 在别人讲话的时候全神贯注地听，不打断别人的话头。对方一把意见讲完，她们就直率地做出回答。

8. 注意避免以己度人。她们在同人谈话的时候，向对方提出问题，想办法了解对方的想法，然后倾听讲些什么，从中掌握新的信息。

9. 注意从一切迹象中收集信息。她们观察别人的脸色，注意别人讲话的速度、语气、表情以及语调的变化。但是，她们随着就向对方提出问题，把自己的感觉和推想加以核实。

10. 征询别人的意见时，不打断别人的话，也不妄加评断。她们认真思考别人的想法，能够容纳分歧的意见。她们知道，自己看待事物的方法并非独一无二。

二、学会拒绝

如果不会说"不"，你就不是一个全面的人，而会成为一个不情愿的奴隶，不断地屈服于别人的要求和愿望。

无论别人要你做的事是一件微不足道的小事还是一件至关重要的大事，你都应该学会说"不"，必须有说"不"的勇气和能力，这样他们才不会忽略你的要求。

当你想说"不"的时候，是否常常说了"是"？你是否害怕伤害了对方的感情？你是否常常匆匆忙忙、几乎条件反射一样地说"是"，随后又感到后悔？你是否常常自己不小心，又为此感到内疚，唉声叹气，弄得别人把同你相处当成一个负担？如果是这样，他们就要越来越对你不满，他们对你的喜爱之情也要减少和消失。

但有时有的人"不"字说得太多而且态度也不好，她们总是生硬粗暴地对别人说"不"，口气里带着一种蔑视人和要跟人摊牌的味道。结果，不但与对方疏远，而且造成一种互相厌恶的局面。今天你和他发一阵火，明天在另一个场合他会觉得你欠了他的，一定要想办法"捞回来"。这样，正常的关系都难以保证，何况谈恋爱这样的事呢？

不善于说"不"的人，说了"是"之后往往后来又变了主意，因为她们起初就没想同意对方的意见。如果改变主意为时已晚，最后就会失信。

古希腊数学家毕达哥拉斯曾经说过这样一句话："是"和"不"这两个最简单、最熟悉的字是最需要慎重考虑的字。

其实，我们觉得说"不"字很困难，是同我们的生活经历有一定关系的。中国传统的家庭教育很难让孩子说"不"的。如果对父母的教导不听，那么轻则挨骂，重则挨打。长此以往，说"不"字或拒绝别人就会产生不愉快，造成紧张的人际关系。

能够艺术地拒绝别人会同接受别人一样轻松，丝毫不会损害人际关系，这一点，需要我们进行认真的练习。

我们这里有一个既会说"不"又能给人以好印象的例子。

张女士是一家公司的音乐制片人，办事果断。一位同事这样说，歌手或其他人选送的歌曲交给她审阅，她总会很快给人答复，很干脆地给你意见，而不像有的制片人唯唯诺诺。她不中意的作品会明确说"不"，但很讲艺术、方法。这种作风，使她的事业发展很快。公司成功地推出了一位又一位的新人。人们对她的评价是："有朝气，有活力，有能力，为人爽快！"

{心理体操} 12：亲切而坚定地说"不"

无论你现在要说'不'的时候是怎样地说，都能够学会说得更圆满，使听的人感到非常亲切，不会由于说"不"而失去朋友。

如果你想要像成功者那样亲切而坚定地说"不"而又感到为难，就按照下面的几条去作。

第一步：不要总把自己当做一个小孩子

你已经是一个自立的成年人了，已经不是非让别人照管你不可了。你已经不需要让每一个人不停地夸奖你。你现在说了"不"，不会像小孩一样再挨巴掌，不会因此而被人看不起。你可以在心里不断地这样提醒自己。

第二步：不能再商量

说"不"的时候，要友好、简明、坚定。这样，你就不言而喻地表达了这样一个意思："我的话已经说完了，没什么可商量的了。"态度友好表示你很自信，简明、坚定，表示这个问题不用再谈了。否则，你容易把"不"转变为"是"。

第三步：同对方面对面地谈

纠正的办法是说话的时候要看着对方的眼睛。这样，言外之意就是你讲的话很肯定。如果你在表情和姿态上显得胆怯心虚、缺乏信心，对方会感受到这种迹象，对你说的话不相信。

第四步：不要多解释

如果你讲好多理由解释你做出的决定，等于是说你的主意没有定见，还得找理由说明它对不对。结果，使对方产生错觉，认为你感到内疚，有可能说服你改变主意。提出一大堆借口和理由，说明你对自己的不尊重。既然你是个做事情深思熟虑、说话负责任的人，就用不着多为自己辩解，也用不着论证自己的道理。

第五步：要容自己有一段时间仔细考虑

即便你办事非常果断，有时也会遇到没把握的问题，需要考虑几天才能下决心。在这种情况下，要采取很有信心的态度，微笑告诉对方："我想仔细考虑一下，然后答复你。"

1. 在没有考虑周到之前，不要感到有压力而匆匆忙忙说"可以"或"不可以"。

2. 做出一个能够办得到的决定需要多长时间，就花多少时间。

第六步：说"不"的时候要讲些起积极作用的话

要按练习10所讲的公式那样用求人办事的口吻讲话。做那个练习的时候，要求在表达自己意思的前后都讲一些诚恳鼓励的话。在说"不"的时候，也要那样做。著名的婚姻关系专家黄维仁先生在他的"修复关系的十大步骤"中，第一和最后的步骤都是强调感谢与诚恳鼓励。

{心理体操} 练习13：纠正别人的错误

要友好有效地指出别人的错误，也许比说"不"还难。我们大多数人都在童年时期同父母打交道的过程中，学会了用强硬的消极字眼和申斥的办法来指出别人的错误。这样做可以使你把压抑着的怒火发泄掉，然而，却会使对方疏远你或者同你作对。现在，你可以学会在遇到必须"责骂"别人的场合下同对方交流思想的一种新办法。

从积极的鼓励开始。

即便某人的表现（或错误）使你非常失望，让他把你的想法听进去也是很重要的。所以， 要从积极鼓励的话开始。

譬如说，你有一个很得力的职员，他有一件事情搞得非常拖拉。你想要让他知道你还是很器重他的，又要把你的情绪表达出来，而让他仍然高高兴兴地同你合作，做出成绩。

鼓励1. "你以前的成绩一直很突出。"

鼓励2. "你办的事情有条有理，非常仔细，新的职员来了我都让他们按你的方法去做。"

鼓励3. "你在咱们这一伙人当中是很可贵的。"

（提到他的长处之后，就该说使你不安的那件事情了。）

　　提出问题："从我认识你以来，这件事情是你头一件没有按时完成的，我很重视这件事情。"

　　鼓励4．"我很愿意帮助你解决这个问题，因为我知道你是很可靠、很能干的。"

　　明智的办法是允许他做出回答。这样，交谈就一定能够解决问题。然后，你可以转入一个双方都会感到愉快的话题上去。

　　这个办法可以用于谈恋爱、用于处理工作当中和工作以外的其他关系方面，一定把你的批评和不满意的话讲得简明扼要，要把尊重对方的意思讲得诚恳而亲切。这样，就会成功地使对方按照你的希望发生转变。

勇于承认失误

　　谁都可能出现错误。有时错误是在无意之中犯的。

　　俗话说：说者无心，听者有意。无心说出的话，在自己的脑子里不会留下任何痕迹，但别人听后会怎样想？别人会不会介意呢？即使是最好的朋友，有时也会因这样无心的一句话而恼火。这时你才会认识到自己说错了话，因为对方某种原因，对你的话过分认真了。

　　这时怎么办？也许这时你马上会用"你理解错了我的意思"、"你太爱生气"、"我没说错啊"、"开个玩笑嘛别那么认真"之类的话为自己开脱，岂不知开脱的同时又批评了别人。现在我介绍一些成功的做法，你可以按照如下步骤进行。

　　首先，倾听对方对你的意见。在对方的想法中就有你交流思想效果不好的原因。不能以种种借口为自己开脱，堵别人的嘴。

　　接着，向对方解释：本来是无恶意的，是善意的，可是说得离本意太远，很抱歉。如果你这样勇于承认失误，问题就很好解决了，结果自然很圆满。

　　一句话，出现错误，先倾听，后道歉，请别人帮忙。

消除隔阂

　　曾经有这样一个例子。同在一所学校工作的马老师和陈老师原来关系非常亲密，但却因一件小事弄得很不愉快。事因一个朋友告诉马老师：陈老师对你很有意见，因为你跟别人说了一些不该说的话，本来这些话只能你知他知，所

以陈老师很生气，和其他老师议论你，说你缺乏道德。

马老师认真回想了一下自己曾跟别人说的一些话，其实并不是什么不该说的话，有些事别人早已知道了，只不过话不应该自己说，有些冒失。

于是马老师觉得心里堵得慌，想"以牙还牙"，好几天都在琢磨着报复的事。但起码的素质决定他没有这样做。陈老师和自己毕竟是多年深交，不能因为这件事将多年友谊变成积怨。于是在心里斗争了很长一段时间后，马老师决定主动打电话跟陈老师解释清楚。在电话中，马老师表现了极大的诚意，说明了事实真相，陈老师听后也悔恨不已。最后二人重归于好。

〔心理体操〕练习14：承认自己的错误

在你的生活中，是否同哪一个人怀有积怨？是否同哪一个人存在着没有解决的矛盾？不要再浪费你的精力了！现在就应该去恢复你们两人在发生误会之前那种密切的关系！

要采取行动，直接去找对方，越快越好！要记住，成功者发现失误总是赶快改正，而不是自己瞎折腾或者内疚。

在给对方打电话的时候，要非常宽宏亲切地承认自己没有把事情处理好。以马老师和陈老师这个例子来说，虽然马老师不是有意这样做，而实际上确实泄露了秘密，也确实伤害了陈老师。

你可以按照下面的办法去打电话。你同别人发生了任何争执，都可以仿照这个办法去做。

第一步：要很有感情地讲话

你在电话里一听到陈老师的声音就对他讲："我犯了个大错误，不该把你告诉我的事情对别人说。现在我觉得自己很不对。我一直在想：我对你的秘密不重视，真是太不负责任了。"

第二步：诚恳地讲一些积极鼓励的话

这种时候，你讲多少积极鼓励的话也不为过，你要提出最佩服陈老师的三四点长处并加以赞扬："我和其他老师一样很尊重你。咱们相处这么多年，你一直都是诚恳待人，办事光明磊落，我非常重视咱们的友谊。"

第三步：约对方见面

要主动邀请对方，对他说："这一个月我一直很想念你，我确实愿意同你保持友谊，明天我请你到我家做客。"

第四步：反复说明你的意思

要反复说明前面三层意思，直到对方同意与你见面为止。

第五步：亲切地向对方致意

对方来赴你的约会时，要向他亲切地致意："你一说愿意来，我非常高兴。"告诉他：你很担心会失去他的友谊、你确实做了使他生气的事情，可是，他不理你使你很难受。

如果你真心诚意地表达了自己的想法，你们的关系可能很快得到恢复，而且会比以前更加牢固。

无论是同自己的男朋友谈话，还是同熟人谈话，讲求说话的技巧对于减少日常的冲突都是很有用处的。学会通过交谈来解决生活中发生的问题和打破僵局，能够帮助你得到你所希望的东西，使你的日子过得舒畅，免除由于积怨和内疚而造成的精神负担。

朋友多了，对你有好感的人多了，你找到好老公的机会就多了。

现在，你已经掌握了不少有助于取得成功的知识。每当遇到问题就要按照这些方法去做。这样，你在不知不觉之间就会减少了冲突，在交流思想方面成为一个善于言谈的成功者！

［照镜子］成功者与不成功者的鉴别表（14）

成功者正视冲突与分歧，运用老练的交流思想的本领去解决。你也能够学会这样做。要把以下各点记在心中：

不成功者	成功者
1. 怕说"不"字，所以总是为别人的需要和想法做出牺牲。她们不肯爽快地说"不"，有时候拖到最后不得已时才拒绝别人的要求。这样，对方如果来不及另作安排，就会感到恼火。	1. 考虑自己的实际情况，应当拒绝的时候就说"不"。她们在说"不"的时候，采取积极而从容的态度，脸上带着友好的表情，如同说"可以"的态度是一样的。

不成功者	成功者
2. 说"不"的时候，语言粗鲁，生着气，一副横眉立目、咬牙切齿的样子。	2. 想要说"不"的时候，按照一个简单的程式去做：首先说诚恳鼓励的话，然后表示自己的态度，最后再说一些鼓励的话。她们面对面地拒绝对方的要求，不找借口，也不多作解释，不留给对方一个可能被说服或改变自己决定的印象。
3. 希望别人表现得好些的时候，采取冷嘲热讽、旁敲侧击、唠叨不休或者令人当众尴尬的办法，弄得对方垂头丧气。结果她们还是不了解为什么达不到目的，为什么对方不肯积极行动。	3. 希望某个犯了错误的人有所转变时，首先让对方知道自己赞赏他的能力和过去做出的努力。她们在诚恳地肯定对方过去的表现之后，简单扼要地把问题摊开。在交谈结束之前，还一定谈一些对双方都很振奋的话题。
4. 讲话惹得别人发怒的时候，显得惊慌失措。她们只知道自己的心意是好的，认定毛病出在对方身上。失败者受到别人的批评之后，对对方进行攻击，为自己辩解。	4. 承认：如果别人对自己有气，或多或少是因为自己引起的。她们愿意倾听对方的想法，根据了解到的情况来改变局面，并且说话更加检点一些。

三、怎样给人留下好印象

　　我们每个人都希望给别人留下好印象，都希望获得成功，实现自己的人生价值和社会价值，得到他人和社会的承认。这种愿望对于每个人来说都是一种正常而有益的愿望。找老公也如此。

　　要找到好老公，首先得给他留下好印象，这是找老公的前提。男朋友对于自己来说，就是一个考官。因此，要在他面前获取较高的印象分，就要尽可能把自己的长处表现出来。就像一个体操运动员，面对裁判，要充分地表现自己。善于表现自己，是一种可贵的本领。我们希望你现在就来学习这种本领。

成功者知道"一见钟情"对于事业和爱情等等的重要，因此不论什么场合，她们总是在专业和社交两方面的谈吐举止上尽可能给人留下好感。

最优秀的胸外科医生

这是广州一家大医院。病人家属看到眼前走来主持手术的是一个"嘴边没毛"的年轻医生，便忧心忡忡。这时，看透病人与家属心理状态的这位医生摘下口罩，眼睛盯着他们，一字一句地说："我是留美的医学博士，这种手术我做过294例，从来没有失误过。我是这个领域里最好的医生！"

一番话，使病人与家属心里的一块石头落地，他们配合医生很快顺利地完成了手术。

这位年轻医生很善于表达自己，这种表达充满着一种自信，而这种自信又充满着魅力，他使人不得不从心底里羡慕你、信任你。假如他对自己的才干保持缄默，是不会赢得人们的喜爱和敬重的。

展示你的才华

表现自己，让别人了解你的魅力、了解你取得的成就，是帮助你找到好老公的一种办法。你这样做是适当而合理的。这样做对于树立自己的信心，获得男朋友的好感、获得别人的信任，都是有益处的。

把自己的工作和奋斗情况在适当场合毫不夸张地告诉你周围的人，相信他们都愿意分享你成功的喜悦，吸取你有益的经验。

积极主动地表现自己对于成功是十分必要的。

找老公起码要让老公喜欢你，这是常识。不必担心别人会说你自高自大，只要你诚实、不夸张地宣传自己的成就，别人是不会讨厌的。

以前，我们所受到的教育都是教人如何做到"谦虚谨慎"、"不亢不卑"，以至说到表现自己便认为某人"狂"，不知天高地厚，以至于我们很多人一辈子都"老老实实"、"平平庸庸"、"普普通通"。一想到积极表现自己，就会感到很不自在。

让她谦虚一点

有一个将要毕业的大学生曾找到心理医生咨询。她觉得活着平淡无味，一点儿意思也没有。家长认为她没有什么优点，同学又认为她长得不漂亮，没有人喜欢她，现在找工作又这么难，她希望心理医生能出出主意，帮助她"活下去"。

经过几个星期的咨询，这位大学生有了一个感到惊异的发现。她在去一家著名外企应聘求职的时候，做了一次智力测验。测验结果是她的得分很高，说明她的智力水平超过一般人。

她回到家，神气十足地把这个消息告诉给家里人，很多人都怀疑是分数搞错了。然而她的父母亲却十分自信地说，测验结果一定是正确的。她的父母早在她只有九岁时就知道她的智商比一般人要高！

这个大学生听了父母的话以后也非常怀疑：什么，我本来就是天才？

她的父母为什么这么多年都不让她知道这个"秘密"？原来"主要是让她谦虚一点！我们不愿看到女儿成为一个自高自大、不可一世的人，或者觉得自己比别的孩子强，而不勤奋努力。另外，我们也担心别的孩子知道女儿和她们不一样，就谁也不愿意同她一起玩了。我们只想让她能够正常地与其她孩子一样长大成人"。

后来，这位大学生痛苦地说，她一直觉得自己非常没用，特别笨，老是在心里恨自己。在家里，父母老是指责抱怨，所以她从来没有想过自己有什么长处，相反倒觉得一无是处，看到自己智力测验的得分，才知道自己有可喜的天赋。

这位大学生的父母严守女儿的"智力秘密"，使她未能树立起成长为一个心理健康的成年人所必需的自尊心和自信心，险些酿成悲剧。

"我不行"、"我们这里条件差"、"招待不好"，这些谦词常常充斥在我们的生活中，每当听到这些话时，我们就会认为说话人谦虚，人不错。如果反过来说，"我行"、"我们这里条件好"等等，往往就要招来人们挑剔的眼光。

教训已经够深刻了。亲爱的读者，无论什么时候，当你发现你遇到的某个人有什么特长，或者他把事情做得特别妥当，就要在适当的时候以适当的方式告诉他！如果某个人乐于助人、关心他人或者表现非常出色，他能听到你对他讲这些认识，那么对于他是有重要意义的。不要把你对他的赞许和承认藏在心里，要用语言表达出来，传递给他。

抓住时机表现自己

我们每一个人都希望获得别人诚恳的赞扬和鼓励，这样才能有利于自己的健康成长和心情稳定，才能使自己有明确的努力方向，有持久的前进动力。

请不要企求一语惊人。

如果你想展现自己，给别人留下好的印象，就得把自己的情况清楚地做一介绍，让人家知道你是怎样的一个人。在前一章里，我们分析过那种在发怒或失望的时候不善表达而保持缄默的人。在这里，我们要分析另一种不敢或不善于言谈的人：她们总是觉得自己不行或者怕"出丑"、"出洋相"，在社交和其他场合总是少言寡语。

这种人还没有张嘴说话，已经把想要表达的内容修改来修改去，觉得要说的事情无关紧要、可能别人已经知道、会招人讨厌或者根本不值得说。这种人非常害怕把自己的想法和意见公之于众，其结果自然是表现为一个失败者。

她们总是对自己横加挑剔，常常欲言又止。特别是同很多人在一起的时候，她们更加自责，老是坐在不起眼的角落里。

你是否遇到过这种情况，你同几个同事在一起聊天，其中某一个人正在讲话，谈笑风生。你聚精会神地听着，忽然脑子闪现了一个很好的想法，很想插进去跟大家讲，但是，你没有像一个成功者那样脱口而出，而是僵在那里不吭声，害怕闹笑话。

你没有把想法讲出来，反而开始盘算起来。你觉得要讲的话很蠢，讲出来不合适，所以就不讲了。你想，如果讲了出来，大家都要觉得自己愚蠢！你看了看大家，别人讲话都是津津有味的样子。

忽然，坐在她旁边的一位小姐把她刚刚想到的话讲了出来，全场大笑，佩服她的机智。大家的注意力集中到她的身上，而你却难受地呆在一边，因为你没有抓住机会使自己置于谈话之中。这时，别人都对那位小姐表示赞许，说她机灵、幽默、脑子快，却没人看你一眼。

更糟糕的是，你不但没有为自己至少也想到了这个有趣的念头默默地赞许自己，反而又开始责怪自己为什么没有开口。

这时，你满脑子都在想自己倒霉，连大家说些什么都没心思听了。觉得

自己很害臊，恨不得打个洞钻进去躲起来，希望谁也没有发现自己已经涨红了脸。

就在你觉着难受的时候，话题又转换了。你又错过了一切，比别人慢了好几拍。于是又深深自责，你已经深深陷入了恶性循环，而且越陷越深，整个表情显得无精打采。别人对你的表现很是失望，在心里已不想与你单独谈话聊天了。

其实，成功者也怕碰钉子，怕人家嗤之以鼻。尽管如此，她仍然冒着风险把话讲出来，讲过之后再去斟酌。如果她的话没有说在点子上，或者别人对此不以为然，不感兴趣了，就努力在以后的谈话中加以改正。成功者对于结局如何，开始时并不是特别在乎。她相信自己，心里有什么便说什么。由于采取这种态度，从长远来说，她终究会受到赞许。

｛心理体操｝练习15：把话讲出来

想要说话自然流畅、谈笑风生，关键是不要在心里字斟句酌使自己胆怯。下面这个办法能够帮助你多开口讲话，增加勇气，在交谈中活跃起来。

有话就说

心里出现了一个念头，应该把它说出来！不要盘算怎样去讲，因为在你仔细琢磨的时候，大家已经谈起另外一件事情，没人再听你深思熟虑想好要说的话了。

不要掂量

不要把想说的话掂量来掂量去，也不要觉得自己腿发抖、手心出汗、嗓子眼里长了瘤子。

不要评判想说的话。一开始就要确信自己想说的话漂亮、得体、值得开口，所以就把它讲出来。

要自然流畅

要记住，你的目标是把话说得自然流畅。在别人面前讲话要充满自信。如果你说话朴朴实实、很有自信，人家就会接受和相信你。

说出以后再斟酌

把话讲出之后，如果需要斟酌就有时间了。假如觉得说出的话不完全对头，还有机会纠正。

不管什么时候你要想改正讲过的话，可以这样说："刚才说的不太确切，我的意思是……"或者"我想说的实际上是……""听起来挺可笑,我刚才讲的是……"

你是有第二次机会的!把话讲出之后,你还能够再找一个机会用另一种方式表达自己的想法。

讲错话并不奇怪

在讲话的时候有失误是正常的,说错话表示你在积极地尝试,这样就好!

谁也不比别人强多少

不要拔高别人。大多数人都觉得别人全比自己漂亮潇洒,比自己性感,比自己强,比自己有趣。产生这种想法的原因是,我们在小时候习惯于把抚育我们长大的人视为权威,颂扬他们的优点。在我们的眼里,他们比我们高大、能干、年长、办事有效率。当时确实是这样。长大以后,我们可能继续把别人的弱点毛病不现实地加以美化,同时却觉得自己很不中用。

不要置身事外

不管对错,都要投身到生活当中去。当你想要介入交谈的时候,要有自豪感,要对自己很宽厚。不要顾虑重重,要相信自己,想说什么就说什么。

以成功者姿态出现,不轻易贬低自己

当你犯了过失,不要轻易数落自己,讲一些消极的话,显出一副可怜兮兮的样子。别人对你的印象只能是根据你一贯的表现。如果你老是贬低自己,就使别人对你有了轻视和贬低的理由。

我们接触到的成功人士在别人前面总是表现出精干、谨慎、机灵、幽默,总能给别人留下积极的印象。当人们谈起对你的看法时,他们就会回想起你提供给他们的信息,按照你的实际表现,说你精干、谨慎、机灵、幽默。

让别人了解你的优点

要让别人形成对你的积极看法,因为人们对你的印象一旦形成便很难改变。你说话的声调,想问题的思路,你的态度、精力以至每一个姿势,都会给他人留下深刻的印象。你表现出的性格到底如何,给人总的印象如何,希望别人把你看做什么样的人,全在于你自己。

表现得怎样,取决于你自己;别人对你的评价如何,也取决于你自己。

给人的"第一印象"好不好，只是几分钟的事。譬如，在别人为你介绍男朋友时，如果你留给他的是不好的印象，也许见面还没谈他就会找借口离开，从此再也不会有第二次机会见面。你在求职参加面试的时候，如果言谈举止像个失败者，也许还没正式同你谈就已经把你否定了。

小王原是一名国企会计，前不久下岗，现在想要另寻一份工作。她心里已经深深感受到了没有工作的痛楚。在人才市场上，在参加求职面试时，她神情沮丧，意志消沉，这一点招聘者很容易从她的脸上看到。招聘者不是大慈大悲的活菩萨，他们所在乎的仅仅是她当时的表现：她的愁容满面，会使招聘者对她有不好的看法。结果她的求职申请遭到了招聘者的拒绝。

类似的情况在她身上出现了好几次。她感到更加沮丧了。无望的时候，她去请教心理医生。

心理医生建议她要对生活充满信心，要充满热情！去应聘之前提醒自己：将要会见的那个考官同样也是忐忑不安的。所以要面带微笑，对他和蔼。

接下来，心理医生建议她把以前的工作成绩列成一个清单，对自己的长处要有充分的信心，把自己的情绪振作起来。要大声对自己说："我是个优秀的人，让我担任这个职位太合适了。我会被录取，而且要让他们知道我是多么的优秀。"

经过一段时间的调整，小王充分认识到了自己的优点。当她去一家著名民营企业应聘时充分展现了以前的成就，并谈了自己未来的积极打算。招聘者深深地为她的自信与成绩所折服，很快就决定录用她了。

要记住：

善于表现自己，对自己充满信心，才能获别人的承认。

让别人知道

不管你取得了多大的成就，都不能认为别人已经确切地了解了你。花费时间和精力让别人了解你的实际情况，是值得的。

成功的机会不仅要靠自己去争取，还得靠别人提供。如果别人不知道你的底细，怎么会把机会轻易地让给你呢？

因此，为了使你自己向成功的目标迈进，要从今日起注意自己的言谈举止。要留心在每一个场合适当展现自己，包括在工作中、在家里或在社会中。

不要总是求人原谅，不要贬低自己。

不要担心人家说你突出自己或者自负。

要吸取小时候受到的关于要"平凡"、"谦虚"的教训。

当你讲起一些在你的生活中发生的美好愉快的事情时，别人就会被吸引住。他们将会为你所倾倒，愿意同你深入交往。你本来就是很有魅力的！找老公不就是施展自己的魅力吗？要记住：

别人如何看你，关键在于你做了什么好事，要让别人知道。

[照镜子] 成功者与不成功者的鉴别表（15）

你是怎样向别人表现自己的？你同别人交谈的时候，对他们讲自己的哪些情况？别人对你谈起你给他们留下的印象时，说你是个成功者还是不成功者？

不成功者	成功者
1．习惯于认为，宣扬自己甚至听别人宣扬自己，都是应该遭到鄙视的。她们把"知者不言，言者不知"、"一瓶水不响，半瓶水晃荡"之类的陈词滥调当做口头禅。	1．宣扬和夸耀自己的长处。她们关心体贴别人，但是每当谈起自己的时候，总是尽最大可能使别人了解自己的价值。
2．不承认生活中接触到的别人的特长和可贵之处。	2．对于家人、朋友和同事都做出积极的反应。她们在每一个适当的场合都乐于慷慨大度地承认别人的优点。
3．常常不敢把自己的想法和意见告诉别人。她们在交谈当中有时觉得自己愚蠢心慌，便像木头一样发呆，她们未曾启齿，便在心中把要说	3．虽然也怕被人否定，却敢于把话讲出来。她们相信自己的长处，对于讲话引起的反应无所顾虑。如果说出的话文不对题、不对头，或者不

不成功者

的话字斟句酌起来，认为不值得说给人听，于是便哑口无言。

4. 总是从消极方面表现自己。她们同别人初次会面的时候，似乎非把自己犯过的错误统统摆出来不可。她们给别人心里留下的印象是："此人是个笨蛋，犯错误太多，无须重视。"

5. 认为仪表风度无关紧要，想要别人了解她们的"本来面目"。她们对于修饰仪表感到厌恶，不愿意改变习以为常、觉得舒服的衣着打扮方式和言谈举止习惯，今天还是昨天的旧模样。

6. 总是犹犹豫豫，踌躇不决。他们总是带着一种心中有愧的味道，似乎是说："我没有把握，我不敢尝试。"她们容易羞怯，说话时看着地板而不看对方，所以讲话的态度和内容都显得不牢靠。

7. 在找老公或者做其他事感到不安、恐慌或者忧虑的时候，往往退缩下来。如果有人做出不利于她们的决定，她们不去努力改变局面。即便在某个重大问题悬而未决的时候，她们也宁愿认输，而不去尽可能花时间争取有利的解决。

成功者

像她们想象的那样有意义，她们就在讲出之后加以纠正。

4. 她们知道，她们需要诚恳坦率地向别人提供关于自己积极的情况，说明自己是能干、敏锐、认真负责的人。对方心中留下了她们的积极的印象，以后就会按照这种印象对待她们或者告诉别人。

5. 致力于改进自己各方面的形象：交流思想的技巧，修饰，发型，衣着，表情姿势，风度，知识和能力。她们下工夫改变自己，增加自尊心，争取别人的赞同、承认和夸奖。

6. 显出一种坚实牢靠的样子。她们动作言谈都有生气，连走路跨步也是坚定有力的。同她们相处，能够感觉到她们朝气蓬勃的性格。

7. 在找老公或者其他重大的场合，即便情况不利，可能遭到屈辱，也绝不气馁。她们会竭尽全力，尽可能以最有利的方式表现自己。

第六章

逆风飞扬

你见到过高飞的天鹅吗？当它们起飞时，特别喜欢选择逆风。

如果把女人比喻成会飞的天鹅，那么，我们首先要学会的就是面对逆风展翅。在与男人打交道中，我们会有来自于自身体力、能力和社会舆论等等方面的不利因素，稍不注意，我们就有可能掉入陷阱甚至陷入终身痛苦之中。女人找老公，首先和最后要克服的，都是恐惧。一个希望自己有所作为、追求幸福的女人，恐惧会伴随她如影随行，但她总能与它很好地相处，能找准机会战胜它。我特别喜欢一句话：真正的勇敢，并不是永没有畏惧的时候，只是永不被畏惧所屈服罢了；真正的光明，并不是永没有黑暗的时候，只是永不被黑暗所遮盖罢了。

一、化恐惧为力量

有人说，人生有三大恐惧：当众讲话，从高空往下跳，靠近火。

其实，生活中的恐惧可以说无处不在。

我们找老公就会遇到很多恐惧，尤其是面对你特别想要或者特别不愿要的男人，你在某种情况下就会产生恐惧。

遇到特别喜欢的男人，生怕自己说错一句话，相亲见面前对自己的每一个细节想了又想、看了又看，总怕别人看不上我。

遇到不喜欢的男人，又怕他难缠，特别是那种纠缠不休甚至威胁你的男人，他们甚至会给你致命的伤害。

在生活中，你是否曾经为自己做某件事的能力担过心？当你试图去做一件重要的事或者解决一个生疏的问题时，是否觉得生理上出现某些症状使你觉得难受？你有没有过遇到紧急情况而心跳加快？遇到重大问题而胆怯了呢？

如果是这样，你不要担心，实际上每个人都会这样。

畏惧也是一种动力，没有畏惧也就意味着没有挑战，没有困难，那么也就没有前进的动力。一味地畏惧也将一事无成。面对困境，你要设法将畏惧转化为力量，这个克服畏惧的过程也就是你走向成功的过程。

最大的敌人是自己

每个人遇到失败，都会产生忧虑。但是许多人对待忧虑的态度不是积极克服，而是消极逃避，不是勇敢面对，而是害怕恐惧。这实际上是放弃了成功的机会，堵塞了动力的源泉。

作为一个成功者，他们遭遇失败，也会感到痛苦和忧虑，但是他们会勇敢地面对失败，消除忧虑，坦然面对新的生活，寻求新的解决方案。因为他们知道，一个人最大的敌人是自己，其他都不可怕，如果能够战胜自我，突破自己，也就是走上了成功之路。他们觉得恐惧时，会这样说，这次我要坚持，不管多么害怕、恐慌，也要坚持下来。

要敢冒风险。

一位伟人曾经这样说过："面对恐惧的最好解决办法就是让自己多害怕一会儿。"这就是说，我们战胜恐惧的最好办法就是勇敢面对它。

在我们的一生中要做出无数次选择，每一次选择都好像是我们站在一个路口，前面有两条路，一条是我们所熟悉的逃避之路，沿着这条路，我们可以无忧无虑，严格地说应该是浑浑噩噩、麻木不仁地度过余生，我们是因为恐惧而逃避恐惧，因为缺乏信心而在放弃抗争，面对困难而不敢应战。另一条路是一条全新之路，这是一条奋斗之路，沿着这条路我们需要同以前的生活诀别，以一种新的方式面对生活，鼓起勇气正视困难，对生活中的磨难欣然应战，这就意味着，我们需要付出更多。如果是你，这两条路，一条是迷迷糊糊地通向死亡，另一条是轰轰烈烈地燃烧生命，走向成功。那么你是如何选择呢？如果你要想走"生"之路，那么就勇敢地面对挑战和恐惧，欣然接受挫折和磨难，重塑新的自我，发挥自己的潜能。

天生我材必有用

世上有找不到老公的女人吗？我说没有。只要她想找，就没有找不到的。

虽然上天在让我们诞生时，就赋予了我们种种的差异甚至不平等，但这种差异和不平等不是分配给你一个人或者你一种性别上的，你可能遭受不幸，但还有比你更不幸的人，你作为女人感到了不幸，但还有比你更不幸的男人，他们也许为找不到老婆而发愁呢？本书的前面我们所举的那个"世界上最倒霉的人"，他都居然能够快快乐乐地生活下去，你会比他更倒霉吗？

在我们找老公培训班上，我们让每个学员列举自己的倒霉事，讲述自己的不幸。我们一条一条地写下来，用充足的时间让大家把不幸倾诉个够。结果，她们没有一个人的不幸能够超过20条——如果你有30岁的话，一年还不够一条——我们得出的结果是，你已经是够幸运的了。

即便你的不幸特别多，先天的缺陷和后天的不幸令你失去正常的生活，使你的希望以及亲人对你的期望化为泡影。在这样的逆境中你是选择向命运屈服呢？还是和命运抗争，另辟蹊径？这代表着两种不同的人生态度，同样也能导致两种完全不同的结果。

要相信，天生我材必有用，其实你面临的问题没有那么艰难，你的目标也没有大到高不可攀的地步。找一个老公，按照自己的条件，只要破除一些不切实际的幻想，这是不难的。你完全可以下定决心，鼓足勇气，把心中的畏惧和怯懦勇敢地承受起来，用充沛的力量去为自己的目标奋斗。无论你年纪有多大都不晚，其实成功就在你眼前。

不要躲在角落里。

也许你性格内向，从小就胆小怕羞，不善同别人交往。也许这种离群索居的处境会使你非常寂寞和痛苦。那么你能离开那个孤独的角落，把门打开，勇敢地走出去吗？

当你参加朋友的聚会或者同陌生人见面的时候，是否常常躲在一个没人的角落里，盼望有个人过来帮你打破窘境？如果你常常这样，就要学会一种社交的本领——同陌生人交谈。

下次你参加社交聚会的时候，把房子里的人都看一看，挑一个样子最不让你胆怯的人——

然后去冒一个险！

照直走到他的面前，要勇敢地伸出你的手来，面带微笑地说："你好，我是某某。参加这个聚会很高兴吧？"不要总是等别人先向你问好。如果这一点你仍然还是不能做到，那么你就可以把房子里的人都先看一遍，然后选择一个看起来更和善，令你更容易接触的人向他微笑，勇敢地说上一句"你好，很高兴认识你"。然后同对方谈这间房子，谈聚会准备的食品，谈你同男主人或女主人的交情。想到什么谈什么，从周围环境找话题谈。要尽量放松。要记住，对方也同你想跟他说话那会儿一样紧张。实际上他也是同样希望和你交个朋友。

我们大家在感情方面的情况都是相似的，他也觉得紧张，所以要对他友好。问问他的工作状况，有什么感兴趣的事情，喜欢什么。谈上一会儿，同对方打个招呼，吃一点点心，再找另一个人谈起来。要一直这样谈下去，能够谈几位就谈几位。

每次你主动同别人交谈，都会感到紧张，觉得心跳、出汗。这是好现象，不要害怕，要坚持下去，这种现象是下意识产生的，说明你在情绪上走进了一个新的境界。

一辈子做个胆小怕羞的人，会使你精神不振。下决心改变这种状况，努力去做一个善于交际的人，能够使你受到鼓舞并振作起来。

胆怯越来越少

幸运的是，每一次你勇敢地正视以往回避的问题并且顶住由此而产生的忧虑，你的胆怯害羞就会越来越少，你就会发现心中的畏惧减轻一些，觉得越来越轻松。

假如说你在聚会中与生人交谈的畏惧心情可以用重量来表示，你的第一次强迫自己交往的尝试也许会使你压力很大，可能是100公斤，非常紧张。但是，如果你能坚持下来，到了第二次交往的时候，你就会因为熟悉而感到轻松许多，忧虑和胆怯也许是60公斤，少了些；到了第三次的时候，你就更不必多虑了，也许只有30公斤。这样如果再重复几次，你的恐惧心理基本消除了，你就会成为一个风度翩翩的能言善辩的人。找老公也同样，见多了男人和从来不去接触男人的女人，其镇定自若和发挥正常的程度肯定大大不一样，找到好老公的几率也大不一样。

当然，在成功的路上，挫折是难免的，也许你会频频受挫，但不要气馁，要坚强面对，至少你因为已经奋斗过而不会后悔。要相信，成功的路越走越好。

天上不会掉馅饼

一个人的成功不会凭空得来，找老公也要经过艰苦努力，你别指望天上会掉馅饼，其实每个人的成功都来之不易。

这里有两种人，一种是知难而进的人，另一种是自暴自弃的人。知难而进的人会勤奋奋斗，用辛劳的汗水铸就成功，也许她们艰辛拼搏之后并没有成功，但是这并不能令她们退缩，她们会更加勤奋努力，成功最终会属于她们。而那种一旦遇到困难和挫折就打退堂鼓的自暴自弃的人会认为，自己根本不是那块料，而放弃追求，当然成功与她们无缘也在情理之中了。

惯于失败的人最"不能接受"的是，作了努力却还是失败。尤其是找老公之事，她们认为一旦自己提出想与对方谈而遭到拒绝是很丢人的事。于是，她们为了准备失败后有一个体面的借口，就以不努力来示之于人。一旦失败，她们早就有托词：我并没有很在意，我只不过随便说说。其实，她们既想吃馅饼又不肯努力，只能事与愿违。

不要怕别人说"不"

找对象、求职和推销都会遭到别人的拒绝。面对一张张拒绝的面孔，你将如何处理呢？这里有两种态度：一种是因遭受拒绝太多而痛苦和胆怯，面对男人可能的拒绝就回避；面对求职和推销可能遭到的拒绝根本没有再举起手来敲下一个门的勇气，就此放弃；另一种是知难而进，直到被人接纳。

当然，两种态度必然会产生两种结果，一个是成功，另一个是失败。

当你面临同样问题的时候，被拒绝是难免的，失败和挫折会一开始就给你迎头痛击，但是你要记住：只要坚持，学会忍受，成功就在眼前。

曾打破三次世界纪录、在世界销售竞赛中勇夺十一项冠军的"推销之魂"尾上忠史说"拒绝是推销的开始。"

那么，我们为什么不能说"拒绝是成功的开端"呢？

反过来看，男人其实在很多情况下心中也没有明确的主张，他们对女孩不很满意，如果在一开始就拒绝的话，多半也没有经过深思熟虑。简单地说，他们拒绝你，无非是长相没有他们想象的那么美、身材不如他们想象的那么好，或者穿戴说话风格等等这些外在的东西不是他们想象的那样，你具体地问他们要哪样，他们多半也说不出。那么，在这种情况下，你又有什么恐惧的呢？

被吓死的病人

这是一个真实的故事：

在20世纪50年代北京的一家大医院里有两个人怀疑自己患了肺结核，同时到这里来检查。不幸的是，由于医生一时疏忽，把这两张化验单给填错了。其中一个只是因感冒而咳嗽的人的化验单给填上了肺结核，另一个真正得了肺结核的人却给填上了因感冒而呼吸道轻度感染。结果两年以后，真正患肺结核的病人不治而愈，而那个没有患肺结核的人却因过度担忧，免疫力下降，真的感染上肺结核而死了。

面对困难，采取两种态度，就会有两种结果。你如果克服了心中的忧虑，知难而进，你就能够成功，但是如果你过分忧虑，面对不利整日忧心忡忡，疑神疑鬼，那么失败就会降临，你所担心的问题真的就会出现。

没了希望你就真的一无所有

一位名人曾说，假如你失去了金钱，你只失去了一点点；你失去了朋友，你就失去了很多；你失去了希望，你就失去了一切。

有人曾经做过一项实验，研究希望对于行为的影响。他们用两只老鼠做了一个简单的实验。先把一只老鼠紧紧攥在手里，老鼠用尽力气也逃不出去。这只老鼠挣扎一段时间之后，不再抵抗，几乎一动也不动了。这时把它放到一盆温水里，它立刻沉了底，根本没有试图游水逃生。

再把第二只老鼠不经过手攥直接放到水里，它很快就游到了安全的地方。

这项实验的结论是：头一只老鼠已经知道要改变处境是没有希望的，不管使出多大气力也无济于事。所以，它以为采取什么行动也要落空。

第二只老鼠没有经过之前的努力，不知道挣扎与尝试是无效的，不知道它所处的环境是绝望的。所以，当它面临必需立即做出反应的危机时，能够采取行动自救。

正如勇气可以克服你的畏惧心理一样，希望可以给你勇气和力量。在日常的生活中，如果遇到了困难和挫折，你会采取什么态度呢？以积极的态度，充满希望，鼓足勇气，面对失败和困难不屈不挠，那么你一定能够找到解决的方法，像第二只老鼠一样获得生机。否则，第一只老鼠的死亡也许为你的失败敲响了丧钟。

找老公的道理正是如此。

第一个男人拒绝了你，并不代表第二个男人也如此；如果第二个第三个也拒绝了你，并不代表下一个也会如此，只要你心中的希望不破灭，你总会找到的。就像我们从广告中听到的，总有一款适合你。

面对任何挫折和打击，无论你丢掉了什么都不要丢掉希望，无论你放弃了什么都不要放弃追求。你的一次失败，并不说明你失败了，但是你若放弃了希望和追求，那么你就真的失败。没有了希望你就真的是一无所有了。

[照镜子] 成功者与不成功者的鉴别表 (16)

成功者知道如何承受忧虑并且化畏惧为力量，以实现她们的目标。不成功者感到忧虑的时候则害怕得要命，所以采取各种自戕的办法来麻醉自己，同时也消耗了自己的精力。

当你对于自己应付新环境或困境的能力感到忧虑时，你是如何反应的呢？

不成功者

1. 在找老公或者对于自己应付环境的能力感到忧虑时，不惜任何代价摆脱她们的畏惧。她们排遣忧虑的方法有回避、酗酒、吸毒、闷睡、暴食、唠叨、吵架、吸烟、纵欲等等。

2. 在危急时没有什么办法拯救自己。她们束手无策，把采取行动自卫的责任委于他人。如果没有人来救援，她们就坐以待毙。

3. 戒除旧毛病并出现忧虑情绪的时候，找一些理由来开脱自己，例如："我还没有准备好，现在见他我怕无话可说"，"我简直太疲劳了，现在精神没法集中"，"明天我一定感觉好一些，等明天再说吧"，或者"我伤风感冒了，大夫说正是感冒流行的时候。我最好还是休息休息吧"。

4. 当必须在两条同样感到为难的道路当中做出抉择时，她们选择其中那条"无忧无虑的舒服之路"。即使她们对于自己走这条路觉得厌恶，仍然要选这条路，因为她们熟悉这条路。她们已经在这条路上浪荡多时，已经很了解了。

5. 自己给自己捣乱。她们非常害怕发现自己的不足，因而给自己设置了一些障碍，例如很迟才动手或者不认真努力，于是无意识地破坏了自

成功者

1. 在找老公遇到问题、尝试解决问题或学习新本领时常常感到害怕，但她们不理睬这种不安的情况，集中力量把事情办好。她们把忧虑化为动力，成为她们"全力以赴的力量"。

2. 在紧急情况下能够发挥出惊人的潜力。她们的畏惧与忧虑起着力量之源的作用，能够激发出超人的力量，完成似乎根本不可能的任务。

3. 承受心中的忧虑，使自己适应由于忧虑而产生的难受的感觉和症状。她们今天去完成引起忧虑的那件任务，而不是没完没了地往明天推。

4. 走标有警告标志的"担惊受怕的困难之路"，去尝试一种新的处事方式和变化。她们知道：在生活的道路上尝试做一些改变，能够获得新的见解和想法，这是力求稳妥保险所永远得不到的。

5. 即便知道不断努力也不能保证成功，仍然竭尽全力去拼搏。由于她们下了工夫，终于会崭露头角。

不成功者	成功者
己的成功机会。如果失败了，她们就拿这些障碍当成理由，说"我这不过是随便说说"，而不说自己没有本领或者对付不了。	
6．有时被一件事情压得十分难受，由于忧虑而感到身上疼痛、发烧、伤风、感冒等等。到这种时候，她们逢人便呻吟诉怨，然后把已经决定的一点儿计划也取消掉，把时间花在养病上。	6．需要承担压力很大的任务、觉得身上疼痛难受的时候，对那些症状置之不理，坚持去完成任务。她们不改变自己安排好的日程，不以身体不适作为理由逃避工作和博取同情。
7．由于怀疑自己和感到无能而备受折磨。她们略一挣扎便丧失希望，止步不前，因此频频失败，越来越觉得自己无能。	7．陷入困境时，更加力图有所作为。找老公受到拒绝，她们不放弃希望，遇到其他的困难，她们不屈不挠地坚持，直到找到一个可行的解决办法。

二、胆大出才干

　　成功者和失败者都有自己的幻想。但是，失败者往往终生只是想入非非，构思出一幅幅美妙、幸福的爱情生活景象，却从来不做任何事情去实现自己的想法。成功者则比较实际。她们投入行动，向着自己的目标勇敢攀登。她们没有工夫空想，因为她们决心把希望和抱负变成看得见、摸得着的现实。

顶住反对意见的勇气

　　要找到好老公，有时得顶住来自方方面面的压力，尤其是在别人看来自己条件与对方差异较大时（不管是好还是所谓的差），你有这个勇气吗？
　　不管别人如何质疑，成功者都具有一种重要的品质，始终对自己的能力充满信心。查看那些大名鼎鼎的人物的早期经历，曾经有很多人都是被"公认"为不能成才，没有出息和必然失败的。其中有些人还受到过他的最尊敬的权威、教师和同事们的非难与劝阻，但他们"不认命"，甚至根本不承认世俗对他们的价值评定。他们在决定自己命运时敢于逆流而上，不肯顺从。

苏格拉底曾经说过：对于长期得到公认的思想方式和生存方式，要经过重新的思考之后才接受下来——这是达到成熟的一种必要的品质。成功者敢于向权威人物和僵硬的原则提出疑问。他们富有创造性的思想和勇气，因而能够无所畏惧地开拓新路，成为出类拔萃的人。

找老公也一样，当你根据自己的价值观找到了自己真爱的人，而所有的人却感到不合适时，只要你坚持，最后往往得到的是幸福的婚姻。

坚持了一年的勇气

好莱坞最出色的制片人和经理人杰里·温特劳布刚出道时，想做当时音乐界轰动一时的明星埃尔维斯·普利斯莱的经纪人，代理他的演出。谁都知道，以这位明星的影响力，谁为他操办演出就能有几百万美元的赢利。

杰里·温特劳布朝思暮想，有一天，他做了一个梦，梦见剧院的门口挂着一条长横幅，写是是"杰里·温特劳布主办的埃尔维斯·普利斯莱演唱会"，醒来后，他第一件事就是想方设法找到了这位明星的经理人帕克的电话，打电话过去要帕克签订代理演出的合同。帕克一口回绝了。但他并不死心，想出了一个大胆的计划，那就是毫不松动地天天给帕克打电话。接下来，他确实这样做了，在整整一年里，每天同帕克通电话谈这件事情。他虽然不断遭到拒绝，还是坚持这样做。

"为什么我得这样做？"帕克总是这样问："我欠别人很多情，可是什么也不欠你的！"

杰里很有信心而且坚定地回答说："我干这一行非常有办法，我能干得最漂亮，让我试一次吧！"

最后，帕克终于找杰里联系，说："你要是带上一张100万美元的支票到我这里来，咱们就可以谈一谈。"

帕克本人就是个经验丰富、敢想敢干的人，所以一张嘴就要100万美元。当时，还没有开这个价钱的先例。

杰里动员西雅图的一位商人投资，拿出了他需要的这笔巨款。杰里打定主意办什么事情都能办成，而出钱的这个人也是个大胆子。

杰里带着他的见面礼——100万美元支票去见帕克，谈了自己的想法。帕克很快就接过支票，放到自己桌上，握着杰里的手说："这笔生意你做成了！"

杰里得意扬扬地回到公司，对同事们喊道："咱们把埃尔维斯弄到手了啦！"

杰里对他的律师谈这笔交易的时候，律师问合同是怎么签的。杰里回答说："我没签合同。"

"讲了什么条件呢？"律师问。

"我也不大清楚，"杰里回答说，"可是我知道咱们把他弄到手了。"

一年之后，杰里在全国各地都为埃尔维斯举办了演唱会。这时，帕克把那张100万美元的支票还给了他。帕克收到支票之后，一直放在抽屉里。杰里问他为什么没有兑换成现金，他回答说："我不是对这笔钱感兴趣，只是想看看你到底有没有下这么大本钱所需要的本领。"

我们女人找老公，如果有这样坚持一年的韧性，只要市场定位准确，什么样的男人不能追到手呢？

我要走进白宫

还是举美国总统罗斯福的例子。在进入白宫前他似乎是**最不适合当总统**的人，瘸腿，说话沙哑，长得难看，但他却成了最富有成就的世界政治家之一。他出任总统时，正值美国经济大萧条，银行纷纷倒闭，工业生产连连下降，工人纷纷失业。面对着这种不景气的经济形势，罗斯福毅然推行"新政"。从而使美国经济复苏。第二次世界大战期间，面对法西斯的猖獗，他吁请国会修改中立法，与英国首相丘吉尔宣布《大西洋宪章》，对日本宣战，从而为获得第二次世界大战的全面胜利起了决定性的作用。他倡导建立联合国，以维护战后的和平。作为政治家，他是美国迄今唯一连任四届的总统（第四次连任不久，因脑溢血而在办公室内去世）。他是美国历史上最受爱戴的总统之一，他被其拥护者称为美国经济的救星，是世界民主政治和平的保卫者。

罗斯福的业绩是巨大的，他实现了人生的最大价值，特别是他以残疾之身履行总统之要职，这充分体现了他的顽强的意志和矢志创业的伟大精神。一般情况是，患了小儿"麻痹症"就意味着一个人永久地丧失了便捷行动的能力。但是，他却发誓说："我还要走路，我要走进白宫。"第一次竞选总统时他对助选员说："你为我布置一个大讲台，我要让所有的选民看到这个患麻痹症的人，可以走到前面演讲，不需要拐杖。"是的，罗斯福走到前台，走进了白宫，走出了一条创业的辉煌的道路！

一个人的真正价值在哪里呢？人生价值最重要的是：要回归到他最好的、最真实的自我内涵中去肯定。这种肯定完全能够抵御世俗的"潮流"而显出人性的无限魅力！

罗斯福能走进白宫，你难道不能走进婚姻？

不肯认命

蒋震是名震港台东南亚的"塑机大王"，他的工厂是东南亚最大的生产成型塑料制造机械的制造厂，产品行销6个国家和地区，他本人也由一个流浪的退伍军人变成了有亿万家财的香港工业家。

当初，他从大陆来到香港，靠打散工维持生计，当过矿工、苦力，无家可归，挨过饿。经过十多年的打工煎熬，他终于与人合伙成立了一家"震雄"小型机械厂。机械厂成立后多灾多难，合伙人退股走了，他苦苦支撑，好容易有一点改善，忽遇世界石油危机出现，工厂陷于停产，银行上门逼债。近乎绝望的蒋震，徘徊街头，人海茫茫，但自己似乎已无路可走。一天，他看到街头一个算命摊生意很旺，一群看似失业工人的壮汉挨个等着相士指点"迷津"，他也挤上去。相士又是问他生辰八字，又是观其手纹面相，最后断言道："阁下经营的企业不会有发达之日，不如找份工作，安安分分过日子罢了。你生来就是打工的命，认命吧！"

但蒋震没有认命。

他勒紧裤带，廉价销出产品，苦撑两年，终于渡过难关，最终脱胎换骨，成为亿万富翁。他把自己价值5亿港元的股权捐献出来，设立了发展中国工业的"诺贝尔奖金"——震雄工业发展基金。

震雄，震住了多难的命运!

异想天开

这是我本人经历过的一个真实故事。我在报社工作期间，曾认识一个爱写诗的女孩，后来这位女孩从北京到深圳去了，在深圳文联工作。一次我出差到深圳遇见了她，她说她要写海外华人首富李嘉诚的传记。当时，我很不以为然，一直把这位女孩的誓言当做异想天开的童话，甚至认为，写诗的人最容易脱离现实去幻想。

可是，有一天去书店，我却发现书架上赫然摆着《李嘉诚传》。我下意识地抽出一看，作者正是这位女孩——夏萍。

作为一个几乎没有任何背景，也没有什么名气的小字辈，怎样能够与华人首富"搭上腔"？首先就在于她有别人没有的胆气。她确立了自己的志向以后，便积极收集资料，详细研究。通过研究——

她确信自己真的能够做成。

因此不放过任何一次机会。终于，她在李嘉诚参加家乡的一个庆典时找到了李嘉诚，却被一向谦逊低调的李嘉诚婉拒。她并不畏惧，充满勇气地道出了要写传记的数条理由，她含着泪水发问，李先生，您让我理解您，可您理解我吗？言语中表现出来的执著精神终于迎得这位温和的巨富的理解，实现了她的梦想。

18年没被承认的天才

这是美国北纽约州小镇上另一位女人的故事。她梦想成为最著名的演员，18岁时，在纽约一家舞蹈学校学习三个月后，她母亲收到一封学校来信："众所周知，我校曾经培养出许多在美国甚至在全世界著名的演员，但是我们从没见过有哪个学生的天赋和才能比你女儿还差，她不再是我校的学生。"

以后的两年她靠在纽约干零活谋生。工作之余，申请参加排练。排练是没有报酬的，只有节目公演了才能得到报酬。在她参加排练的每个剧目公演之前，她总是被叫到一旁，人家对她说："你没有天赋，没有才能，出去吧。"

两年后，她得了肺炎。因无力支付医药费，住院三周以后，一位医生告诉她，可能再也不能行走了，肺炎使她的双腿萎缩了。

此时已是青年的她，带着她那不曾破灭的演员之梦和她那双病残的腿，回家休养。

她相信终有一天能够重新走路，经过两年痛苦的磨练，无数次的摔倒，她终于能够走路了。又过了18年，是的，18年——她一直都没能成为她梦中的演员。当她第一次有机会扮演比较重要的角色时，她年已40。

这位妇女终于获得了一次机会，在她40岁时，她获得了扮演一个电视角

色的机会，并且这个角色对她非常合适。她成功了，同样是1953年，在艾森豪威尔就任美国总统的就职典礼上，有2900人看到了她的表演。同样是1953年，当英国女王伊丽莎白二世加冕时，有3300人欣赏了她的表演。还是1953年，看到这一位曾经屡次失败，18年中没有扮演过一个好角色的女性表演的人超过了4000万。

这就是露茜·鲍尔的电视专辑。观众看到的不是她早年因病致残的跛腿，而是美国一位杰出的女演员的天才和能力，看到的是一位战胜了一切困苦而终于取得成就的大人物。一个不言放弃的人。

找老公有她这么难吗？

[心理体操] 练习16：面对逆境怎样坚持到底

除了找老公以外，人生道路上，还会遇到许多困难、挫折，大的如事业无成、家庭不幸、财产损失、人身事故，小的如人际间的磨擦、工作不顺心，怎样才能使挫折变成踏脚石，从挫折中汲取成长的力量，把自己训练成成功者呢？

请记住这些成功的诀窍：

○越是艰难的时刻，越要努力奋斗

过早地放弃努力，只会使问题更麻烦。例如你认为自己年纪大了不好找对象，如果放弃努力，年纪只会变得更大，将来更不好找。遭受严重挫折的时候，要加倍努力坚持下去。要下决心挺住，并且一直坚持到底。

○要讲实际

对你面临的危机要作实实在在的估计，不要忽视问题的严重性。如果低估了严峻的形势，动手改变局面时就会准备不足。

○不要犹豫退缩

要使出所有的力量，不要顾虑把力量耗光。成功者总是付出极大的努力，过后还要更加努力，她们不考虑是否劳累疲倦。

○按你的预感去做

一旦下了决心就要冲上去，既要理智也要相信自己的直觉。要顶住家庭和朋友对你的压力。要有自己的主意，并且要维护自己的信念。在这种时刻，无论对或错都要相信自己的判断和自己的智慧。

○要谅解自己的恼怒心情

在遭遇不幸陷入危机的时候，觉得恼怒是正常现象。固然要了解困境之所以出现其中有自己什么原因，但解决问题占去你很多时间，你是有权感到恼怒的。

○每次只迈一步

发生比较大的危机或者类似某个与你亲近的人死去的大事以后，在你的感情稳定下来之前，每一段时间里采取一个小的措施就够满意的了，不要同时去做几件事情。不要想象如超人那样立刻把所有的问题都解决掉。要选出一件能够处理的事情，只去做这一件事。每把一件小的事情搞成功，都会使你增加力量，使你更积极地展望前途。

○要让别人安慰你

失败者无论在顺境或逆境当中，总是不断地牢骚满腹，惯常采取消极态度。所以，到真的发生危机的时候，很少有人信以为真跑来安慰她。这种情况就象那个老是喊"狼来了"的孩子一样。但是，如果你是个持积极态度的人，平时自己的生活料理得很好，那么，在处境困难的时候一定要把自己感到遗憾和畏惧的事情对别人讲，让别人有机会来安慰你。应该求得这种支持，让别人安慰没有什么不好。

○要坚持尝试

克服危机的办法可能不容易找到。然而，如果你不屈不挠地探索新的出路，在成功可能性很小的时候也愿意去实验的话，是会想出办法来的。

○要化不利条件为有利因素

头脑要保持清醒，随时注意发现可能存在于危机与困境之中的机会。不要把精力集中在多么倒霉上，而要寻求有什么可以把握的希望和积极的出路。即便处在混乱与事故之中的时候，也有可能形成一个别有新意的念头，值得你重新去闯一闯。

○没有失败，只有经验和结果

在成功者眼里，认为失败只是暂时性的挫折，并以挫折为师，以挫折为镜，从中找出正确的解决之道。真正的成功者失败的次数可能多达百分之七十，但这并不能阻挡她们前进的脚步，把挫折化作催化剂，成功就在不远的前方等着你，大胆地采取行动吧！

通过阅读上面这些故事，你从中得到了哪些启发？成功与不成功的人，他

们的做法有哪些不同？你希望成为什么样的人？给你一面镜子，照照看，你会得到满意答案。

［照镜子］成功者与不成功者的鉴别表（17）

不成功者	成功者
1. 遭到男朋友、老师、考官和同事的否定以后，就认准自己"不具备所需要的条件"。她们失望得太早，放弃成功的希望也太快。	1. 相信自己的品质和能力。别人说她们缺乏魅力、在所感兴趣的那一方面没有天资，她们就更加勤奋，加倍努力地提高自己、勇敢向前。
2. 害怕打破现状，不敢采取非常规的办事方法。	2. 敢于向陈规陋习提出疑问，毫无畏惧地在对生活的看法和办事的方法上另辟新路。在遇到障碍的时候，她们探索实现目标的新途径。
3. 在危机时刻常常束手无策。她们心中充满恐惧，看不出化不利条件为有利因素的机会。	3. 遇到危机的时候，不但努力设法克服，而且注意发现当时存在的有利因素。她们在混乱之中也留心积极思考问题，寻找新的成功机会。
4. 在关键时刻，被忧愁压倒，不再从事有可能导致成功的尝试，而是失望地退缩下来。	4. 在形势恶劣时坚持不懈。她们积极设法坚持下去，继续奋斗不已，直至找出解决问题的办法。
5. 不愿意显得野心勃勃，只要别人一否定，她们就不加思考地退下来。她们非常害怕改变自己的处境，总是在失望与不安之中讨生活。	5. 别人的否定意味着她们要加倍去努力，也许要向另外一个方向去努力。她们不断尝试与实验，勇敢前进，直至达到目标。
6. 只有在某件事情容易做成时，才愿意花力气。她们想要找到必定成功的保证，但却找不到，于是很少采取行动自助。	6. 采取积极的态度尝试许多新的主意，所以获得的成功也多。她们知道所尝试的事情有很多会失败，但仍然乐观积极，坚持到底。

三、不要害怕成功

　　成功还会让你害怕？这确确实实是我们在心理咨询时遇到的一个突出问题。我们发现，有很多非常优秀的男人，他们找到的老婆并不是他们最理想的，相反，差距还比较大。这一方面说明，有些条件较"差"的女人有勇气、敢于成功，另一方面，也说明我们有些条件"好"的女人缺乏勇气、害怕成功。请想想，如果同样去竞争，条件好的女人肯定有优势，怎么会出现"好男娶不到好女、好女嫁不到好男"的情况呢？

　　有很多人对于成功的恐惧和痛苦，比失败还来得强烈。

　　这听起来似乎有点荒唐，令人难以置信，但却是实实在在的事实。"畏惧"之所以能和"成功"联系在一起，这其中自有道理。

　　虽然每个人从主观上讲，都希望自己能够成功，并且也都为自己的目标付出了或多或少的努力，但是在他的潜意识里还没有形成对成功所带来的新处境、新生活的接纳心理。他们不是因为成功而快乐，而是因为成功痛苦和恐惧，感到无所适从，宁愿回到成功前的那段奋斗的日子中去。

　　在找老公问题上，一个典型的表现就是：一个内向娇羞的怀春少女，心中暗恋一英俊男子，但是，当她心目中的"白马王子"真正地站在她的面前的时候，她不是主动地去抓住这渴望已久近在眼前的爱情，而是非常不自在，感到无所适从，甚至会很痛苦，也许会一溜烟儿地从那成功的路口溜走。

"喜旧厌新"使我们害怕成功

　　也许对许多事物，大家的感情都是喜新厌旧，但是对于生活模式而言，大多数人的态度是喜旧厌新。一般情况，人们不愿主动去放弃他们早已习惯的生活模式，虽然这些旧习惯对他们没有任何好处，并且他们因这种旧习惯已经受害不浅，但是他们仍然像对待老朋友一样去珍视这个习惯，除非万不得已，他们是不会放弃的。因为一旦放弃旧的习惯，人们马上会感到空虚、无聊和没有依托，而陷入忧虑痛苦之中。这时候需要一种新的习惯去支持他的生活，但是新习惯的形成有一个过程，它需要时间来完成，在这段时间内就形成了一段感情依托的"真

空"，而对这种"真空"，我们无法适应而感到痛苦，倍受煎熬，许多意志薄弱的人就会退缩，宁愿回到旧习惯之中，而放弃对成功的追求。

但是这恰恰就是一对矛盾，你必须做出选择。或者是因为对成功的渴望，你必须改变旧的生活模式，选择一种新的生活；或者因为和旧习惯诀别你感到恋恋不舍和痛苦，继续墨守成规。一方是短痛但很痛，因为你很清醒；另一方是长痛但不痛，因为你已麻木。在成功与失败、短痛与长痛、清醒和麻木之间，你必须选择其一，那么你会如何选择呢？

有句谚语也许会给你启示：**长痛不如短痛。**

曾有一个水煮青蛙的典型实验能说明这个问题。如果把青蛙放到滚热的水中，青蛙会很快跳出来；但如果把青蛙放到凉水中慢慢加热，青蛙就会因逐渐适应这种"长痛"而被煮熟。

你愿意做这煮熟的青蛙吗？

我们有很多大龄女子找不到对象，就是因为她这种青蛙心理：我现在还过得去呀！事情还没有到找不到老公的地步，还可以熬一熬，结果，从25岁熬到30岁，又从30岁熬到35岁，越熬越难办，直到变为嫁不出去的"煮熟的青蛙"。

做一个跳出热水的活青蛙

虽然促你奋发、革新的力量占了上风，但是旧的阻你改变、进取的力量仍然在起作用。所以你必须不断鞭策自己，去克服由来已久的对成功的畏惧心理，一定要紧紧盯着你追求的目标，勇敢地前进，没有任何犹豫，一点儿也不要偏离通向成功的道路。

当你发现偏离目标时，千万不要因为适应旧习惯而迁就自己，要赶紧跳出旧习惯的"热水"。

失败是你的权利

在我们的生活中，不是到处都充满着鲜花和掌声，失败往往比成功的次数更多，其实失败和挫折本身并不可怕，真正可怕的是你不能正确地去面对它。

没有失败作基础，成功是无源之水。从每一次失败和挫折中，我们总能吸取一些教训，增长一些经验，寻求到一些新的解决问题的方法。失败是我们生活中不可缺少的组成部分，正是这一次次的失败，使我们认识到了生活的艰辛和复杂，使我们培养出了在逆境中同困难作斗争的能力和生存的本领。失败使我们更坚强，挫折使我们更勇敢，打击使我们更成熟，逆境使我们更聪明。而"坚强"、"勇敢"、"成熟"、"聪明"都是成功者必备的品质。

失败是你的权利，也是你的机会，正确对待和利用是你的责任和智慧。我们要克服对成功的畏惧，在某种意义上还是归根于要克服对失败的畏惧。失败和成功是相辅相成的关系。

失败＝反思＝努力＝成功

[照镜子] 成功者与不成功者的鉴别表 (18)

正是在成功已经唾手可得的时候，成功者的道路与不成功者的道路出现了重要的分歧。在这个关键的时刻，对于找老公或不熟悉的事物的恐惧心理促使不成功者墨守自甘失败的舒适的陈规，而成功者则战胜这些恐惧，向她们的目标大大跨近一步。

不成功者	**成功者**
1. 抛弃一种导致不成功的旧行为模式时，下意识的恐惧心理是：害怕导致成功的新办法会使她们陷入某种模模糊糊、无法预见的危难之中。为了平息这种恐惧的念头，她们就赶快停止前进。	1. 提高自己取得成功的机会时，会产生各种各样的恐惧心理和身体症状，但她们全然不顾，仍旧奋力向前。
2. 稍许取得一些进展就顾虑重重，当退回到老路上时反而觉得松快。于是，她们认定成功是代价太大、困难太多和无法达到的，便恢复了老办法。	2. 当把一种消极的旧行为模式改掉一段时间后又出现时，她们想到的是已经能够把成功的行为模式坚持了多久，然后马上重新按照新的办法行动。

不成功者	成功者
3．力图使她们所爱的人少为取得成绩感到兴奋。她们认为这样做的结果，万一遭到失败打击会小一些。别人讲起一件成功的事情，她们就会说出"你太自大了"、"你要小心些，别栽跟头之类"的话。	3．对家人和朋友取得的成绩采取支持与鼓励的态度。她们毫无顾虑地加以夸奖和祝贺，认为前景会是美好的，即便有时遇到挫折也只是全面成功当中的一个小小部分。
4．总是教训别人"要小心，要警惕，别失误，别失败"，以为这样做是对别人的爱护。	4．知道失败可以起导师的作用，所以并不防备受到较轻的挫折和打击。她们学习如何处理问题和应付环境的本领。
5．非常害怕失败，宁愿把获得成绩、财富与名声的机会牺牲掉，也不肯冒犯错误的危险。	5．进行尝试而遭到失败是完全被允许的。她们知道自己经受得住挫折，所以毫无顾虑地去尝试新的事物。

第七章
发现你的恋爱类型

为什么我总是好心得不到好报？为什么他想的总是与我不一样？为什么我们都想改变对方而都感到非常难？我们中间究竟是谁的错？

你们中间谁也没有错，错的是你们的恋爱类型。

美国芝加哥一位仲裁过四万多件不愉快的婚姻案件的法官说到，百分之九十以上的婚姻不愉快都是因为一些小事发生了争执。

心理学家发现，人有16种恋爱类型，如果恋爱类型不对，则可能发生种种沟通障碍。这种种障碍通过一件件小事日积月累，最后导致婚姻崩溃。有的夫妇年过六旬还要离婚，就是因为他们受够了。

有的女孩说，我为了所爱的人可以改变我自己。这种精神很可爱，文学作品中也有很多这样的感人故事。但生活不是小说。改变非常艰难的，是退而求其次的。正确的选择比艰难的改变要明智100倍。

　　一个人要做到有自知之明非常难，尤其是准备恋爱和已经恋爱中的女孩。对自己认识不清，是恋爱婚姻失败的直接原因。而找到与自己心灵匹配的恋人，知己知彼方能姻缘美满。

什么是恋爱类型？

　　什么是恋爱类型？了解它对于我们的情感生活到底有什么帮助呢？

　　1921年，著名思想家弗洛伊德的得意门生、心理学家荣格发表了一篇经典的心理学类型文章。他在书中设计了一套性格差异理论，相信并指出性格差异同时会决定并限制一个人的判断，他把这种差异分为内向性/外向性，直觉性/感受性和思考型/感觉型，同时认为这些差异是与生俱来的，并且会在一个人的一生中相对固定。

　　1992年，美国著名婚恋心理学家亚历山大·阿维拉博士，根据荣格的理论发明了恋爱类型系统。恋爱类型是16种特别的个性风貌，每一种在面对亲密关系时都有其独特的特质和偏好。通过决定一个人的恋爱类型，你可以了解这个人是否与你相配。他先后对大约1000对异性恋情侣做测试，其中一个重要的发现是，不管他们关系在什么阶段（刚交往、热恋或已婚），

　　情侣们在碰到与他/她有相似恋爱类型的对象时，都倾向于比较满意。

　　随着社会的日益发展，人们在情感交往中遇到的问题和困惑也与日俱增，这套恋爱类型理论也越来越多地被应用到婚恋交往之中，帮助上百万人找到了最适合自己的婚恋对象，并且获得了美满幸福的婚姻。

恋爱类型测试

　　当你置身于一段关系中时，每个人都会有不同的习惯、价值观和偏好。一旦有了这些信息，便可以开始去设计终极的约会计划，去邂逅那个可以满足你爱情梦想的人。

　　在以下恋爱类型的测验中，你将决定你独有的恋爱类型。用一些时间回答以下的问题，也许你会觉得两个答案都有可能性，但请选择最可能发生在自己身上的那个。

1. 你倾向从何处得到力量：
(E) 别人。
(I) 自己的想法。

2. 当你参加一个社交聚会时，你会：
(E) 在夜色很深时，一旦你开始投入，也许就是最晚离开的那一个。
(I) 在夜晚刚开始的时候，我就疲倦了并且想回家。

3. 下列哪一件事听起来比较吸引你？
(E) 与情人到有很多人且社交活动频繁的地方。
(I) 待在家中与情人做一些特别的事情，例如说观赏一部有趣的录像带并享用你最喜欢的外卖食物。

4. 在约会中，你通常：
(E) 整体来说很健谈。
(I) 较安静并保留，直到你觉得舒服。

5. 过去，你遇见大部分的情人是在：
(E) 宴会中、夜总会、工作上、休闲活动中、会议上或当朋友介绍我给他们的朋友时。
(I) 通过私人的方式，例如个人广告、录影约会，或是由亲密的朋友和家人介绍。

6. 你倾向拥有：
(E) 很多认识的人和很亲密的朋友。
(I) 一些很亲密的朋友和一些认识的人。

7. 过去，你的爱人和情人倾向对你说：
(E) 你难道不可以安静一会儿吗？
(I) 可以请你从你的世界中出来一下吗？

8. 你倾向通过以下哪种方式收集信息：
(N)你对有可能发生之事的想象和期望。
(S)你对目前状况的实际认知。

9．你倾向相信：
(N) 你的直觉。
(S) 你直接的观察和现成的经验。

10．当你置身于一段关系中时，你倾向相信：
(N) 永远有进步的空间。
(S) 若它没有被破坏，不予修补。

11．当你对一个约会觉得放心时，你偏向谈论：
(N) 未来，关于改进或发明事物和生活的种种可能性。例如，你也许会谈论一个新的科学发明，或一个更好的方法来表达你的感受。
(S) 实际的、具体的、关于"此时此地"的事物。例如，你也许会谈论品酒的好方法，或你即将要参加的新奇旅程。

12．你是这种人：
(N) 喜欢先纵观全局。
(S) 喜欢先掌握细节。

13．你是这类型的人：
(N) 与其活在现实中，不如活在想象里。
(S) 与其活在想象里，不如活在现实中。

14．你通常：
(N) 偏向于去想象一大堆关于即将来临的约会的事情。
(S) 偏向于拘谨地想象即将来临的约会，只期待让它自然地发生。

15．你倾向如此做决定：
(F) 首先依你的心意，然后依你的逻辑。
(T) 首先依你的逻辑，然后依你的心意。

16．你倾向比较能够察觉到：
(F) 当人们需要情感上的支持时。
(T) 当人们不合逻辑时。

17．当和某人分手时：
(F) 你通常让自己的情绪深陷其中，很难抽身出来。

(T) 虽然你觉得受伤，但一旦下定决心，你会直截了当地将过去恋人的影子甩开。

18. 当与一个人交往时，你倾向于看重：
(F) 情感上的相容性：表达爱意和对另一半的需求很敏感。
(T) 智慧上的相容性：沟通重要的想法；客观地讨论和辩论事情。

19. 当你不同意情人的想法时：
(F) 你尽可能地避免伤害对方的感情；若是会对对方造成伤害的话，你就不会说。
(T) 你通常毫无保留地说话，并且对情人直言不讳，因为对的就是对的。

20. 认识你的人倾向形容你为：
(F) 热情和敏感。
(T) 逻辑和明确。

21. 你把大部分和别人的相遇视为：
(F) 友善及重要的。
(T) 另有目的。

22. 若你有时间和金钱，你的朋友邀请你到国外度假，并且在前一天才通知，你会：
(J) 必须先检查你的时间表。
(P) 立刻收拾行装。

23. 在第一次约会中：
(J) 若你所约的人来迟了，你会很不高兴。
(P) 一点儿都不在乎，因为你自己常常迟到。

24. 你偏好：
(J) 事先知道约会的行程：要去哪里、有谁参加、你会在那里多久、该如何打扮。
(P) 让约会自然地发生，不做太多事先的计划。

25. 你选择的生活充满着：
(J) 日程表和组织。

(P) 自然发生和弹性。

26. 哪一项较常见:
(J) 你准时出席而其他人都迟到。
(P) 其他人都准时出席而你迟到。

27. 你是这种喜欢……的人:
(J) 下定决心并且做出最后肯定的结论。
(P) 放宽你的选择面并且持续收集信息。

28. 你是此类型的人:
(J) 喜欢在一段时间里专心于一件事情直到完成。
(P) 享受同时进行好几件事情。

得分:
针对以上七组问题,把你的答案根据所代表的字母统计出来,将数字(即得分)填入以下适合的横线上。然后把每一组得分较高的数目圈起来。

你的恋爱类型
E__ I__
N__ S__
F__ T__
J__ P__

每一对中那些得分较高的字母代表你4种最强的偏好,当它们合并起来时,将决定你的恋爱类型。更完整的恋爱类型与爱情心理测试可以到百合网(www.baihe.com)完成。

你的偏好极强或适中?

如果在你所偏好的字母上得分是4,那表示这个偏好是中度的。得5分或6分表示渐强的偏好,而7分则代表非常强烈的偏好。例如说,你在(E)上得了7分,代表你是一个非常外向的人。你喜欢花很多时间和其他人在一起,同时你比一般人都要享受说话的乐趣。

另一方面，若你在(E)上得了4分，则代表你对外向的偏好是适中的。这表示你大概比一般典型的内向型(I)外向和健谈，但同时却比一个强烈的外向型(E)保守和内敛。

这样的区别，在你开始于第二部分中检视你的恋爱类型组合时会变得很重要。有些恋爱类型配对，会在其中一个伴侣在某个偏向上是适中时呈现最佳状态；然而在另一些配对中，伴侣偏好的强度并不重要。

请在下列四个空位中，写下刚刚得到的4个字母恋爱类型。

——— ——— ——— ———

不断地参考这4个字母的恋爱类型，它将作为决定你的恋爱偏向、目标和最适合的伴侣之指标。

你的恋爱类型字母指涉4种你人格的主要倾向或支柱。它们包括以下这些：

1. 能量倾向：你如何产生生命的能量。
2. 专注倾向：当你在接受周围的信息时，会注意到什么。
3. 决定倾向：你如何做决定。
4. 组织倾向：你如何组织和设计生活。

以上4种人格倾向中的每一种都提供两个选择，也被称为偏向。偏向是指你最喜爱用来处理你周围的事情、人和想法的方法。这些偏向如下所述：

能量倾向
你偏向通过以下方法取得能量：
A. 内向型(I)：以你自己的想法独处。
B. 外向型(E)：在外面的世界应酬交际。

专注倾向
你偏向通过以下方法去体验世界：

C.直觉型(N)：你对未来的幻想和憧憬。

D.感受型(S)：你在现实环境中的五官感受。

决定倾向

你偏向依据你的……做决定：

E.感觉型(F)：感觉和价值。

F.理性型(T)：逻辑和客观的分析。

组织倾向

你偏向下列生活方式：

G.观察型(P)：有弹性的、自然自发的、没有组织的。

H.果断型(J)：有组织的、排好日程的、有时间性的。

请记得，偏向是一种二选一的选择。这表示你在大部分时间中偏向采取某种方式，而在其余时间中采用另一种次等的方式。你也许喜欢花大部分时间在社交活动中；因此，你取得生命能量的偏向是外向型(E)的。虽然你也会期待安静独处的时光，就像内向型(I)一样，但你主要的偏向还是外向型(E)的，因为那是你大部分时间会选择的方式。

举例说明。

假设说，在完成前面的测试后，得到的4个恋爱类型字母是ESTJ。这表示你的4种主要偏向如下：

1．外向型(E)：你倾向通过在外面世界的社交活动中取得能量。

2．感受型(S)：你倾向通过你在实际、当刻的感受中处理信息。

3．理性型(T)：你倾向利用逻辑做出决定。

4．果断型(J)：你倾向一个有结构的生活形态。

在知晓4种主要的偏向后（以恋爱类型中的4个字母为代表），你将会对某个和自己有不同或相同偏向的人有更进一步的了解，并且可以逐次查找你恋爱类型中4个能使你找到相配伴侣的字母。

16种恋爱类型

这套系统真正发挥力量之处是在于其把4个字母放在一起，并且以此决定每个人独特的恋爱类型。

以下列出了16种恋爱类型的主要特质，你可以借此分析一下你和他都是什么类型：

1. 哲学家型(INFP)：

   喜欢艺术、哲学和心理学，对于自己的生命有使命感。

   很敏感同时也很理想化。

   通常很随和，除非他们的价值被侵犯。

   倾向于对他们喜爱的人有很高的期待。

2. 作家型(INFJ)：

   会被心理学、哲学、神秘主义和心灵感应所吸引。

   是很好的聆听者而且非常具有同情心。

   通常很安静。

   有些时候极端固执。

   喜爱阅读和写作。

3. 记者型(ENFP)：

   对发现生命的意义非常有兴趣。

   喜欢被人们所肯定。

   开朗而且富有领袖魅力。

   倾向于开始很多事情(包括感情)但却不一定会完成它们。

4. 教育家型(ENFJ)：

   是卓越的沟通者和游说者。

   可以成为有效率的领导人和发动人。

   如果他们觉得他们的恋人把他们的存在视为理所当然，会变得善妒且具占有欲。

喜欢在任何事情上给予他们的朋友劝告，而且在情感上非常具有支持性。

5．学者型(INTP)：

是个着迷于理论但心不在焉的教授，总是忘东忘西，可是仍然有出色的想法和观察。

通常是随和且易相处的伴侣，有时是安静的但有时又非常好辩。

也许会忘记他们感情关系中的情感需求。

6．专家型(INTJ)：

对爱情有一套详细的理论概念。

重视他们伴侣的能力。

是所有恋爱类型中教育水平最高的。

通常在科学和思想的世界中有所成就，且不断追求自我成长。

7．发明家型(ENTP)：

几乎可以针对任何事情侃侃而谈。

是创造新发明、计划事情或提出方案的天才。

是多才多艺的个体也是个挥金如土的冒险家。

喜欢同时进行许多件事情(并且有能力把所有事情都做得不错)。

8．陆军元帅型(ENTJ)：

非常具权威性而且擅长沟通。

通常在他们所选择的领域中有卓越的成就。

野心很大，通常对他们自己和他们的伴侣要求很高。

具有审判律师的个性：享受热烈的辩论。

9．照顾者型(ISFJ)：

具有强烈的责任感，相信生命应该适得其所。

通常对生命中弱小的人物特别关心：儿童、动物、病人和老年人。

在服务别人的过程中找到快乐(他们会是很好的护士、教师和母亲/父亲)。

10. 公务员型(ISTJ)：

非常负责任和可靠。

很忠诚也很安静。

不喜欢他们伴侣俗丽的爱情举动或"敏感的"表达方式。

11. 主人型(ESFJ)：

重视他们感情关系中的和谐。

喜欢对他人表示善意。

是完美的主人且具非常的家庭导向。

12. 大男人型(ESTJ)：

呈现负责任的个性。

重视权威和指挥体系。

享受一种粗糙的幽默感。

追寻婚姻和家庭生活的稳定性和结构，也是家庭极佳的保护者和供养者。

13. 艺术家型(ISFP)：

拥有强烈的艺术气息。

喜欢动物和大自然。

是温柔及关爱的情人。

既安静又随和。

14. 冒险家型(ISTP)：

喜欢用他们的双手工作且为了自己的兴趣而活。

非常重视他们的个人空间。

相信"能活就该好好活着"的哲学。

让人无法预期的极端个性。

15. 表演者型(ESFP)：

是天生的演艺人员。

通常以温柔、有魅力的俊男或美女和诱惑者著称。

是那种典型的"夜总会爬虫类"。

呈现永恒的乐观主义。

讨厌感情中的冲突；如果在一段感情初期发现到彼此的不和谐，他们会很快离开。

16. 挑战者型(ESTP)：

追求刺激、兴奋和每件事情中的多样性。

可以是专业型的诱惑者。

相信行动，不相信理论。

通常是极佳的促销者且具有操纵欲。

物以类聚，人以群分

能找到与自己完全相同的恋爱类型的老公当然很好，但我们没有必要去刻意追求。能找到与我们恋爱气质相似的男人，我们照样会很幸福。

这里，我们把16种恋爱类型分成4个易于记忆的组合，称作恋爱气质。每一组恋爱气质以两种人格偏向(字母)来表述，而不是像恋爱类型般用4种偏向来形容。

例如说，知识追求者这组恋爱气质包含了所有含有直觉型(N)和理性型(T)这两种偏向的恋爱类型。落在NT这些恋爱类型必定拥有一些共同的特征：他们看重逻辑、喜好辩论、聪明、有才能，并且能在感情关系中不断成长。知道一个人拥有N和T这两项偏向，就可以知晓关于他重要的信息。

以下是这4组恋爱气质和关于每一组的个性描述：

1）意义追求者

这组恋爱气质包含所有拥有N(直觉型)和F(感觉型)的恋爱类型。意义追求者看重亲密的行为、个人的成长、意义的追寻和感情关系中的想象力。它们包含以下几种恋爱类型：

1.哲学家型(INFP)：内向的、直觉的、感觉的、观察者。

2.作家型(INFJ)：内向的、直觉的、感觉的、果断者。

3.记者型(ENFP)：外向的、直觉的、感觉的、观察者。

4.教育家型(ENFJ)：外向的、直觉的、感觉的、果断者。

2）知识追求者

这组恋爱气质包含所有拥有N(直觉型)和T(理性型)的恋爱类型。知识追求者看重逻辑、喜好辩论、聪明、有才能，并且能在感情关系中不断成长。它们包含以下几种恋爱类型：

1.学者型(INTP)：内向的、直觉的、理性的、观察者。

2.专家型(INTJ)：内向的、直觉的、理性的、果断者。

3.发明家型(ENTP)：外向的、直觉的、理性的、观察者

4.陆军元帅型(ENTJ)：外向的、直觉的、理性的、果断者。

3）安全追求者

这组恋爱气质包含所有拥有S(感受型)和J(果断型)的恋爱类型。安全追求者看重传统、忠贞、安全感，并且在他们的感情关系中有所计划。它们包含以下几种恋爱类型：

1.照顾者型(ISFJ)：内向的、感受的、感觉的、果断者。

2.公务员型(ISTJ)：内向的、感受的、理性的、果断者。

3.主人型(ESFJ)：外向的、感受的、感觉的、果断者。

4.大男人型(ESTJ)：外向的、感受的、理性的、果断者。

4）刺激追求者

这组恋爱气质包含所有拥有S(感受型)和P(观察型)的恋爱类型。刺激追求者看重娱乐、刺激、冒险和感情关系中的随意。它们包含以下几种恋爱类型：

1.艺术家型(ISFP)：内向的、感受的、感觉的、观察者。

2.冒险家型(ISTP)：内向的、感受的、理性的、观察者。

3.表演者型(ESFP)：外向的、感受的、感觉的、观察者。

4.挑战者型(ESTP)：外向的、感受的、理性的、观察者。

由于这4组比起16种好记多了；当你知道了自己的恋爱类型之后，你只需按照上述要素留意与你恋爱气质相近的人便可。

信，还是不信？

我认为，恋爱类型作为心理学家发明的一种工具，可以作为我们找老公时的良好参考。毕竟，有些人我们一见面就感到喜欢，并且与他相处感到轻松，沟通容易；而与另一些人相处我们就感到有压力，有些不自在，沟通困难。这与一个人的思想品德、外在条件等等并无直接关系。

当然，我也看到不少性格互补的人相爱也十分幸福。

信与不信在于你的"定力"。

如果你想省心，想轻松，想在往后的沟通时多一些默契，找与自己性格相似的人也许是聪明之举。

当你拿不定主意的时候，你也许更应该倾听你内心深处的那个唯一的声音：**我与他相处愉快吗？我们能否长相守、白头到老呢？**

只要你不欺骗自己，你内心的回答往往是正确的。

你嫁给的是这个人，这一点，女人的直觉往往比男人要强。

第八章

躲避男人的陷阱

在社会人群中，有5％左右的人具有人格障碍，按这个比例，仅北京就有50万人的可怕数字。而在心理学家的研究中，偏离正常值的大约还有10％左右，两者相加则是一个相当惊人的数字。这中间有一半是男人。这些人外表看不出什么，有的甚至还有令人感动的爱情专一的品质，但一旦他进入到你的生活，你将遭受无尽的苦难。

辨别人格障碍并不难，在后面的"结婚应发《准婚证》"章节里，只要你填写应该了解的项目，就能对此保持警惕。一旦出现红灯，你只要立即停下来，就能远离危险。

现实生活中，最可怕的是两个人的品质都没有问题，他们单个看来甚至都非常优秀，但凑到一起就成为一种灾难，这种隐性的陷阱往往有时很难识别。

案例分析：她的悲剧在哪里？

我出生在一个普通的城市家庭，父母只有我一个女儿，虽然不算富裕，但一家三口仍过着其乐融融的生活。我年轻，我美丽，我自负，总是希望邂逅一段浪漫的爱情；我的身边从来不乏追求者，但我却从来看不上那些仗着家里有权有钱便在外面沾花惹草勾搭女生的公子哥儿。我希望我的另一半是一个单纯的、不太富有的，有着深沉内涵和优雅气质的正派男生。直到大三，我才在一次学生会的活动上结识了我的丈夫，不，应该是前夫。他是我的学长，高高的个子、秀气的面庞，白衬衣、戴眼镜，坐在那儿深沉有度，像是在思考问题，是个从农村走出来的优秀学生……一切的一切，都符合我心中理想另一半的形象。从那以后，我们开始交往，一年中我们相互欣赏，始终保持着若即若离的关系。

我大四时他在外面工作，每次见面总能带给我一些有关求职、就业、工作上的经验，我们相处得很愉快，也很单纯，甚至都没有亲吻过对方。这样的男人，在这个物欲横流的社会简直是稀有动物，我对自己说。于是，我相信，这就是缘分，他就是我的爱情和未来。

毕业后，我在一家公司从事财务工作，而他只是一个普通的机械师。在别人眼中，像我这样标准的白领丽人完全可以有更好的选择；一个好朋友甚至跟我打赌，说不出三年，你一定会因为忍受不了两个人在学识、家境、环境上的差别而跟他分手。是的，我知道大家都不能理解，但我却认为，从农村来的孩子更能吃苦、更会关心人、更能珍惜身边的一切，凭我们自己的能力，一定能有美好的未来。

在他的老家，二十五六岁不结婚就会被人视为异类，于是，在家里的压力下，他向我提出结婚。是的，只是提出，而不是我想象中浪漫的求婚。可我不在乎，那年我25岁，正是最好的年纪，对爱情和婚姻充满憧憬的我甚至在没有玫瑰、没有戒指、没有婚纱、没有喜宴之下与他领了结婚证。

一切都是那么匆忙，一切都是那么无奈——对于我的决定，父母选择了尊重。在他来我家迎娶新娘的那一刻，父亲只说了一句："我们的女儿就交给你了，希望你好好待她。"他听了，连连点头。

结婚后，由于没有房子，我们只能暂时住在我家。我不是一个支配欲很强的人，所以并没有要求他把工资交给我保管，然而我的丈夫，却在他妈妈的要求下把全部工资悉数上缴。我没说什么，单纯地以为等将来我们准备买房时他妈妈自然会把钱给我们，而我的收入也足够维持两个人的开销。

半年之后，我才发现，在他家，一切都由他妈说了算，他爸和他没有一点发言权，他对他妈也是言听计从，不管大小事首先想到的就是征求家里的意见，而把我这个妻子扔在一边。他的孝顺在恋爱时看似一种美德，但在婚后，这种霸道母亲管教下的软弱性格却严重影响了我们之间的感情。男人可以穷、可以落魄，但决不能没有主见，我曾不止一次地和他长谈，说孝敬父母是人之常情，但自己的事情应该由自己做主。而他，只是应付我了事。

工作之余，他最大的爱好就是看电视，有一次我们一起回他家，到家后他直接进了他妈的屋子，因为我的嫁妆彩电在结婚当晚就搬进了那个屋。过了很久，他才回到我们的房间，直接想要上床睡觉。我让他洗刷之后再睡，他不肯，然后我们就吵起来了。很快，他爸冲进来朝我大声呵斥，他竟然还给了我一记耳光。伤心、委屈，我哭了一晚上，农村人淳朴善良，农村人也蛮横霸道。我知道，以他爸的性格，根本不会让他来打我，一定是他妈的主意。第二天早上，我一句话也没说就直接回了自己家。

过了一阵，他去接我回家，只是简单地安慰了几句，我就跟他回去了。但是不久之后的一件事让我对他彻底失望。回到他家几个星期后，我流产了。因为是初孕，孩子没了，我很伤心，就跟他怄气，在他家躺了几天就回自己家了。他丝毫不觉得流产是他的责任，也从来没去看过我，更别说嘘寒问暖给我买过滋补品了。从那以后，我们吵架越来越频繁。

更过分的是他妈妈，好像是我把她儿子从身边抢走一样，不但对我恶语相向，还责令他打我，理由竟是自家的媳妇儿就得好好管教。我曾和他商量，让他把工资交给我保管，却被他拒绝了，还口口声声说今后的日子还要指望他妈。我苦笑，哭笑不得，整个家里所有的事都是我在打理，一个人苦苦支撑。

心凉的我回到了自己家，偶尔去他家一次，也感觉不到半点夫妻之间的温情。

两年后的冬天，我妈脑溢血复发，一连多日昏迷不醒，需要24小时输液维持生命。为了照顾我妈，我辞去了工作，当时我是多么希望他能在身边支持和安慰我，但等来的却是他的漠然以对。幸而我妈的病情逐渐稳定，但出院后生活不能自理。整整一个冬天，我一心一意地在家里照顾她，而他却一次都没来探望过我们。我很想知道为什么婚前和婚后的他变化会如此之大，是我被爱情蒙蔽了眼睛，还是他根本就不是适合我的人？他是个孝顺儿子，他的态度，几乎就是他妈的态度。面对这样一个男人，我不得不开始考虑离婚，但是我犹豫了，我不能在妈妈最脆弱的时候再给她一次打击。

冬天终于过去，退休的爸爸接过了照顾妈妈的担子，为了维持家里的开销，我又找了一份工作。平静的生活只有半年，很快，他又找到我，破天荒地向我认错，让我原谅他，并愿意和我重新开始，还答应我去外面租房子住。为了不让病床上的妈妈再为我的事操心，我答应了。

于是，我们有了自己的家，一个简单的家。那是一段真正快乐的日子，没

有争吵，相互体贴，我也终于过上了安定的婚后生活。然而快乐总是短暂的，不久我怀孕了，辞职在家，想要一心一意照顾肚子里的宝宝。临近预产期时，他硬是把我从市区的小家送到了他家，说是郊区更利于安胎。

我什么都没说，但已经有了不好的预感，我要看看事情到底会向什么方向发展。临产那天，我们到了医院，我痛得厉害，却没法住院——原因竟是他妈没带钱！幸亏我有先见之明，早在几天前就托人找了个医生，才使女儿顺利生产。女儿满月后，我们搬回市里，他每月只给我500元钱，用来维持最基本的家用。

外面的雪很大，我们的家很小，屋里开着暖气，我在床头给女儿喂奶，他坐在一边看报纸。我说："过年时要是天还这么冷，你就一个人回家去吧，我和女儿回我妈那过年。"话音刚落，他放下报纸，冲过来就给了我一耳光，说："想走就走，用不着给我脸色看！"

我没有哭，只有苦笑。

都说孩子是维系一个家庭的纽带，我也曾这么天真地想过，以为有了女儿之后，他会像一个男人一样对这个家负责，可他还是老样子，永远只是他妈的孝顺儿子。抱着可爱的女儿，我对自己说：只要女儿好，我什么都能忍受；就算他跟我吵架，我也不会理他，我不想在女儿的记忆里父母只是会吵架的一对男女。

这一年秋天，他失业了，我重新找了个工作，让他在家带女儿。懦弱、没有责任心、脾气越来越坏，有朋友说，这样的男人我都能忍受。我苦笑，作为一个女人，我甚至不强求自己的男人来养家糊口。

女儿上幼儿园后，他每天接、送、做饭。我因为工作关系，不在家吃饭；而他每回一次老家，回来后都要跟我冷战几日。更莫名其妙的是，女儿本来在市里上幼儿园好好的，他竟一声不响地把女儿转去了老家的幼儿园。我只好赶过去给女儿交学费，从此他就和女儿住在老家。

又是一个下雪的冬天，他回来了，却板着脸不和我说话。记得那天早上，他用自行车把我送到公司，说要回趟老家。没想到这一走，竟注定了我们的分手。

几天后，我想女儿了，知道她已放寒假，就给他家里打电话，只听到女儿在那头"喂"一声，电话就挂断了，再打还是这样。我立刻赶到他家，却看见女儿一个人在雪地里站着！我一把抱起女儿冲进他家里，正好撞见他妈。他妈一看见我就开始骂，此时的我愤怒极了，几年的积怨全部爆发出来，可我的丈夫，非但没有劝架的意思，还帮着他妈和我吵。一气之下，我带着女儿夺门而出。

路上我问女儿为什么不接电话，她说奶奶不让接，还骂她。我什么都明白了，不就是我没有给他们家生个儿子吗？第二天，我把女儿送到我家，让我爸暂时带着，这才心力交瘁地去上班。

过了很久，他既没有看女儿，也没有打电话来，幼儿园早就开学了，他并没有把女儿接回去上学。我没有办法，只好给他打电话，他不接；我带着女儿去用公用电话打，他才接。我一开口，他就挂了电话；再打，又不接。女儿上幼儿园的事不能再耽搁，万般无奈下，我只好让女儿就近找了家幼儿园上。

我住城北，我妈家住城南，我上班的地方离我家不太远，我每天早上把女儿送进幼儿园，中午我弟弟从南面跑到学校把女儿接走，我下班后去妈妈家吃过晚饭再带女儿回去，然后哄她洗脸睡觉，第二天早上7点还得起床做饭。在那段时间里，我和女儿每天这样紧张地往返在城市两头，而她的爸爸却始终不见踪影。

作为一个女人，我可以容忍他不交给我工资，可以原谅他打我，却不能容忍他对亲生女儿的不负责任！一个没有责任心的男人，任何女人都不会继续跟他过下去。

也就是在那时，我打定主意要和他离婚，我已经彻底死心。

很快，我正式到法院起诉离婚。我什么都不要，哪怕是十年的青春，我只要女儿。可在这时，平时对女儿不闻不问的他居然请了律师，争取到了女儿的监护权。我的心在滴血：让那么小的一个孩子从妈妈身边离开，生活在一个完全不爱她的家里，那是一件多么残忍的事！

此后，他不让女儿见我，不让女儿接我的电话，更不让女儿给我打电话。我只能买了好吃的去幼儿园看她。可当我第二次去幼儿园时，幼儿园的老师不给我开门，最后才偷偷告诉我，是她奶奶不让我见女儿。女儿说她奶奶经常骂她，不让她吃我拿的东西，还说我的东西有毒。

我没有被打倒，因为我坚信我会把女儿从他们身边抢回来，让她过上幸福的生活。现在，我又和父母住在一起，忙碌的工作让我孤单而快乐地生活着，唯一的牵挂就是女儿。

离婚对我而言不是痛苦，而是解脱，当初对爱情的憧憬和单纯让我相信了缘分，也让我付出了沉重的代价。现在，我终于明白，婚姻需要两个人一起努力，找一个真正合适的人，才是开启幸福生活的钥匙。

这是培训班讨论的一个典型案例。

经过激烈讨论，大家总结出文中的"我"有三错。

一错，找老公的标准凭想当然，把缺陷当优点，选择出错。

二错，找老公不深入了解，把不足当成高尚，认识出错。

三错，发现问题不处理，想用生孩子来挽回，错上加错。

文中的"我"之所以陷入困境，根源在于不了解对方，凭想当然，选择错误。她挑选自己的丈夫，凭的是"我希望我的另一半是一个单纯的、不太富有的"、"是个从农村走出来的优秀学生……"，这恰恰是缺陷，但她为什么要以此为价值尺度呢？大概是从小受周围人的影响，她把"不富有"等同于珍惜，把"农村走出来的"等同于优秀，不知不觉地犯了一个错误。

而在结婚之前，她做了什么呢？"我们相处得很愉快，也很单纯，甚至都没有亲吻过对方"。"一年中我们相互欣赏，始终保持着若即若离的关系"。

她把"没有亲吻过对方"、"始终保持着若即若离的关系"当做自己恋爱正确之处，殊不知，这恰恰是她的缺陷。她并不深入了解这个男人，更不了解这个男人的家庭。"若即若离"怎么能够结婚呢？这是第二错。

而最不应该犯的第三错是，她婚后已经明明发现丈夫的问题："在他家，一切都由他妈说了算，他爸和他没有一点发言权"，"他的孝顺在恋爱时看似一种美德，但在婚后，这种霸道母亲管教下的软弱性格却严重影响了我们之间的感情……"丈夫已经发展到打她的地步，她却还要以生孩子来作为挽回感情的手段，这使她不仅自己陷入深渊，还把无辜的孩子也牵了进来。

从这点可以看出，虽然她已经是大学毕业，但在与男人相处上，她仍停留在10岁孩子的水平上。

案例分析：从一条鲳鱼看一个男人

我，小时候是好孩子，上学了是好学生，工作后是好员工，沿着这条路径走下去，我原本此时应该拥有一个温馨的家，一个绕膝的孩子和一个知疼知热的男人，过着一个传统意义上好女人应该过的好日子。偏偏种瓜得豆，发生了路径错误，年过30后我成为一个问题女人。我的问题在于，用我妈的话来说，成了一盆泼不出去的水。我对单身状态的放任并且优哉游哉的态度让我妈心急如焚又无计可施。无奈，女大不由娘！

因为单身，所以我的星期天没有庖厨之劳，亦没有送孩子上各种名目的兴趣班之奔波，睡至日上三竿，起床，洗漱，吃饭，上网，开始一个女光棍自由又有几分寂寞的一天。这与从前的我判若两人。

一两年前，我喜欢夜夜笙歌的生活，喜欢被男人追逐，也喜欢追逐想要的男人。忽然有一天就开始厌倦了。那些蜻蜓点水浅尝辄止的爱情，那些天亮说分手的男人，那些挥一挥衣袖不带走一片云彩的决绝，让我觉得生活轻飘飘的不真实。我想，是该找一个男人让我踏实下来了。可是，放眼这个世界，我又迷茫了，我需要一个什么样的男人？

我妈推门进来说，姑娘啊，你看太阳这么好，你整天趴在网上做什么呢？我知道她的潜台词，无非就是，姑娘啊，满大街的男人，找一个回来过日子吧！和一个爱我的男人一起过日子，不是没想过。有一次，我差一点就把自己嫁出去了，可是，我唯一一次对婚姻生活的向往被一条鲳鱼搅黄了。

那个差点娶了我的男人叫旭。他有不错的家庭背景，有一个在税务局权势显赫的妈妈，有一份让人眼红的职业，唯一不足的是，他身上纨绔子弟习气太重，贪图享乐却又不思进取。一个太野心勃勃的男人可怕，而一个一点野心也没有的男人却可悲了。我经常会犹疑，要不要和这样的男人厮守下去，生活在他妈妈的光环笼罩之下。

他向我求婚了，在浪漫的情人节夜，在田园酒吧。他说，结婚吧。我点头。一切都像是水到渠成。可是在我喝掉一杯扎啤之后，却伏在桌上嘤嘤地抽泣起来，心中有种莫明的悲伤。我对自己说，就这样吧，心比天高又怎样，上天赐予我的一切是这么的平庸无常。那时候我工作正不顺，处处受人排挤，因而，我极力想抓住一些什么，我能抓住的只有旭给我的婚姻。旭把我紧紧地抱在怀里，也许，他以为我喜极而泣。

四月的阳光暖暖地洒在湖面，风柔柔地吹过，湖面上的波光象火焰一样跳动。我懒洋洋地倚在阳光下的躺椅上睡着了。醒来的时候身上盖着旭的外套。眯着眼睛看他，他支着一根长长的渔竿，正全神贯注地盯着水面上的浮子。

暖意融融的天空下，一池碧水，一个衣食无忧的女人，一个与之相爱的男人，一幅接近于幸福的垂钓图。我被一种氛围感染，伸手拂乱他的头发。

他说，别闹。然后捉住我的手轻轻放在唇边。老婆，我钓条鲳鱼给你烧鱼吃。

我笑，把头枕在他的肩上，一起注视着浮子。浮子下沉，有鱼上钩。他用力拉起渔竿，一条鲳鱼随着渔线浮出水面，摆动着尾巴做垂死挣扎。

他兴奋地大叫，老婆，真的是条鲳鱼哎！

鱼儿被拖上岸，他兴高采烈地跑过去摘鱼钩。忽听"呀"的一声惨叫。

我跑过去问，怎么了？

"畜牲敢咬我！"他狠狠地把鱼摔向地面，咬牙切齿地说。

我看到他大拇指冒出鲜红的血，我看到他摘掉鱼钩，我看到他用鱼钩挖掉鱼的眼睛，我看到他把一只瞎鱼丢进水里。

我的胃开始翻搅，恶心、旋晕、冰冷。

"你怎么这么残忍？"

"谁让它咬我？"他漠然地说。

"你要么让它死，要么让它活，你挖掉它的眼睛会让它生不如死的！"

"我就是要让它生不如死！"

"你，你太残忍！"我站起来转身就走。

他一把拽住我："你去哪儿？"

我甩开他的手又被他拖住。

钓鱼的人们纷纷把目光转向我们，饶有兴味地观看一对小情人大动干戈。

"你找事！一条鱼比我还重要吗？"他低低地吼着。

"你太凶残，你让我憎恶。"我用力地甩开他紧紧钳着我的手臂，一瞬间，我觉得自己像刚才在水面上挣扎的鱼。

和他一起来钓鱼的哥们围上来劝我们，算了算了，为一条鱼伤了感情不值得。

他一个耳光狠狠地甩在我的脸上。我的脸火辣辣的疼。

我想，我们完了。

是我小题大做吗？为了一条鱼。我跟我妹讲起和旭分手的原因时，她像看外星人一样看着我，嘴巴里能塞进一个鸡蛋。不过，男人打女人对我来说是个不可饶恕的错误。因而无论他后来怎样痛哭流涕，怎样苦苦哀求，怎样殷勤备至，我意已决——分手。

再见到他时，他的孩子已经出生了。他和老婆吵了架，把老婆打回娘家，喝得醉醺醺地坐在我家楼下。我上楼的时候被蜷缩在黑暗中的影子吓了一跳。然后听到一声试探性的呼唤，是静儿吗？

他曾经在这个位置这样坐过一整夜。我的决绝把他推向另一个女人。坐在酒吧里，他给我看他刚出生的孩子的照片，数落那个为他生了孩子的女人，感叹婚姻生活中的种种不如意。他暴燥的性格一如从前。

他得知我没结婚，愧疚地说，都是我不好！可是我又分明看到他眼中闪过一抹光亮。他该不会以为我对他旧情难忘，以至于误了终身吧？

如果说女人是自以为美的动物，那么男人就是自以为是的动物。男人，你多看他一眼，他会以为你对他感兴趣；你若对他微笑了，他或许会以为你爱上了他；你若是对他微笑并且还是单身，他就会以为可以轻而易举地邀请你与他共赴巫山云雨了。有一个男人曾经若干次地指责我浪费上天恩赐的资源，并且请求与我合力开发，使资源价值最大化。我知道用青春和美貌交换利益已经司空见惯，只是我孤傲自负的性格不允许。可叹，这如花美眷，似水流年。

我不喜欢男人絮絮叨叨地诉苦。有时候展示伤疤并不能换来同情，只会收获鄙视。是男人就该忍辱负重，咬紧牙关，泪不轻弹。我强打精神，勉强忍耐着听完他痛说家史。

结账的时候他发现，他的钱包丢在出租车上了。我付了账。他执意要还我，说，不愿意再欠你什么。我们其实互不相欠。

"不，我们上了床我却没有娶你，没有对你负责任，所以一直觉得欠着你。"我笑，真受不了他这种莫明其妙的责任感。是我弃他而去的，难道不是么？

"你不是刚从兵马俑里爬出来的秦朝人吧？你不知道俺们现代人都是自己做事自己扛的吗？反正你一天不结婚，我就一天良心不安。"他言罢，我扭过头去，百感交集。

他伸手触摸过来的时候，在我的脸上摸到冰冰凉凉的泪水。他狠狠地扇了自己一记耳光，然后我们在午夜的街头抱头痛哭。

出租车到他住的楼下，他执意要让我上去。

我说不。

他说要还我钱，他说让我看看他的家，他说让我看他女儿的照片，他说保证不碰我……司机看我们纠缠不清，不耐烦地说，兄弟你们到底下不下车，我还要做生意呢。

我下车，随他上楼。

他的房子不大，处处透着温馨。看得出女主人很懂生活。客厅里悬挂着一幅婚纱照，照片中的女子扒在他的肩头娇媚地笑。卧室的床头柜上精致的相框中，一个粉嘟嘟的小丫头瞪着漆黑如墨的眸子好奇地观察着世界。

他从后面环住我的腰，我推开说，好好地过你的日子吧。

他指着床对我说，这张床原本是属于你的，这个房子，这家里的一切原本都是属于你的，这个孩子应该是我们俩生的，如果不是那条该死的鳎鱼。

过了这么多年，他竟然还是不明白我为什么离开他。想起那条鱼，我的胃又开始翻搅，恶心、旋晕、冰冷。

我要走了。我说。

他竟然哭了。他的脆弱和他的暴躁一样让人猝不及防。

我走到门口的时候，被他拦腰抱起按在床上。他身体压下来挑逗我的身体，动手剥去我的衣服。不是只有男人的身体禁不住挑逗，女人也一样。只

是，我突然看到床头那个孩子漆黑如墨的眸子，奋力地推开他。

这是培训班剖析的第二个案例。

经过讨论，归纳大家的结论是：这条鲳鱼救了这个女人。

如果不是这条被挖了眼睛的鲳鱼，也许将来要被挖了哪一块就是这篇文章中的这个女主人公。不一定会被挖眼睛，但一定会受到难以想象的伤害。

我一直认为，如果不进行有效的治疗，对于这种暴戾的男人，是不应该发给他们《结婚证》的。现在我们的法律没有这样的保护装置，婚前没有任何这方面的检测和预警，可以想象，一旦领取了《结婚证》，这个男人就能在法律的保护之下尽到残酷的"责任"，这对于没有任何保护意识的女人，该有多么大的风险。

分析这个女人爱上旭的原因，"他有不错的家庭背景，有一个在税务局权势显赫的妈妈，有一份让人眼红的职业，唯一不足的是，他身上纨绔子弟习气太重，贪图享乐却又不思进取。一个太野心勃勃的男人可怕，而一个一点野心也没有的男人却可悲了。我经常会犹疑，要不要和这样的男人厮守下去，生活在他妈妈的光环笼罩之下"。

这一点，与前面案例中的刚好相反。

有人就会问：找家庭背景差的、农村的不行，找家庭背景好的、有权有势的怎么也不行？这确实是一句话所说不清楚的。这两个案例有一个共同之处，都是生活在母亲的光环之下。一个是服从；一个是依赖。你与他们谈恋爱，首先得与他们的母亲谈，有其母必有其子，除非你有很大的实力很大的毅力，你别指望去与他母亲争得改变他的权利。在他成人的最关键时刻，你已经缺了位，在随后的几十年里，他母亲持续不断地教育，怎么可能与你一结婚就彻底改变了呢？这一点，在我们后一章的《准婚证》里有这项指标。只要细心体察，就能够避免婚姻陷阱。

文中的女主人准备嫁给旭的一个原因，就是赶上她"工作正不顺，处处受人排挤，因而，我极力想抓住一些什么，我能抓住的只有旭给我的婚姻"。

这又是多么幼稚的想法啊！

家庭确实是疗伤的港湾，但你却把一片陌生的水域当做港湾，把一个没有任何基础设施的、充满激流、暗礁、漩涡、险浪的地段当做可靠的医院，你是在用自己的生命冒险。你不想想，在你快要淹死的时候，你当然会要急于抓到什么，这时，你要睁眼看看，在你面前的并不是一根稻草，而是一条可以使你致命的蛇。

比起第一个案例，本案中的这位女性真的算很幸运了。你没有为他生一个自己根本保护不了的儿女，也没有被"打回娘家"，他"暴躁的性格一如从前"，另一个女人顶替了你的悲剧角色。她也许正遭受着我们第一个案例中那位女主角所面临的悲惨处境呢？

值得警惕的是，本案中这位女性在摆脱旭之后，又被旭这一哭一诉弄到了床上。这使我们想起自然界有一种非常好奇的动物，它们受到惊吓后会很快地跑开，可是，只要攻击没有实现，它们跑开后总要回来看个究竟，这时，猛兽就毫不犹豫地扑上去将其捕获。好奇有时会令你丧命。

你是否会被这样的猛兽捕获呢？

什么样的男人不能嫁

有人总结了五种男人不能嫁：懦弱的男人、愚孝的男人、小家子气的男人、醉酒好赌的男人、吝啬的男人。有人问，是要嫁事业型的还是家庭型的？回答从笼统上说是要家庭型的。要嫁什么性格的人？有的说，相似的性格好过互补的性格。还有的问，什么样的男人是大忌？什么样的男人是大善？回答是自私的男人是大忌，有责任感的男人是大善。有人问花心的男人嫁不嫁？答案是男人是多偶制动物，世界上没有不"花心"的男人，但有"有自制力"的男人。因此要找挡得住诱惑的男人。还有的归纳为找老公最终是门当户对。一位人际关系专家更提出结婚的"五个黄金守则"，守则一，有共同的生活目标；守则二，和他分享感觉与思想时，觉得安全；守则三，他是个值得敬佩，很特别的人；守则四，他对待其他人非常好；守则五，婚后并不希望改变这个人。

上述各种说法都有一定道理。

实际上，每个男人都会有各种各样的毛病，就像每个女人也会有各种各样的毛病一样。在这个男人身上体现的毛病，与这个女人可能不合适，对另一个

女人可能就正合适。反之也一样。一个支配欲很强的男人可能与一个依赖感很强的女人会合适，这很难用性格相似好过性格互补的原理来解释。

只要你认真对待又不苛刻挑剔，你内心的直觉会告诉你什么样的男人不能嫁。

如果你不能判断，你只需把本书中《准婚证》里的测试题目做完，红灯与黄灯都会告诉你应该怎么办。

男人有毛病不可怕，可怕的是有人格障碍。对于那些有过度防卫意识的、有人格障碍的男人，不管与你性格相似还是互补，你都要远离他。记住，**正确的选择比艰难的改变要聪明100倍**，改变别人是非常艰难的事，你没有必要把自己变成一个心理学家。

在社会人群中，有5%左右的人具有人格障碍，按这个比例，仅北京就有50万人的可怕数字。而在心理学家的研究中，偏离正常值的大约还有10%左右，两者相加则是一个相当惊人的数字。这中间有一半是男人。这些人外表看不出什么，有的甚至还有令人感动的爱情专一的品质，但一旦他进入到你的生活，你将遭受无尽的苦难。

一般人的心理障碍有：偏执型人格障碍、强迫性人格障碍、攻击型人格障碍、回避型人格障碍、依赖性人格障碍、癔症型人格障碍、自恋型人格障碍、分裂型人格障碍、反社会型人格障碍等。

辨别人格障碍并不难，只要你与他相处一段时间，他的表现与一般正常人有着很大的区别，在与你沟通上，存在明显的障碍，这一点，即便没有受过专业心理训练的人也能发觉。

当然，我们也要防止把个性比较强一点的正常人，因为与我们某一件事意见不合的人也定性为人格障碍。在心理学中，人格障碍与人格偏向是决然不同的，因为双方对某一个问题看法不一样，沟通一时遇到困难，也不可以归纳为人格障碍或人格偏向。

在后面的"结婚应发《准婚证》"章节里，只要你填写应该了解的项目，就能对此保持警惕。一旦出现红灯，你要立即停下来，就能远离危险。

红灯停、绿灯行、黄灯请看清，亲爱的姐妹们，让我们驾驶起人生的快车，勇敢地奔向广阔的原野吧！

女人一定要嫁得好

第九章
找老公战役

　　课程进行到这里，我们已经学到了作为一个女人所应有的爱、坚强自信和待人处事的技巧，学会了认真对待自己认真对待男人。整整7天，我们脑袋里灌满了这些新思维、新方法，我们也掌握了足够的理论知识，但是，我们离找到好老公的目标还很远，理由很简单——我们学会了游泳的动作，但我们只有下到水里才可能真正学会游泳。

　　我们在此前已经用旧的思维习惯生活了几十年，想用7天完全改变这些习惯是不可能的。但进到这个培训班，我们就要向这个"不可能"挑战。

　　人一生要解决的问题很多，对于重大的问题，我们应该组织起一场战役——集中优势兵力，集中时间和精力，下决心彻底解决问题。

　　找老公是女孩子一生中最重要的事情，围绕这个问题，我们将组织起三大战役，第一大战役为信息扩散，此阶段只求数量不求质量；第二战役为重点突破，此阶段只求质量不求数量；第三战役为彻底歼灭，务求进入婚姻（起码是相互关系）的实质。把找老公之事"确认"下来。

　　对婚姻采取这种战役突破可能有很多弊病，也可能让我们失去一些浪漫和乐趣。但我们很多女孩子恰恰因为品尝这种浪漫和乐趣，使她们忘记了自己的终身大事，当她们清醒过来时，其年龄、精力和方方面面的条件已经很难让她们再去品尝浪漫了，如果这个时候还去品尝浪漫，将来只会品尝痛苦。在这个时候，她们最主要的是找到适合的老公，浪漫可以在成家以后再去找回。

　　尽管我们已经进行了7天练兵，但大战之前，我们还要最后的临战演习和战前动员。

一、战前动员

40年后的我

　　这是培训班最令人震撼的游戏，叫做"40年后的我"。

　　游戏的原理很简单，只要你输入现在的照片，计算机系统就能根据你的骨骼变化，推算出你10年、20年、30年、40年后的形象，并且将其照片打印出来，活灵活现地展现在你面前。

　　不过，我们在做这个游戏时，要求每个学员同时讲述自己现在的生活状况、兴趣爱好、工作收入、家庭关系，然后再根据计算机上出现的年龄段，看着你变老时的照片，讲述你在那个年龄段的生活状况、兴趣爱好、工作收入、家庭关系。

　　灯光暗了下来，学员们一个一个地对着屏幕，开始叙述。

　　李小姐是事业型女性，自己开公司赚了7000余万元。她觉得自己无论长相和身材，无论自己的财富和受教育程度，都应该是最好的，她所找的对象必须是位博士后、留洋和1.80米以上的英俊、成功并比她大3岁的"十全十美"的男人。上述标准降一点也不行。

　　她曾多次说，宁缺毋滥，没有男人也能过得很好。

　　屏幕上出现了她10年后的照片，她一下惊呆了：我真的是这样吗？如果是这样，我现在那位好伙伴可能不再与我约会了。

我告诉她，毫无疑问，你10年后就是这个样子！

这是计算机根据你现有的骨骼描绘出来的精确图像，它甚至可以作为警方破案的依据。你可能对她进行美容化妆甚至整形等等进行改造，但她最自然的样子就是这样，你不要对此存在任何幻想！不过，我给她说明，通过10年的奋斗，你的家产可能由现在的几千万元，上升到几个亿、几十个亿甚至更多，这都是有可能的。

"可我要这么多钱干什么呢？"她问。

没有人回答她。

第二张照片是她20年后的照片。

这是一张明显的中老年妇女的样子了，李小姐把头低了下来。

"请抬起你的头！"这是场上教练员发出的命令。

李小姐抬起头，是她30年后的照片。她用手捂住了自己的脸。

"请把你的手拿开！"教练员更严厉的命令响起在课堂里。

她移开双手，看到的是她40年后的照片。

这时的她，满脸皱纹，双眼混浊，已经全然没有了今天的秀美，她弯着腰，垂垂老矣，挂着一根拐棍孤立无助地呆在一幢别墅前面。

我纠正说："请告诉剪辑编辑，她应该使用最好的拐棍，而不是画面中的那种。"

剪辑编辑为难地说："我想不出还会有什么高级的拐棍，拐棍毕竟是拐棍。"

我告诉李小姐，由于事业成功，你可能会有很多的荣誉，有自己的企业和股票等等，你也可以请来很好的私人医生和照顾自己的服务人员，但你可能会很担心，如果把自己的财产秘密告诉他们，你可能会很不安全，你又无法完全隐瞒自己，因为那些大别墅和有形资产你无法不让人们看见，你可能会怀疑你身边每一个人，担心他们可能会有什么不良企图；你也可能会突然想开了，把自己很大一笔财产捐赠给慈善或社会福利机构，这样一来，你更无法对别人保密了。你曾多次希望找到一个最亲近的人商量，但你没有丈夫，也没有儿女，你只能孤独地面对这个世界。

这时，工作人员拿来了一套老年妇女所穿的衣服、白发苍苍的假发、拐棍，化妆师也走上来为她化妆，经过一班人的打扮，李小姐成了一个完完全全的老太婆，对着玻璃镜子，她需要向全体学员发表10分钟的演讲并现场接受采访。

当一切布置完毕，李小姐已经泪流满面：

"我是一个追求完美的人，在干事业的时候，我无数次地想，自己一定要

找一个最完美的男人，如果没有，宁肯不找。当我看到自己10年后的照片时，我知道自己已经晚了；当看到自己20年、30年后的照片，我知道这个机会已经越来越渺茫，今天，我已经成了七老八十的老太婆了，虽然有大别墅，有人照顾，但我没有一个亲人，孤独，真正的孤独，我好害怕！"

"年轻的时候，我一直在追求完美的幻想中的生活，1.80米，高大英俊，事业成功，无条件地爱我，这些琼瑶小说中的白马王子深深地刻在我当少女时的心灵里，可现实生活中，这样的男人我一个也没有遇到过，即使遇到外表某一个方面像的，其他方面也都不是那么一回事。我认为一定是我不够优秀的缘故，于是我拼命地干呀、干呀，当我自认为自己事业优秀时，我发现自己已变老了，而优秀的男人离我越来越远。

"今天，我已经身价上亿，可我能吃能喝多少？大厦千万间，谁也不能带到另一个世界里去，我多么希望自己能回到年轻的时代去，多么希望能找到一个相互敬爱、但却并不完美的真心爱人呀！哪怕用我自己的全部财富去换取，我也愿意……"

停！

你现在已经回到了40年前的今天！

你用不着要等到40年后再去后悔，你现在就请卸了妆，去爱吧，去找那个有可能成为你老公的男人！

请听另一个学员的诉说：

"没想到我老得这么快，这么孤独，我在想，年轻的时候，我干什么去了呢？我受过伤害，是的，婚姻很痛，在婚姻面前，女人永远潇洒不起来，嫁给一个自己爱的男人吧，很累：我会时时牵挂着他，时常为他着想，像对孩子一样宠着他，怕他劳累怕他受了伤害，怕他离家后再也不回来；嫁给一个自己不爱的男人吧，同样是累：对自己的每一点付出都觉得是多余的，每一点牺牲总感觉是无辜的，日子也开始变得漫长起来。于是我逃避，今天拖明天，明天拖后天，一直逃避到今天，还孤身一人。

我逃避得了当初的痛，逃避得了当初的累，但因为逃避，我逃避不了今天的孤独！

让我回到40年前吧，我将会珍惜，我将会付出，我将会奉献，我将会担起一个女人的爱的责任！

你现在已经回到了40年前的今天！你还会逃避吗？

恐惧管理员

培训班把找老公的一切实践活动设计成63的天课程——21天展示你我（找到）；21天适应你我（重点）；21天进入你我（决定），把该干的事全部做了。

63天有没有风险？有！但我们必须锁定——当63天的操练完成后，那位你心中的白马王子仍旧给你说他还没有准备好，而你已经尝到了结婚后的日子、也清楚地看到了结婚后的将来，你决然地离开，你输了吗？并没有输——只是下了一盘和棋。

三个21天都非常重要，它们的顺序不可改变和颠倒，前两个21天则是你至关重要的瓶颈——寻找阶段。它包括普遍撒网和重点捉鱼；而第三个21天，则是实质性地品尝。

适合你的男人在哪里？——在没有找到之前，我们永远不会知道。但我们知道怎样去找？行动第一。行动可能失败，但不行动绝不会成功。

任何训练有素的优秀士兵，如果他不亲自到战场，在他的心里永远有对于战场的恐惧。

女人找老公，尤其是要在短短63天内定下终身大事。从那么多陌生人中寻找、并且要定下一个终身伴侣，这里的每个学员都感到了一种恐惧——尽管我们已经进行了训练。

这时，助教把大家召集在一起，她们每人肩搭着肩，就像橄榄球队员抱在一起。

我走到她们面前，大声说：

"明天，你们将每周要以确立三个男友的速度，去结识一大批陌生的、或熟悉但没有向他表露的男人，你们可能会恐惧，但你们不会孤独，这里，给你们每个人一个电话号码，你们每个人身后都有一个恐惧管理员，有什么畏惧，你尽可以向他说，你可以在见男友之前给我们打电话，也可以见完后对我们谈感想，不管成功还是失败，我们会为你分担每一份感情、分析每一句话，就连你的讲话语气我们都会关注，我们会在63天里一直陪伴你，24小时不间断！你们是受过专业心理训练的，而你们对面的男人——他们也许什么也不知道！

你恐惧什么呢？

个性化沟通与纪律

培训班为每个学员建立档案，由专职辅导员跟踪负责到底。辅导员负责学员一切学习安排，了解学员进度及各种情况，反映学员思想及传达培训班学习计划及要求。

每个人都有不同的情况，而找老公是最具个人隐私的事。在找老公培训班里，个人隐私是要被用来大家分析的，因此，关于这一块的保护尤为重要。

所有的辅导员、助教、顾问、恐惧管理员，都要举行一场极其严肃的宣誓，同情心、恪守秘密、坚守心理工作者的职业道德，是培训班工作人员至高无上的准则。

重温培训班目标

1. 找老公是最重要的目标，我们必须找到。
2. 幸福快乐，我们不可为了男人失去我们自己。
3. 真诚互助，确保隐私，决不做任何损害同学利益的事情。

埋葬所有的精神包袱

要知道，全力以赴地做好一件事比半途而废地做10件事要难，找老公也如此。要获得成功，需要百分之百的专注，以及百分之百的投入。

我们花费了整整两个小时的时间，让每位学员都把自己在找老公问题上所可能有的精神包袱都用笔写在纸上：

我不喜欢与陌生人打交道，让人难堪

我不够漂亮，身材不苗条

我担心被拒绝，别人会说很难听的话

我不敢再相信别人，怕再上当

我怕熟人知道，难为情

我是个工作狂，担心没有时间谈恋爱

我经济不宽裕，怕花钱

我不会讲话，一说话就心慌

……

收集的纸条堆到了桌子上。我拿出一个腌咸菜的坛子，对大家说："请你们把这些消极的想法都放到这个坛子里，让我们把它当成咸菜腌起来。"

大家把纸条放进坛子，跟着我来到屋外的花园。我们用一把铁锹挖出一个坑。

"大家看着，你们这些消极的想法我们已经全部装到这个坛子里了，现在就把它埋葬。从今天开始，我们的所有讲话，包括写信、打电话、发电子邮件、上网QQ聊天和与我们的朋友聚会，都不得用这里面的语言，我们必须坚持63天！63天，我绝对禁止你们使用这里面的想法！63天过后，如果你愿意的话，我可以再去把它挖掘出来！"

大声回答三个问题

助教把三个最重要的问题写到了题板上，要求每一个人必须大声回答：

1. 找老公是我现在最重要的事吗？
2. 除了非法或者不道德的事，我愿意为找到老公做任何事情吗？
3. 我找老公有时间、有精力、有钱吗？

有！

有！！

有！！！

这三个问题是什么意思？助教一条一条地给大家解释，它意味着在63天里，你有许许多多非常重要的事情，但都得让位于培训班，所有能推到63天以后办的事情，都必须无条件地推后；你必须采取你能想到的也许是非常规的、甚至是极端的行动，去完成你63天找到准老公的任务。这些非常规的、极端的行动包括搬家、出国、举办一场大型晚会、探险、辞职、跳槽……

每个人5分钟的演讲。有的学员决定要唱一首歌，一首最能代表此刻心情的歌。然后说出我们的心声：

我们不会再找借口——因为我们已经把所有的借口都埋藏到了地下。我们知道找老公必须成为头等大事，我不会说只是有点想，我真的很想很想，全身心地想，如果现在不付出行动，就得在随后的时间花费更多。找老公比工作、朋友、心爱的宠物以及耗费我时间的任何事情都重要。

你所认识的朋友

埋葬仪式结束，我们回到了课堂。她们的桌子上，每人面前放着三支笔，红色、黑色和蓝色的签字笔，还有5张长达1米的白纸，上面写着：《我所认识的朋友》。

我说："亲爱的姐妹们，请你们回忆你所认识的每一位朋友，哪怕只有一面之交，你都要毫不犹豫地写下来，这是你们必须完成的作业。"

第一张白纸上写着：
我的家人、亲戚、邻居
以及家人、亲戚、邻居所认识的朋友
家人、亲戚、邻居所认识的朋友的朋友

第二张白纸上写着：
我的领导、同事、网友
以及领导、同事、网友所认识的朋友
领导、同事、网友所认识的朋友的朋友

第三张白纸上写着：
我工作中认识的朋友、客户
以及我工作中认识的朋友、客户的朋友
我工作中认识的朋友、客户所认识的朋友的朋友

第四张白纸上写着：
我的老师、同学
以及老师、同学所认识的朋友
老师、同学所认识的朋友的朋友
（包括上研究生、大学、中学、小学及幼儿园时的男女伙伴）

第五张白纸上写着：
我在各种场合中认识的朋友

以及我在各种场合中认识的朋友的朋友

（包括你在美容店、干洗店、餐馆、图书馆、书店、夜校、菜市场、商场、俱乐部、飞机、公交车、地铁、旅途中、同乡会、志愿者活动、招聘会、庆祝活动、社区活动等等所认识的男女伙伴）

告诉所有的人

"现在开始，我们将要填充新的思想，要用全新的行动来塑造一个新的自己。请你们再次拿出笔来……"

我们花了一小时，让全体学员每人书写至少50张《感谢卡》：

亲爱的XXX

你是我生命中的贵人。正如我电话中跟您说过的那样，我想请你帮一个特别的忙，希望找到一个优秀的男人共度此生。今给您寄来这张小小的卡片，感谢您能给我当参谋并为我介绍对象。我将一辈子感谢你。

爱您的XX。

我的电话号码：

亲爱的XXX

你是我生命中的贵人。我要衷心地感谢您给我帮忙。今年我要下决心把自己嫁出去，我只要找一个优秀的人，您知道，只要相互有所接触和了解，任何奇迹都有可能出现。因此您尽管放心，只要给我介绍，我都会表示十二万分的感谢。

爱您的XX。

我的电话号码：

亲爱的XXX

你是我生命中的贵人。一晃这么长时间我们没有见面了，我想请你帮一个特别的忙……

当每个人把自己最有创意的《感谢卡》读完，培训班布置了一个立刻就要完成的任务：

装进信封，现在就寄出，一分钟也不要耽误。

音乐响起，培训班的5名"邮差"拿着厚厚的"特快专递"信封走进来，协助每位学员填写地址。随后，这些信件将在当天发出。

也许，这些寄出的信件中，不会有适合你的老公，但不能排除他们不会给你介绍适合的朋友；也许他不能给你介绍适合的朋友，但不能排除他朋友的朋友不能给你介绍适合的朋友。也许他现在不能给你介绍适合的朋友，但不能排除他将来不能给你介绍适合的朋友；也许他将来不能给你介绍适合的朋友，但不能排除他的朋友将来不能给你介绍适合的朋友。

朋友有朋友，朋友的朋友还有朋友……

全部信件落实后，助教督促每个学员将《感谢卡》中的内容编辑成手机短信、电子邮件、QQ用语和MSN，利用培训班的计算机群发系统，第一时间将所有信息全部发出。同时，运用其他通讯手段的也必须在一天内全部发出。

你不能给自己留退路。

签署《行动方案》

作为一场战役，每一个指挥员都必须制定一份详细的作战方案，方案不但要包括战略目标、战场划分、情报获取、兵力调配、协同配合，还要包括武器弹药、后勤保障等等，培训班将根据你提供的名单、你的述说、你的恋爱类型和百合网（www.baihe.com）的资源，帮助你制定一份详细的行动方案。

你的小组成员、顾问和恐惧管理员也是你行动方案中的一部分，从他们那里提供的资源，可能不太适合别人，但却非常适合于你；同样的情况也会发生，一些不适合于你的资源，也许能成为帮助其他组员的宝贵财富——因为你也是她们的顾问和评审团、亲友团成员。

行动方案在专家组审阅后，由学员签署执行：

一、找老公预算

由于以往的伤痕、一知半解的恐惧，或者惯常的愤怒与失望，大多数不找老公或者找不到好老公的女人都有言行不一的毛病：她们口里说要找老公想结婚，可一旦来真格的，她们又思前想后，给自己设立种种障碍，培训班必须打破这种障碍。

方案的第一步是设立找老公专用账户，投资开支必须到位。其账户内容包括：

各种会员费、电脑、网上交友、主持晚会等等，这是第一笔；

美容、化妆、健身、节食等等，这是第二笔；

衣服、手包、化妆品、内衣等等，这是第三笔；

需要搬家吗？需要辞职吗？是否需要换一份工作？这中间需要多少花费？

只有你真正拿出专有预算，你才会真正从容不迫地开始做最重要的事。

就像你找工作，要投入打印个人简历等等一样，你必须很当一回事，找工作投入的费用回报就是工作，找老公投入的回报就是结婚。你也许一辈子只有这一次投入，必须想清楚了。

建议你用年收入的30%来建立自己的找老公账户。

如果你愿意用年收入的50%或者更多来从事这项事业，我也不反对，反正羊毛出在羊身上。你只当是自己突然遇到了必须用钱的紧急情况。

二、列出日程表

三大战役必须有明确的时间表，一个战役集中解决一个问题，每一个战役进展到什么程度，在限定的时间内必须达到的目的，都有详细安排。当你付出足够的时间之后，你才能把找老公工作落到实处。

三、列出可以作为顾问的朋友

在随后的找老公行动中，你可能遭遇了拒绝、伤心、沮丧和挫折。一定要找一个为你前进、为你打气、对你说实话、和你一起商讨妙计，各方面支持你的顾问。他不光讲你爱听的话，还讲实话。你要的是结果，不是安抚。

如果找不到，就劳驾本培训班恐惧管理员代行。

最要紧的是在一次糟糕透顶的约会之后，你可以给这个人打电话，当你失望相信自己永远找不到好老公时，你知道顾问不会让你放弃。顾问是你找老公的坚强后盾。

四、确定你的形象气质评审团

培训班分为四个组，每个组有五个人，其余四人就是你的评审团（同样你也是她们的评审团成员）。

找老公，你需要知道未来的老公对自己的感觉。你必须包装打造你的最佳形象。要寻求坦诚的反馈。不要让人有顾虑。你只需问评审团，你有什么地方可以改变？怎样打造自己的个人品牌？头发、穿着、说话、化妆品、香水、眼镜、笑、呼吸、体态、行为举止、情绪特性、身体语言、谈话风格、讲话速度音量、倾听技巧等等，一切围绕有女人味儿这一点来设计。

你要让她们看到你，你的待人处事方式是属于果断型、真实一致型的。听别人对自己的看法，找陌生人可能更客观。

五、在婚恋网站上注册

为你设计一个最好的网名，把你照得最好的照片放到网页上，至少三张，如果没有，现在就由摄影师给你拍摄。

网上找老公对于最大限度地增加你的几率来说，是可以操作的最好方法。网上找对象有八大优势：量大、互动、价低、快速、方便（24小时）、广泛、男的多（占全部网民的55%）、匿名（可摆脱纠缠不透露信息）。

关于这一点，百合网是你最好的专业服务商。对于我们培训班来说，能调动百合网最好的资源。大家都是百合网的会员。

在策划好自己的网名、相册、个人简介之后，要由你的顾问和朋友确认个人资料的吸引力。当然，你必须了解网上交友的陷阱。

六、设计出你的名片

在这63天里所接触的准老公肯定有一大把，你不能让它把你的整个工作和生活搞乱了。为找老公你必须单独设计出一种名片，有一个专有的电话和自己的头衔——你必须确信不会把上司的工作电话当成准老公与你的约会。一旦有人打这个电话，你可以装成若无其事，但你心中知道这是你最重要的工作。

七、准备你的"谈话道具"

让男人来与你搭讪，你必须给他们一个谈话的发起物，它可以是一个特别的能引起男人好奇的包，可以是一件特别有女人味儿的小物品，还可以是能代表你职业或身份的某种物件，你可以在男人向你"请教"这些奇特物件的意思时，递上你的专用名片。有形的东西能帮助你走近男人。

培训班发给你的玩具壁虎、蝴蝶、光盘等等，都有一个让你感动得落泪的故事，你可以在准老公面前讲这些故事，如果你愿意讲自己的故事，效果可能会更好。培训班辅导员会与你一块编写一个关于你自己的话题故事。

八、列出需要改变的生活习惯表

过去一个月你的生活轨迹是什么？你在哪里上班？在哪里就餐？在哪里娱乐？你有哪些爱好？接触的都是哪方面业务？

从现在开始，不走同一条路。把能改变的地方和时间都加以改变，你必须增加与陌生人接触的"偶遇"机会。

九、确立战场位置

恋爱类型不是你找老公的必备条件，但在两种情况下你应该利用这一便捷工具，一是在毫无头绪的情况下，用它作为向导，你可以提高效率；二是在举棋不定、无法选择的情况下，你可以用它来作为抉择参考。

翻开大部分的约会手册，你会发现里头列出一堆的地点，告诉你可以到什么地方去和符合资格的单身异性相遇。虽然这份清单通常包含所有可能遇到单身者的地方，但在今天这个繁忙的世界里，很少人可以拨得出时间去参加一连串的活动，就算可以也不见得有机会找到百分之百的恋人。

一旦你使用了恋爱类型系统，你将不再处于黑暗中，可以确切地知道该到哪里寻找你的理想恋人。

某些恋爱类型在社会上是很少见的；除非你去参加一系列他们喜欢的活动，否则你很难见到他们。这些稀有品种包括哲学家型(INFP，占人口的3%)，作家型(INFJ，占人口的2%)，专家型(INTJ，占人口的2%)和学者型(INTP，占人口的3%)。

在16种恋爱类型中，有8种是内向型。内向型的人拥有较小的社交圈子，大部分时间都是一个人在家中独处，很难在外面遇见他们。要和他们产生互动，你必须参加某几种他们喜欢的活动。

经常出没于他们喜欢的场所，你将立刻成为他圈子里的一分子，他会习惯于你的存在，他对你的焦虑将会减低，同时两人也会有现成的共同话题。知道该到什么地方去，你已赢得了半场战争。

十、战略预备队

当一切难以预料的意外情况出现在你面前，而你已经精疲力竭尽到最大努力无法改变现状时，培训班为你准备了强大的预备队。你将在这里得到最大的支持。

十一、敢于挥霍，放纵一次

在开始63天实践课之前放纵一下自己，然后全力以赴去克服困难，在全力找丈夫之前，让我们给自己鼓足劲。

过去我老是担心减肥不敢吃自己喜欢的菜肴吗？明天开始我彻彻底底地不属于自己了，但今天不，我要最后一次挥霍一把，随后63天我想都不会想它。

当我们尽情地吃呀、喝呀、唱呀、跳呀、喊呀、笑呀、疯够之后，一切已经准备好。

《找老公宣言》

全体学员排成一列横队，她们每人面前挂着一幅自己最美的照片，场面严肃，大家高声朗读：

我们坚信：上天创造了这个世界，同时创造了平等和幸福，找好老公是我们的社会使命，追求幸福的婚姻是我们的责任。这个社会让男女组成一个家庭，这个社会把一个男人交给我们，就是把一份使命和责任交给我们。我们能够为男人分担一份痛苦，再坚强的男人也需要一个女人。当男人没有女人时，我们不会坐视不管，我们在拯救他们。

上天让我们看住身边的男人，叫他们不干坏事。上天让我们鼓励身边的男人，叫他们积德行善。在上天给我们安排的位置上，我们不会缺席。当工作与我们的家庭相冲突时，我们毫不犹豫地回到家庭。家庭，因我们而温暖；男人，因我们而坚强；儿女，因我们而幸福；社会，因我们而和谐。

老子说：上善若水。女人应如水，能够滋润万物而不争。美丽的女人心胸应如水一样静默深远、如水一样随物成形、善于发挥才能，行动如水一样善于把握机会。身为女人，我们坚信，自己是上天派来帮助男人、支持男人的，我们可以有自己的生活、追求，但最终还是要走到心爱的男人身边，一同营建幸福的明天。

我们无法选择父母，无法选择出身，但我们能够选择好老公、选择好婚姻。

好老公不是等来的，不是天上掉下来的。他是找来的，是挖掘、播种、培育和打造出来的。找好老公需要有勇气，这种勇气就是对自我感受的坚持、对自己的热爱、对家庭的敬畏、对男人的关怀、对后代的责任、对社会的使命。嫁不好或者没得嫁，是因为你没去找，而不是没有好老公。这个世界不缺乏好老公，只是缺乏发现。

我们坚信，好老公到处都有！

出发，63天开始了。

我等着你们，我们已经准备了满是鲜花的凯旋门！

二、凯旋归来

演讲:《你害怕什么呢?》

第一位找到准老公的学员林小姐被邀请到培训班进行演讲,她的演讲题目是:《你害怕什么呢?》

我是做销售出身的,在公司是销售骨干,我一个人的销售业绩相当于整个公司销售额的一半,可是,我从未想到找老公就是一场对自己的销售。一想起要在非常熟悉的客户面前表露自己找对象的感情,就非常不好意思,尽管我看上了我的一位客户,但我从来不敢向他开口,此次将感谢信寄给他,我成天担心,担心他拒绝我,不但拒绝,而且以后连做生意都受到影响。所以,我非常担忧,在我把信寄给他后,我非常后悔。

这时,恐惧管理员及时给我打来电话,他说:你害怕什么呢?

恐惧管理员详细地给我分析我产生的恐惧。

如果他拒绝你,最坏的情况会是什么?究竟有多少值得你害怕的:

第一,他会把你吃掉?不会,即使你再怎么冒犯他,他也不至于吃了你。

第二,他会揍你一顿?不会,你表示对他爱慕,并没有伤害他,他是一个正常人。

第三,他会骂你?不会,你没有冒犯他,他也不是没有修养的男人。

第四,他会去对别人说?可能性很小,他是一个有修养的人,懂得珍重人。

第五,他会看不起你?可能性很小,你向他表示爱,这没有什么。

第六,他不会与你再做生意?可能性很小,因为生意对他也有好处,这并不影响你与他的业务关系,你完全可以在遭到他拒绝后,第二天仍旧非常平静地对他说:"下一批货什么时候发出?"

第七,他拒绝你?这有可能。一个人的追求遭到拒绝,就如得到积极的回应一样,是正常的事情。遭到拒绝,上述六条都是我们想象出来的害怕理由,其发生的可能性非常小;唯有第七条有可能发生,但这对你有多大的损害呢?

当所有的恐惧都被我们讨论分析透后,我勇敢地向他表示了我的爱慕。

虽然这位客户没有接受我,但他非常热心地介绍了他的一位朋友——一位很棒的男人。我们谈得非常好,我真的非常感谢拒绝我的这位客户朋友,通过这件事,我们的生意不但没有受到影响,反而变得更紧密业务量更大了。想起来真好笑,自那以后,他感到亏欠了我什么,还几次请我吃饭,我也乐得接受这种额外的精神补偿。在第一战役中,我还找到了两个预备老公。辅导员给我分析,预备老公可能是多余的了。对这位准老公,我们已经到了谈婚论嫁的地

步了，我们已经符合《准婚证》里面的各项指标。

演讲：《死皮赖脸成功计划》

最后一个完成任务的是学员钱女士，她的演讲题目是：《死皮赖脸成功计划》。

我因为长相比较困难，成了培训班最后完成任务者。因为过去遭到的拒绝太多了，我对男人的拒绝非常敏感，由于自己也不愿委屈自己，因此也非常害怕受伤害。

培训班从百合网给我准备的专有资料库中调出了好几位恋爱类型高度匹配者。可每次因为我不会说话，都使他们离我远去。

培训班为此专门请来几位男士，与我模拟谈话与表达。还将我的谈话与表达全部摄录下来，反复分析。

直到这时，我才知道培训班里所学的四种失败交流模式：讨好型、指责型、超理智型和打岔型多么容易侵入到我们的日常行为中来，实践是最好的学习，怎样做到果断和真实一致？你唯有去实践——哪怕刚开始你显得很不自然，但只要你去做，你就会创造好运气。

我现在知道了自己在表达中出现的问题及别人的感受，看着对方的眼，真诚地说出自己的欣赏、爱慕——这与自己的长相一点也没有关系。

我看上了一位在过去我自己连想都不敢想的男士。昨天，当我们的关系正式确定下来之后，不但我最好的朋友不相信，就连我自己都感觉是在做梦。但我清清楚楚地听到了他向我求婚，是的，他说："我们什么时候办理结婚手续？"听了这话，我都要晕了。那是在我们非常愉快的交谈过后，他很自然地提出来的。

你们知道吗？当初他对我是拒绝的——就像我见到过的其他男人一样。

我把情况告诉我的辅导员，这时，我的辅导员就问：他是怎么拒绝你的呢？

我说，他说不合适。

辅导员说，他是说他不合适还是你不合适？

我说，他没有说。

既然他没有说，你怎么能断定这是拒绝你呢？

专家小组告诉我，经他们分析，眼前这一位，是比以前见到过的其他男人最有可能成功的。辅导员为我编制了一套"死皮赖脸行动计划"。我想，这也许是世界上最伟大的计划，能够学会这个计划的女人，都能找到好老公；能够学会这个计划的人，去做销售，我想，什么客户都能拿得下。

辅导员给我说，感情既然叫"感"情，当然是很"感性"的事，所以"感觉"就特别重要。如果一开始你给对方的"感觉"不对，想要往下发展，肯定是困难重重了。现在的人，谈爱情大都是先要找"感觉"，"感觉"不错，就先追求看看。如果对方反应不好，算一算成功的机率高不高，当感觉投资回报率太低时，大部分的人就另谋发展去了。

所以，有人说现代人谈恋爱都变得很识趣。其实这样也好，反正大家不浪费时间，也免得爱得越久，伤得越深。

辅导员说，就是因为大家都轻易放弃，你的坚持就显得与众不同．

何况，你给他的第一"感觉"，经专家分析，并没有什么不对。你表达了对他的爱，他并没有吓得逃跑。优秀的男人，对于闯入他眼帘的女人，一般会有意无意地进行如下排列：淘汰者、候补者、中意者。首先，你得要细心地注意对方的反应。如果对方根本就懒得理你、面也不想见、话也不想和你说，那你成功的机会就微乎其微了。但当时他拒绝我的时候，情况显然不是这样。他还在向我提问。

辅导员告诉我，只要对方肯表达出某种看法，就表示你还有希望。比如对方说："你看你那副摸样，拜托你走开点。"你就知道，最大的问题在穿着，下次你就在穿着上很好地改善一番，试试对方的反应。如果对方又说："你实在太胖，我不能将就。"这就表示另一个问题是体胖，你就得想办法减肥，如果来不及了，就用别的长处证明体胖不是问题，起码将来不是问题。

在没有办法使自己一步到位地占据对方心里的重要位置之前，你必须像参加超女比赛那样，不怕一次又一次地列入待选行列，要坚持PK下去，你在心中要明白，只要自己不放弃，待选往往可以反败为胜，晋级随时都有可能。坚持做"鸡肋"要做到底，你才可能找到好的老公。

即便你刚开始被列入淘汰行列，你这样一次次地修正，对方就会发现，你虽然不合格，可是你不断地在改进，而且，是那么重视他，对他百依百顺，这样就有机会由淘汰者变成候补者了。

换句话说，你至少要像"鸡肋"一样，让对方感觉"食之无味、弃之可惜"。这样说虽然不是很中听，可是，只要你能死皮赖脸地坚持下去，鸡肋说不定也能变成可口的肯德基鸡块，你又何必太在意呢！

既然身为候补者，你就必须具备更多耐心，付出更多的爱心和痴心，以便能等待一次制胜契机——那通常是对方感情受创或者他能感觉到你的"好"的时候。当别人狠心地离他而去，或者他遇到什么事，只有你能帮他解决、替他分忧，只有你最可靠、懂得珍惜，只有你是他的知音。这时候，候补者就有机会变成胜利者了。中国有句俗话"烈女怕缠男"，男人对于女人来说，不同样是这个道理吗？

你们也许不相信，我长期以来认为自己长相不好，很自卑，这次我们确定

关系后，我壮着胆子问他，我长得怎样？他说，还过得去。看久了也不觉得丑了。我这时及时补了一句：我本来就不丑。心里那个美呀！

其实，运用死皮赖脸的魅力去挽回一段感情，往往比开始一段感情要来得容易。比方说当你们的恋爱出现了第三者，当你犯了严重错误，伤了爱人的心。在原本的感情基础下，你的死皮赖脸会更显得你对于过去的珍惜、对他的依恋。对方回心转意的机率也就自然提高了。

当然，死皮赖脸也要有原则。第一，你可要弄清楚，你是真的非他不可，还是死要面子不甘心？第二，你要能尊重他的隐私和生活。你应该力求做到无所不在，但却不打扰。

也许，说死皮赖脸是一种魅力，听起来实在缺乏美感。但是，我能肯定，在追求爱情的时候，死皮赖脸绝对是一种强大的力量。它使爱情真的因此而柳暗花明、反败为胜，不是一件很美好的事吗？

第十章

结婚应发《准婚证》

当我们步入婚姻殿堂的时候，我们真的是把一切都想好了？真的是内心平静得像一汪清水，一切都明白吗？西方的基督徒在举行婚礼时，要手摸着《圣经》宣誓，你在步入婚姻时，应该手摸着什么宣誓呢？

我看到过太多的夫妻，原本恩爱得死去活来，可是，当他们破裂后，又打得死去活来。深爱变成了深仇。究其原因，是他们没有学好婚姻这门课程。

临阵磨枪不快也光。如果你没有来得及学习，你起码可以用本章的测试来为你们将来可能发展的关系进行确立。结婚是一件神圣庄严的事情，在结婚前，我们不仅要做婚前体检，更重要的是心灵体检。

从心智成熟到生理遗传，从两个人的相互了解程度，到未来的家庭评判等级，其中就包括必要的心理测试，我们在结婚前，应该拿到一个《准婚证》。

记住，它也许是决定你一生幸福的测试。它可以擦亮你的双眼，避免悲剧的发生。

一、结婚是什么？

结婚为什么？

我曾经对登记结婚的30对新人进行过问卷调查。其中有24对新人回答是因为爱、喜欢。

可是，为什么同在婚姻登记的地方，又有那么多的夫妇去办理离婚呢？他们离婚的理由是什么？

你需要到法院去，才能听到他们各自的理由。

我去旁听过不下100场离婚官司，他们说出的理由可能也不低于100条。

在《现代汉语词典》里，对"结婚"这一词条这样解释：男子和女子经过合法手续结为夫妻。

这一条等于没说。

按照华裔心理学家、国际公认的著名婚姻专家黄维仁推介斯腾伯格的理论的定义：爱情是一个稳固的三角架，激情、亲密感与承诺。处于三角架底座的是承诺，三角架左边是激情，右边是亲密。

爱情是整个婚姻的全部吗？

当我们步入婚姻殿堂的时候，我们真的是把一切都想好了？真的是内心平静得像一汪清水，一切都明白吗？西方的基督徒在举行婚礼时，要手摸着《圣经》宣誓，你在步入婚姻时，应该手摸着什么宣誓呢？

我常常想，把婚姻比喻成造一座千秋万代的房子，这应该没有错。

我有不少朋友是搞房地产的，他们说，跑下一个房地产项目，要盖几十个章，不但各种资质严格审查，方方面面都有把关的。

可我们登记结婚，只要民政部门一个章，随到随盖，不需要什么审查。《结婚证》可能是人一生中最不需要考试学习和努力就能得到的有效证件。

在得到这个有效证件之前，我们需不需要对结婚双方进行考试、审查，哪怕是有一点点反思呢？

婚姻应该是一门课程，它需要学习，结婚就是我们的毕业，毕业总要有考试考查。我认为，女孩子从一懂事，父母就得教她怎样与男人打交道，教她将来找一个怎样的男人。结婚是人一生中最大的承诺，《结婚证》是人生中最长的一份经济合同，它不但关系到登记双方的幸福，而且关系到他们的父母、后代和整个社会。结婚是一件神圣庄严的事情，在结婚前，我们不仅要做婚前体检，更重要的是心灵体检。

从心智成熟到生理遗传，从两个人的相互了解程度，到未来的家庭评判等级，其中就包括百合网的心灵匹配指数，我们在结婚前，应该拿到一个《准婚证》，就像生产产品一样，有一个合格证，这个证上还要有"产品"质量检查员。这个质量检查员，实行终身责任追究制，就像如今房地产工程的监理员一样。

《准婚证》试题

A. 必备条件

一、心理健康度（8分）

请根据你的情况，相符的画勾，不相符的画叉。

1. 我总是因为一点点小事情就容易发怒，且很难控制（1分）。

2. 我自我感觉极好，听不进别人的意见，觉得自己的言行都是正确的（1分）。

3. 我的情绪波动较大，时而非常振奋，精力无穷；时而又比较低迷，显得抑郁（1分）。

4. 我有严重的不良嗜好（其中烟、酒、娱乐等一项上瘾都为符合）（1分）。

5. 我有药物(毒品)等上瘾的行为（2分）。

6. 离开父母我在经济上和精神上就无法独立，总是很依赖父母的付出（2分）。

以上情况如果得1至2分，恭喜你，你可以马上结婚，只是婚后还要继续努力，杜绝掉以上所说的不良习惯。

如果得3至5分，那么你的心理健康水平为良，可以结婚，但需要调整。

如果得5至8分，则你的心理健康程度较差，还需要继续调整，不适合马上考虑结婚的事。

绿灯区：0～2分

黄灯区：3～4分

红灯区：5～8分

二、相互了解程度（基本情况）6分

1．你恋爱对象的姓名（曾用名）、籍贯、年龄、学历（毕业院校、专业）。

2．你恋爱对象的父母、亲戚、朋友、同学、老师。

3．你恋爱对象的职业、单位、同事、朋友。

4．你恋爱对象的个人爱好、性格偏向。

5．你恋爱对象的婚史、婚否原因。

6．你们是否有共同的生活、事业目标。

以上情况如果了解，并且经过拜访等等接触感到满意，则每项可得1分；共计6分。

绿灯区：5～6分
黄灯区：3～4分
红灯区：0～2分

三、相互了解程度（行为方式）6分

1．你恋爱对象对你的关心程度。

2．你恋爱对象对他父母的关爱程度。

3．你恋爱对象对他朋友的态度。

4．你恋爱对象对你父母的关爱程度。

5．你恋爱对象对你朋友的态度。

6．你恋爱对象对待宠物生命的态度。

以上情况如果了解，并且经过拜访等等接触感到满意，则每项可得1分；共计6分。

绿灯区：5～6分
黄灯区：3～4分
红灯区：0～2分

四、相互关系评估（总体印象）6分

整体来说，由1分（极不满意）到6分（极满意），你对你们相互关系的满意程度是几分？_____

以上情况如果经过仔细思索，共计6分。

绿灯区：5～6分
黄灯区：3～4分
红灯区：1～2分

五、相互关系评估（基本要素）60分

由1分（极不满意）到6分（极满意），你对你们相互关系的满意程度是几分？

		极不满意 —— 极满意				
1	金钱方面	1	2	3	4	5	6
2	感受关爱	1	2	3	4	5	6
3	冲突处理	1	2	3	4	5	6
4	性关系	1	2	3	4	5	6
5	家务分配	1	2	3	4	5	6
6	抚养后代	1	2	3	4	5	6
7	亲戚关系	1	2	3	4	5	6
8	朋友交往	1	2	3	4	5	6
9	休闲娱乐	1	2	3	4	5	6
10	宗教信仰	1	2	3	4	5	6

绿灯区：37～60分
黄灯区：19分～36分
红灯区：10～18分

六、相互关系评估（个性感受）48分

		极不同意	——	极同意			
1	我的伴侣经常批评我的个性，对我人身攻击。	1	2	3	4	5	6
2	我中性的话语或行为经常被伴侣误认为带有恶意。	1	2	3	4	5	6
3	我们无法谈论问题，小小的争执经常会一下子失控，战火升高成彼此凶狠对骂，带来更深的伤害。	1	2	3	4	5	6
4	我们经常冷战，关系像一条绷紧的弦。	1	2	3	4	5	6
5	我的伴侣经常对我冷嘲热讽，表露轻蔑、厌恶。	1	2	3	4	5	6
6	我们有争执时，总有一方不愿再谈，开始退避三舍，离开现场。	1	2	3	4	5	6
7	在这个亲密关系中，我觉得不安全，无法对我的伴侣吐露心事，表达我真正的心声与感受。	1	2	3	4	5	6
8	在这个亲密关系中，我觉得很寂寞。	1	2	3	4	5	6

绿灯区：08～14分

黄灯区：15分～28分

红灯区：29～48分

七、自己的身体状况（婚前体检表）5分制

绿灯区：4～5分

黄灯区：2～3分

红灯区：1～2分

八、你恋爱对象的身体状况（婚前体检表）5分制

绿灯区：4～5分

黄灯区：2～3分

红灯区：1～2分

凡上述八题，出现红灯区，暂不能发给《准婚证》，应发《婚检证》。

（注：上述题目第四、五、六参照黄维仁先生《亲密之旅》，有改动）

B. 参考条件

百合网"心灵匹配"度：_____%。

二、《准婚证》样本

《准婚证》样本（供参考）

准 婚 证

_____女士

_____先生

无论生病还是健康，无论贫穷还是富有，两人将共同承诺，珍惜彼此，永不背叛。

经婚恋专家评审，你们两人具有婚姻成功的较好基础，其检测情况如下：

一	心理健康度	绿灯：	黄灯：
二	相互了解程度（基本情况）	绿灯：	黄灯：
三	相互了解程度（行为方式）	绿灯：	黄灯：
四	相互关系评估（总体印象）	绿灯：	黄灯：
五	相互关系评估（基本要素）	绿灯：	黄灯：
六	相互关系评估（个性感受）	绿灯：	黄灯：
七	女方身体状况（婚前体检表）	绿灯：	黄灯：
八	男方身体状况（婚前体检表）	绿灯：	黄灯：

其百合网测试，"心灵匹配"度为____%。

准予结婚

特发此证

婚恋顾问（签名）：

永久联系方式：

年　月　日

《婚检证》样本（供参考）

婚 检 证

_____女士

_____先生

经婚恋专家评审，你们两人不适合马上结婚，其检测情况如下：

一	心理健康度	绿灯：	黄灯：	红灯：
二	相互了解程度（基本情况）	绿灯：	黄灯：	红灯：
三	相互了解程度（行为方式）	绿灯：	黄灯：	红灯：
四	相互关系评估（总体印象）	绿灯：	黄灯：	红灯：
五	相互关系评估（基本要素）	绿灯：	黄灯：	红灯：
六	相互关系评估（个性感受）	绿灯：	黄灯：	红灯：
七	女方身体状况（婚前体检表）	绿灯：	黄灯：	红灯：
八	男方身体状况（婚前体检表）	绿灯：	黄灯：	红灯：

其百合网测试，"心灵匹配"度为____%。

特发此证

婚恋顾问（签名）：

永久联系方式：

年　月　日

（附：检测情况表及试题复印件）

附录一

朗诵：我们每天都要笑

时光飞逝，回首时想起过去的点点滴滴，辉煌的奖章、鲜艳的礼花、动听的歌声，都已深刻记忆，每个有故事的人都这样走来，也都轮回于现实与梦想中。有多少爱可以重来，又有多少可以忘记，细水长流，守住"现在"这座城，爱就在现在。

找老公是一个很锻炼人也是很考验人们意志的事业，每个女人都要应对各个领域，不同性格，不同身份地位、不同喜怒哀乐的男人。对待每一个男人，今天你微笑了吗？笑容能照亮所有看到它的人，像穿过乌云的太阳，带给人们温暖。僵硬的笑是造作，虚情假意的笑是伪装，一个人亲切、温和、洋溢着笑意远比穿着华丽的衣服更引人注意，更容易受人欢迎。因为微笑是一种宽容、一种接纳，它缩短了彼此的距离，开启了彼此沟通的大门，使人与人之间心心相通。工作中微笑的温馨及一句"您好，见到您很高兴"，也许冰山也能融化，狼群也不再血腥。如果说行动比语言更具有力量，那么微笑就是无声的行动，它所表示的是：我很满意你，你使我快乐，我很高兴见到你。所以快点行动起来吧！

何不尝试着微笑地释放爱，爱自己，也爱身边每一个人，真诚的关怀温暖对方的每一个细节，你会在增强个人魅力的同时收获每个人喜悦时给你带来的满足。也许男人的一句"你好，谢谢"，带给你的满足感远比物质的礼物更快乐。女人要找到好老公就要学会销售自己，这没有什么不好；女人说我爱你，将来愿意一辈子守候你，没有什么难堪，只要你有真诚的微笑。微笑可以改变命运，这就是微笑的力量，因为你喜欢并期待着有一个幸福的家。

对于工作——我们生活的必需品，你打算每天将就地过，还是开心地面对每一刻的精彩呢？有人说，工作就是每天不停地做相同的事情。是的，工作就是重复，而重复是为了更加熟练地工作。一个乞丐的工作大多只是为了混饱肚子，而我们大多数人呢？当然是为了更加幸福地工作，快乐地过每一天，试着微笑，放松脸上僵硬的皮脂，如果阳光照人能给你温暖，发自内心的热情和对于工作的喜爱同样可以给你春天般的温暖。

　　人谁无烦恼，风来浪也白头。人生不如意事十八九。但风雨再大，不过是昨日的硝烟，每天都有新的机遇，每天都有新的令我们心动的男人，害羞不是借口，等待是懦弱的俘虏。

　　呼吸早晨新鲜的空气，阳光依旧灿烂。今天最美，因为过去在昨天已不属于你，而明天还只是个期待，爱，就在现在，微笑地释放爱，爱自己的工作，爱身边的每一个人，尤其要爱向我们表示友好的男人，微笑地面对每一个崭新的开始，微笑地面对崭新的每一天，微笑地面对可能成为你老公的每一个男人！

阅读：美丽的微笑与爱

——特蕾莎修女在诺贝尔和平奖颁奖仪式上的演讲词

　　穷人是非常好的人。一天晚上，我们外出，在街上带回了四个人，其中一个岌岌可危。我让修女们照料其他三个，我照顾这个濒危的人。这样，我为她做了我的爱所能做的一切事情。我将她放在床上，她握住我的手，脸上露出如此美丽的微笑，说了声"谢谢你"，随后就死了。

　　我情不自禁地在她面前审视我的良心，自问：如果我处在她的位置上，会说些什么呢？我会说：我饥寒交迫，奄奄一息，痛苦不堪……总之我可能会抱怨生活对我的不公平。但是她什么抱怨都没有，只将其感激之爱给了我，然后死了，脸上还带着微笑。其实她给予我的要比我给予她的多得多。我们从阴沟里带回来的那个男人也是这样。他快要被身上的虱子吃掉了，我们把他带回家。他说："在街上我活得像动物，但我将像天使一样死去。因为我得到了爱和照料。"这真是太好了。不责备，不痛斥，不愤怒，得到一点照顾便像天使一样心满意足的死去——这就是我们人民的伟大之处。

　　这情景使我想起耶稣所说的一句话：我饥肠辘辘，我无衣裹身，我无家可归；我不为人要，不为人爱，不为人管……而你却对我做了。这话使我在我的工作中感到无比的欣慰。严格讲，我们并不是社会工作者，尽管我们每天从事着社会工作，我们事实上是在世界的中心沉思冥想的人，因为我们一天24小时都在触摸基督的身体，或者说，我们是在基督内工作，换句话说，是基督借着我们的手在工作。我想，在我们的家庭里，我们不需要枪炮弹药进行破坏或带来和平，我们只需要团结起来，彼此相爱，将和平、喜悦和活力带回家庭。这样，我们将能战胜世界上现存的一切邪恶。

　　我准备以获得的诺贝尔和平奖金，为更多无家可归的人建立家庭。我相信，爱开始于家庭。如果我们能够帮助他们，我想越来越多的爱将会传播开来，而且我们将可以通过这种体谅他人的爱带来和平，带来福音。这些需要帮助"穷人"，首先是我们的"近人"，然后才是世界上所有的人，通过帮助他们，把福音传播开去。为了做到这点，我们修女的生命必须同祈祷紧密相连，我们同他人必须在基督内结合如一，这样才能够相互谅解和共同分享。

……当我从街上带回一个饥肠辘辘的人时，给他一盘米饭，一片面包，我就心满意足了，因为我驱除了那人的饥饿。然而世上这样的人是如此的多，要做好这份工作也是如此的艰难……于是我想让我们经常以微笑相见，因为微笑是爱的开端。一旦我们开始彼此自然地相爱，我们就会想着为对方做点什么了。

附录二

找老公培训班课程表

报到事宜

一、介绍每个学员的辅导员、私人秘书并签署《保密协议书》、宣读誓词

二、安排工作，编制《未来70天重要工作项目表》，导入"最坏效果评估体系"

三、测试恋爱类型

四、人员编组（设立番号，领取服装道具、学习用品）

第一天

课程：基础课程

内容：

一、情绪训练：笑（个人风格设计）

二、五种表达（肢体语言）

第二天

课程：忆苦思甜

内容：

一、演讲速成（个人风格设计）

二、情感晚餐（关于男人的讨论）

三、临床医生讲座

四、家庭拜访

五、电影欣赏、讨论

第三天

课程：坚定信仰

内容：

一、做自己的主人

练习1：找到心中的老公

[照镜子]找老公成功者与不成功者的鉴别表（1）

二、不要灰心丧气

练习2：把男人比喻成水塘

[照镜子]成功者与不成功者的鉴别表（2）

三、找准自己的市场定位

[照镜子]不成功者与成功者的鉴别表（3）

四、心动不如行动

练习3：学习掌握找老公的诀窍

[照镜子]成功者与不成功者的鉴别表（4）

五、你能够决定自己的运气

练习4：充分利用时间

[照镜子]成功者与不成功者的鉴别表（5）

六、不给自己留退路

[照镜子]成功者与不成功者的鉴别表（6）

七、只同自己争胜

练习5：做一个善于找老公的人

[照镜子]成功者与不成功者的鉴别表（7）

第四天：上午

课程：积极心态

内容：

一、发现周围的美好事物

情绪过滤器

重新布置你的大脑

二、当场赞扬

[心理体操]练习6：安装"情绪过滤器"

[心理体操]练习7：发掘自己的积极因素

[照镜子]成功者与不成功者的鉴别表（8）

三、不做泼凉水的人

[照镜子]成功者与不成功者的鉴别表（9）

四、[心理体操]练习8：避免争执

[心理体操]练习9：游泳术——积极态度训练

[照镜子]成功者与不成功者的鉴别表（10）

第四天：下午

课程：真诚如一

内容：

老公最怕的是真诚

[照镜子]成功者与不成功者的鉴别表（11）

第四天：晚上

课程：学会说爱

内容：

敢说爱的人最可爱

[照镜子]成功者与不成功者的鉴别表（12）

第五天：上午

课程：开朗率真

内容：

一、提高讲话的本领

[心理体操]练习１０：用有求于人的语气说话

[心理体操]练习11：抛掉怨气

[照镜子]成功者与不成功者的鉴别表（13）

二、学会拒绝

[心理体操]练习12：亲切而坚定地说"不"

[心理体操]练习13：纠正别人的错误

[心理体操]练习14：承认自己的错误

[照镜子]成功者与不成功者的鉴别表（14）

三、怎样给人留下好印象

[心理体操]练习15：把话讲出来

[照镜子]成功者与不成功者的鉴别表（15）

第五天：下午

课程：克服恐惧

内容：

一、化恐惧为力量

[照镜子]成功者与不成功者的鉴别表（16）

二、胆大出才干

[心理体操]练习：16：面对逆境怎样坚持到底

[照镜子]成功者与不成功者的鉴别表（17）

三、不要害怕成功

[照镜子]成功者与不成功者的鉴别表（18）

第五天：晚上

课程：恋爱类型

内容：

第一阶段：16种恋爱类型

第二阶段：案例分析：躲避男人的陷阱

第六天：

课程：避免陷阱

内容：

一、案例分析：她们的悲剧在哪里？

二、现身说法

三、心理学基本知识

第七天：白天

课程：战前动员

内容：

一、全程演练

二、游戏：40年后的我

三、签署《行动方案》

第七天：晚上

课程：宴会

内容：

一、《找老公宣言》

二、现在出发

第二十八天：第一战役总结

初选结束

第四十九天：第二战役总结

复选结束

第七十天：第三战役总结

准老公《确认书》

找老公表彰大会

首批婚礼庆典活动暨文艺演出

后 记

　　本培训班的创办及本书的写作得到了许许多多专家学者的支持，本人在此再次表示深深的感谢。在培训和写作过程中，我们参阅了许多国内外资料，其中特别要提起的是，有我最崇敬的美国心理学家艾琳·C·卡瑟拉的《全力以赴》，百合网特别顾问、美国著名婚恋心理学家亚历山大·阿维拉博士的《天生情人16种》，荷兰心理学家、作家Jan Schhouten的《个人效能》，国际著名心理治疗师维吉尼亚·萨提亚(V.Satir)的《新家庭如何塑造人》，美国西北大学医学院著名的华裔临床心理学家、婚姻专家黄维仁博士的《亲密之旅》，等等。

　　由于涉及个人隐私，本书中部分资料进行了技术处理，特此说明。

　　作者提醒，本培训课程是用来帮助女性找老公或者帮助有心提高心理素质、增强个人魅力和处理人际关系水平的女性。本课程的设计并非用来取代心理与婚姻治疗，因而如果你或亲人正面临婚姻暴力，酒精或药物成瘾，或精神疾病的情况，请一定要寻求专业治疗。

路野

2008年4月于北京

启 事

　　由于前来咨询的人较多，若非预约，我们暂不接待上门来访者，敬请转告。

　　相关事宜，请登录路野表达网站：www.luyebd.com　助理电话：010－68332529　63397524　13801180343

　　百合网VIP服务咨询电话：400－8800－520　网址：www.baihe.com，vip.baihe.com

"重要人际关系特训班"征集研究人员和实验者

　　你是否发现，越是关系紧密或亲密的人，越是难以处理好关系。不管是董事会、家庭还是其他组织团体乃至新到一个环境，所有的困惑，都可以用集中学习训练的办法解决。

　　研究人员：要求心理咨询师、社会工作者及其他从事过心理咨询、培训和社区调解工作的专业人士；实验者：需要集中处理人际关系的实验班学员。

　　相关事宜，请登录路野表达网站：www.luyebd.com　电话：010－68341646

图书在版编目（CIP）数据

女人一定要嫁得好／路野著.—北京：中信出版社，2008.5

ISBN 978-7-5086-1158-7

I. 女… II.路… III.女性－婚姻－通俗读物 IV.C913.13-49

中国版本图书馆CIP数据核字（2008）第046269号

女人一定要嫁得好
NÜREN YIDING YAO JIADEHAO

著　　者：路　野
策 划 者：中信出版社策划中心
出 版 者：中信出版社（北京市朝阳区和平里十三区35号煤炭大厦 邮编 100013）
经 销 者：中信联合发行有限责任公司
承 印 者：北京中印联印务有限公司
开本：720mm×990mm　1/16　　　印张：21　　字数：220千字
版次：2008年5月第1版　　　　　　印次：2008年5月第1次印刷
书号：ISBN 978-7-5086-1158-7/G · 269
定价：38.00元
